Los apellidos judeoespañoles

Los apellidos judeoespañoles

Edición coordinada
por Malka González Bayo

EDICIONES OBELISCO

Si este libro le ha interesado y desea que le mantengamos informado
de nuestras publicaciones, escríbanos indicándonos qué temas son de su interés
(Astrología, Autoayuda, Ciencias Ocultas, Artes Marciales, Naturismo,
Espiritualidad, Tradición...) y gustosamente le complaceremos.

Puede consultar nuestro catálogo en www.edicionesobelisco.com

Esta obra ha sido publicada con una subvención de la Dirección General del Libro,
Archivos y Bibliotecas del Ministerio de Cultura, para su préstamo público
en Bibliotecas Públicas, de acuerdo con lo previsto
en el artículo 37.2 de la Ley de Propiedad Intelectual.

MINISTERIO
DE CULTURA

Colección Cábala y Judaísmo
Los apellidos judeoespañoles

1.ª edición: septiembre de 2008
3.ª edición: octubre de 2016

Maquetación: Marta Rovira Pons
Corrección: José Neira
Diseño de cubierta: Enrique Iborra
sobre una fotografía de Twenty-Berry

Edita: Ediciones Obelisco, S. L.
Collita, 23-25. Pol. Ind. Molí de la Bastida
08191 Rubí - Barcelona - España
Tel. 93 309 85 25 - Fax 93 309 85 23
E-mail: info@edicionesobelisco.com

ISBN: 978-84-9777-473-4
Depósito Legal: B-24.786-2008

Printed in Spain

Impreso en España en los talleres gráficos de Romanyà/Valls S.A.
Verdaguer, 1 - 08786 Capellades (Barcelona)

Introducción

El porqué de este libro

Cada vez son más las personas en todo el mundo que se preguntan acerca de sus orígenes y de sus posibles antepasados judíos; una de las formas de realizar ese «rastreo» consiste en indagar en los apellidos familiares a la búsqueda de vestigios hebreos en la propia ascendencia. ¿A qué obedece este fenómeno? ¿Por qué ahora? Las causas son varias y diversas. Nunca se había hablado tanto como ahora de la memoria histórica; paradójicamente sin embargo, hoy en día, en plena era de la información y de las computadoras, vivimos tiempos difíciles para la memoria, y por ello podemos decir que todo acto de recuerdo es un intento de permanencia. Nuestras «memorias», ya sean personales o colectivas, parecen estar alteradas y es precisamente la comprensión de los fenómenos históricos lo que puede ayudar a esclarecer la psicología individual tal como lo expresó el psicólogo y neurólogo **Carl Gustav Jung**. La ciencia de la Psicología y el Psicoanálisis han demostrado que nuestra individualidad se arraiga tanto en la historia contemporánea como en la del pasado desde donde devenimos como los hijos de las distintas transmisiones de los recorridos familiares. Por otra parte, **George Santayana** ya señaló que «aquellos que no recuerdan el pasado están condenados a repetirlo». Ahora, en los albores del siglo XXI, parece que hay cada vez más gente cansada de repetir.

Por ello, el tema de este libro es de una especial importancia en nuestros días, en un tiempo en los que las enfermedades que afectan a la memoria, o sea, a una parte primordial del alma, parecen estar cada vez más presentes; porque allá donde la memoria inmediata desaparece, podemos ir hacia la recuperación de los caminos y de las historias familiares y colectivas sin las cuales no podemos ser del todo lo que somos.

Este libro, al igual que otros de tema similar, se propone introducir la recuperación de los apellidos sefardíes, pero además quiere hacerlo desde la visión de los *Anusim* y desde la perspectiva del judaísmo, cuyo punto de mira tiene más en cuenta las preguntas que las respuestas. Por lo tanto, van a ser las preguntas las que van a tratar de guiarnos en la búsqueda, no para dar la última respuesta, ni para cerrar ni establecer «clausuras intelectuales», sino para abrir los caminos que nos conduzcan un poco más al conocimiento de nuestra historia común.

¿Qué papel cumple la memoria en la creación y realización de la identidad? ¿Cuál es la función de la memoria histórica y de lo colectivo? ¿Cuál es el significado de la búsqueda de nuestras genealogías y apellidos?... El pasado, ¿es Cronología o Genealogía? ¿Cómo nos constituye *la ausencia*? Es obvio que no podremos contestar a todas estas preguntas, pero el hecho de formularlas nos abre caminos de exploración de futuro, y es quizás para el futuro para lo que tratamos de concebir este libro.

A la facultad de la Memoria como capacidad de recuerdo espiritual la llamaron los griegos **Mnemósyne**, una memoria de lo invisible, de lo espiritual. Se trata de una memoria mítica, arquetípica. Una memoria mítica que abarca la totalidad «del otro lado» y que al mismo tiempo se alterna con lo cotidiano.

Al lado de **Mnemósyne** o percepción del pasado como dimensión sobrenatural, **Anamnesis** aparece como ***reminiscencia***. En ambas se entrecruzan el recuerdo y el olvido. Las sensaciones de lo que «emerge» y la sorpresa por lo hallado contiene una cierta percepción de lo Espiritual como «recuerdo». Platón decía que «el olvido» *deconstruye* las experiencias de los males y fatigas del mundo a donde el alma para el griego es arrastrada al devenir, en donde se encadena y se enfrenta a la fatalidad. Sin embargo, si ésta fue la visión de los griegos, parece que el olvido como deconstrucción de los recuerdos dolorosos e insoportables no le es concedido al alma judía llamada a sí misma al **permanente recuerdo**.

También según Platón, las aguas del Leteo borran el recuerdo de lo prenatal o espiritual. Olvido es pues la vida física, y por lo tanto también tiene que ver con la muerte.

El alma humana recrea este viaje entre recuerdo y olvido y sobre *la decisión de ser* como una de las más decisivas y fundamentales cuestiones de su experiencia. Nuestra psique trata de expresarse a través de arraigos, de códigos culturales y búsquedas espirituales que le permitan no sólo la mejor adecuación ante el mundo sino que pone en juego su propia voluntad esencial.

Como escribía **Jorge Luis Borges**, «Nadie pierde sino lo que no tiene y no ha tenido nunca, pero no basta ser valiente para aprender el arte del olvido». No basta ser valiente, hay que ser un completo inconsciente para aturdirse en los narcóticos de este mundo y renegar de nuestros verdaderos orígenes.

El arquetipo viene a ser la huella de la memoria colectiva. Sin duda podemos decir que la búsqueda de la propia genealogía judía es un arquetipo en sí mismo, pues nada ha sido más «arquetípico» de la cultura y espiritualidad hebrea que la llamada al recuerdo, *Tsajor*, y a la permanente conciencia de las generaciones tanto pasadas como futuras. Estas «huellas» se expresan a través de distintas demarcaciones, inscripciones, señalamientos de los que la Biblia es un maravilloso ejemplo. Esa memoria no es continua sino discontinua y se expresa a través de distintas experiencias emocionales, destellos e impresiones súbitas. No pertenece a la razón, la rebasa e irrumpe al mismo tiempo en lo irracional y en lo suprarracional. **Alain Finkielkraut** sostiene que el judaísmo siempre ha desbordado las categorías en las que se ha pretendido colocar. Es, según él, una «metafamilia», una familia más allá de las familias.

Toda emergencia de memoria es sentida como algo proveniente de un pasado más o menos remoto, pero, por haber estado al margen de la conciencia, el recuerdo siempre se experimenta como una experiencia de novedad, como una nueva impronta para el sujeto que vuelve a nombrarse desde otras inclusiones que hasta ese momento no habían estado presentes en la conciencia. La *hermeneusis* o caminos de la interpretación que podemos aplicar a este «nuevo proceso» de identidad que nos aporta la inclusión de las distintas memorias nunca es simple repetición, sino siempre emergencia de lo nuevo como resultado de la metamorfosis de lo antiguo en las profundidades del alma.

Esta percepción del pasado no es un simple recuento de tiempo cronológico, sino de un tempo que hace persona y a la vez personifica, ya que incluye dentro de esta experiencia la interpretación del sentido que se revela como único para cada uno. El pasado no desaparece, antes bien queda constelado en las imágenes que pueblan nuestro inconsciente y desde allí nos constituye de una u otra manera; ya sea desde nuestras inclusiones o desde nuestros más atávicos rechazos. Esto explicaría tanto la fascinación como el rechazo que ejerce la cuestión judía en gran parte de los no judíos.

Este tránsito o recorrido por el sentido y por la propia historia en el que cada nuevo descubrimiento o desvelamiento nos reintegra un grado más hacia la ***unificación del propio ser*** es esencial para el proceso de la individuación, del Sí Mismo. Por ello, el tiempo cronológico no es el mismo que el tiempo genealógico que se ha transformado en tempo, compás, ritmo vital. Hay un tiempo ahistórico, que no es lineal ni secuencial y que lleva implícito tanto el pasado como el futuro anticipado en el que podemos «llegar a ser» a modo de una ***«memoria de futuro»***. Los sabios de Israel nos han enseñado que «no hay antes y después en la Torá»; parafraseándolos podríamos decir que «no hay antes y después en la vida», en la vida del alma, se sobrentiende.

Pero los intrincados mecanismos de la historia de nuestro pasado nos imponen también sus designios, a veces tan inexorables, que el sujeto sólo puede repetir la imagen de la mutilación del alma. Entonces el símbolo no se incorpora como conductor del sentido hacia el futuro, sino como expresión del dolor por la identidad perdida del pasado.

En **Sefarad** nos encontramos con una realidad específica de esta «mutilación» y quizás podemos decir que nos encontramos ante un «tiempo nuevo» en cuanto a la búsqueda de esa identidad perdida que constituyó el judaísmo hasta el siglo XV. Hoy en día debemos analizar y reflexionar sobre el fenómeno de la búsqueda de esa identidad a través del interés cada vez más creciente en torno a los apellidos judeosefardíes.

Es pronto para aventurar teorías antropológicas, sociales o psicológicas en torno al porqué de este fenómeno; de momento creemos que sólo podemos observarlo con un criterio lo suficientemente amplio que nos permita en el futuro realizar análisis más profundos. No deja de ser curioso, o más bien «paradójico», que al fin y al cabo miles de personas tengan la «fantasía» y el orgullo de poder pertenecer a un Pueblo que fue denostado, humillado, acusado de deicida y finalmente expulsado de la Península. ¿Acaso no es realmente más difícil, por no decir casi imposible, que el ser humano se identifique con el dolor de los perdedores?

Sin duda podríamos decir que en este sentido nos hallamos ante un salto cualitativo en torno a la percepción de nuestra memoria. Aun a pesar de la ausencia de una adecuada información, a pesar del rechazo por parte de muchos y a pesar del «olvido», lo «olvidado» siempre trata de retornar, aunque duela. La memoria nos duele. Y en **Sefarad** nos duele particularmente porque es una memoria cortada, mutilada, arrancada violentamente de su tradición judía, y sin embargo algo de nuestra conciencia colectiva parece que quiere integrar su falta.

Como decíamos, ya no podemos hablar simplemente del tiempo cronológico sino más bien ***genealógico***, la cronología como sucesión de tiempos lineales nos devora como sujetos (de eso algo supieron los griegos en su imagen del tiempo «Cronos») mientras que, por el contrario, la genealogía es un tiempo que se convierte en tempo y que da un salto cualitativo al orden del ***viaje*** del sujeto a lo largo de las generaciones a través del cual lo sagrado o trascendente trata de recuperar su sentido de continuidad y por tanto, su sentido de lo eterno, ya que ha transcendido la simple sucesión cronológica fragmentada de la historia.

Este ***tempo eterno*** significa que podemos observarnos en un ***presente continuo*** sintiéndonos protagonistas del proceso y recorrido de la historia colectiva y entretejidos con ella. Nos «sabemos» simbólicamente pertenecientes a otro orden temporal donde el pasado, el presente y el futuro se integran formando parte de la misma unidad. ¿Quién hubiera dicho que la Inquisición por este mismo sentido no ganó en **Sefarad**?

La conciencia lucha contra el olvido, pero luchar contra el olvido es algo más que repetir mecánicamente en una especie de simple recuento los recuerdos, los ritos o las palabras. Se trata de hacerlos asomar a una «nueva luz» que los dota de sentido e integración para la vida del presente. De otra manera ¿cuál sería su verdadero sentido?

Los apellidos nos inscriben en las genealogías familiares como si estuviéramos engarzados a los que nos precedieron. Como las cadenas, como los collares, nos recuerdan nuestra situación de simples eslabones que carecen de sentido aislados o arrancados del resto. De todas formas, los apellidos no dejan de ser una cierta anécdota, y como veremos a lo largo de las páginas de este libro no siempre hay que tomarlos desde un carácter absoluto.

Sin saber específicamente demasiado de nuestros antepasados, nos sabemos portadores de unas historias y unos rostros invisibles. Y sobre todo nos dotan de una sencilla identidad, la identidad de los nombres, de sus vidas y su devenir en el tiempo. Al fin y al cabo, algo de este tiempo nuestro en el que tejemos este libro les pertenece a «ellos» y por su mérito somos también lo que somos y hemos podido llegar a este instante. Por ello, a los que nos precedieron, a todos ellos, a los que murieron, a los que se marcharon y a los que se quedaron, a los que tuvieron que renunciar, a los que lucharon en secreto por mantener su identidad, a los que fueron capaces de resguardarla para sus descendientes, a todos aquellos que actualmente buscan retornar a la Fe de sus antepasados... Y también ¿por qué no?, «a los otros», a los émulos de «Amalec», a los enemigos, los perseguidores, los acusadores, porque ¡«no ganaron»! Desde este tiempo, desde este lugar en la historia, a todos ellos les dedicamos este libro.

MALKA GONZÁLEZ BAYO
y JULI PERADEJORDI SALAZAR

La memoria mutilada

Malka González Bayo

Los judíos, los judaizantes y la Inquisición

Es difícil comprender la historia del pueblo judío si no se observa como un proceso unitario, como una unidad que, aunque llena de contrastes, es orgánica, y que a pesar de todos los avatares, circunstancias y persecuciones, se ha mantenido a lo largo del tiempo.

Un retazo de esta milenaria historia tiene unos aspectos específicos en la España cristiana, en el período que comienza en el siglo XI, más concretamente con la conquista de Toledo por Alfonso VI, en 1085, y que terminará después de la toma de Granada por los Reyes Católicos y el decreto de expulsión de 1492.

Estos siglos tienen un profundo significado en la historia del pueblo judío, ya que éste ha sido el único período de la diáspora que ha podido ser estudiado en su totalidad. Por otro lado, es difícil acceder a una visión objetiva y completa de la historia de Sefarad si no se tiene en cuenta que ésta ha sido sometida a una verdadera mutilación cultural y espiritual que ha dejado profundas cicatrices, de las que pocas veces somos conscientes, en el alma colectiva.

El primer elemento que sale al paso de la observación es que la pugna entre el judaísmo y el cristianismo toma aquí una forma específica que no tiene parangón, por su crueldad y duración en el tiempo, con otros países o situaciones.

En Sefarad, nombre que los judíos sefardíes dieron a España, arraigó una de las comunidades judías de la diáspora con mayor capacidad creadora. Sefarad representa la matriz colectiva que alberga el pensamiento fecundante del judaísmo en una tierra de algún modo mítica.

Aunque, inicialmente, los objetivos políticos de la Reconquista ayudaron al florecimiento externo de los judíos, la motivación religiosa de aquélla alentó un fanatismo religioso en los cristianos que puso a prueba la existencia religioso-étnica de los judíos, que empezaron a verse acorralados por su diferencia y obligados por tanto a su conversión.

Según señala Yitzhak Baer, el historiador que más ha profundizado en el estudio de esta etapa, *«En ninguna época como ésta de España, se unieron tan estrechamente contra el judaísmo, en un asalto común tan destructor, la opresión política y la religiosa»*[1]. El judaísmo vivió atenazado entre el cristianismo y el islam, las dos fuerzas que constituían el poder político-religioso en aquel momento.

En este período se observa el nacimiento de una única forma de pensar, basada en unos principios incuestionables y dogmáticos que crearon un modelo social del que hoy en día aún somos herederos, en esa descripción que llamamos «pensamiento único» y que no sólo lo es por lo «que» se piensa sino, sobre todo, por «cómo» se piensa.

Como consecuencia, el destino del pueblo judío, a pesar de ser el más antiguo, hubo de someterse al destino y a los criterios de cristianos y musulmanes, que habían irrumpido en la escena histórica mucho más tarde y que se habían apropiado de los contenidos de las civilizaciones anteriores, y más específicamente de una gran parte de la tradición espiritual hebrea, adaptándolos a sus propios criterios culturales y a su particular manera de entender el mundo.

Los inicios de los judíos en España

Tal como nos indica de nuevo Yitzhak Baer, ya en el siglo X circulaban numerosas leyendas o historias relativas a familias y co-

---

1. Yitzhak Baer, *Historia de los judios en la España cristiana*, Ed. Riopiedras, Barcelona, 1998.

munidades judías cuyos antecesores habían sido desterrados de Judea por **Tito**, e incluso por Nabucodonosor, y traídos a suelo hispánico. Parece ser que el motivo principal de la gestación de estas leyendas fue la convicción de que el alto nivel cultural de los judíos españoles se debía a que eran descendientes de la tribu de Judá, que habría sido desterrada a España[2] tras la destrucción del primer templo por Nabucodonosor.

Pero la identificación de España con la mítica y bíblica Sefarad es aún más antigua. Esto se debe a determinadas exégesis del versículo del profeta Abdías que habla de *«los desterrados de Jerusalem que están en Séfarad»*.

Hay exégetas que hablaban del exilio que padece la tribu que se halla en los confines del Imperio Romano, es decir, en Hispania.

En cualquier caso, los primeros judíos que se establecieron en la península ibérica formaban parte de la primitiva diáspora que se desparramó por todos los rincones del Imperio Romano. Existen datos históricos que confirman que la población judía era de cierta importancia antes de que las tribus germánicas invadieran el país, lo que indica que el pueblo judío está presente en suelo hispano desde los orígenes de nuestra historia y nuestra cultura, y que desde los siglos iniciales del desarrollo del cristianismo en nuestro suelo, fue acosado y perseguido.

El decreto conciliar del 694 en Toledo constituye una prueba última documental que da fe de la lucha entre el judaísmo y la inicial sociedad cristiana representada por los reyes visigodos.

A partir del 711, año en que los árabes invaden la península, comenzaron a establecerse colonias de judíos en las ciudades conquistadas, hecho éste que sería utilizado posteriormente en el

---

2. Aunque se utilice el nombre «España» para entendernos, en este tiempo histórico tal concepto aún no existía, ya que éste sólo tiene realidad histórica como tal a partir de la unificación entre los Reinos de Castilla y de Aragón por los Reyes Católicos.

siglo XII por los autores católicos para lanzar campañas de propaganda anti-judía, acusándolos de «conspiración» con el invasor árabe extranjero.

En el siglo X, el califa Abd-er-Rabman III había instaurado un reino poderoso y unificado, cuya reputación cultural alcanzó fama en toda Europa. Sólo unos pequeños estados cristianos del norte, León, Navarra y el condado de Barcelona, mantenían sus diferencias vecinales, con población de campesinos y militares y nacientes núcleos urbanos, mientras que posteriormente, en el siglo XI, el califato de Al-Ándalus, se divide en varios estados pequeños.

Estos acontecimientos influyeron en el hecho de que las capitales de los reinos de Taifas se convirtieran en centros de cultura hebrea. En algunos de ellos, los judíos ocuparon puestos de poder y responsabilidad: médicos, astrónomos etc., como Semuel ha-Naguid, erudito rabínico en la halajá (ley) y uno de los más grandes poetas hebraicos españoles, que condujo durante 30 años la política interior y exterior del reino de Granada. El hecho de que fuera un judío –que, según Yitzhak Baer, se creía un enviado de la Providencia para defender a la Comunidad de Israel– quien condujera la política del reino de Granada sembró odios en los ortodoxos musulmanes. Su hijo le sucedió en el cargo hasta que, después de una intensa propaganda en su contra por corrupción, fue asesinado, y muchos otros judíos corrieron su misma suerte.

Sin embargo, mientras que una parte de los judíos fueron cortesanos en los distintos reinos musulmanes y cristianos, la gran mayoría se dedicaban al cultivo de la tierra, a la artesanía y a diversos oficios. Es preciso señalar que uno de los aspectos más característicos y permanentes de la judeofobia[3] es el criterio

3. Término acuñado por Gustavo Perednik que alude al sentimiento de rechazo persistente y persecutorio contra de los judíos basado en diversos argumentos, pero sin una justificación racional.

de expansión «conspiracionista» de los judíos, resaltando únicamente el influyente papel que tuvieron en las distintas cortes, en el campo de la política y las finanzas, y obviando que la mayor parte se dedicaba a los distintos oficios, impulsando el desarrollo de los gremios en las ciudades.

Por otro lado, cualquier lector versado en el desarrollo de las culturas y de la historia sabe que ésta y lo que se denomina «conspiración», es muchas veces el resultado de la permanente lucha entre los diferentes grupos de presión, ya sean logias, sociedades o instituciones religiosas por el control del poder de la información y de la economía, del que no está ni ha estado exento ningún país, ninguna cultura, ni ninguna ideología.

Sería una ingenuidad pensar que ciertos individuos o grupos de élite judía dejasen de lado esa posibilidad de acceso al poder, cuando muchas veces dependía de ese poder la supervivencia de los suyos y de su cultura. En cualquier caso, las mismas culturas que desde antaño han lanzado la piedra de esa acusación son las que han obtenido poder a base de la represión, la extorsión y la conspiración contra quienes eran diferentes a ellos. La manipulación y el uso del saber ha estado siempre concentrado en unas pocas manos contra el resto de la sociedad a la que no le quedaba otro camino más que obedecer los dictados de las oligarquías y jerarquías religiosas, que se convirtieron en los únicos gestores del saber y del conocimiento.

Las conversiones forzadas en Sefarad no son, como se suele creer, del siglo XIV o XV, sino que se remontan a los primeros siglos del catolicismo y están en la base de su constitución. Ya en el año 418, Severo, obispo de Mallorca, relata en una carta la conversión forzada de los judíos de Menorca. En Mahón, los cristianos se levantaron contra los judíos y la sinagoga fue presa de las llamas. En tiempos de Teodosio, no se consideraba a los judíos ciudadanos de pleno derecho, pues las leyes del código de Teodosio, que por presiones cristianas habían cercenado los derechos de los judíos, fueron incluidas en el Código visigótico, en el año 506.

Este primer código legal excluía a los judíos de los cargos públicos, prohibía los matrimonios con cristianos, construir sinagogas, e imponía a los judíos un impuesto especial.

Es curioso observar que la persecución a los judíos comenzó cuando el rey visigodo Recaredo cambió la fe arriana por la católica romana, en el año 589. En el 612, Sisebuto libera a los cristianos de toda relación de dependencia respecto a los judíos, lo que repercutiría muy negativamente en su economía, pues, privados de colonos, les resultaba prácticamente imposible cultivar las tierras, por lo que quedaron excluidos de la estructura social normal de aquel momento.

Poco después, Sisebuto ordenaba a los judíos elegir entre convertirse al cristianismo o abandonar el país, y en el 628, Heradio, emperador bizantino, decretó la conversión forzosa para todos lo judíos del imperio, incluidas algunas zonas de la península ibérica. El rey merovingio Dagoberto siguió su ejemplo. Estamos aún en el siglo VII...

En el 633 se celebró en Toledo un concilio de todos los obispos del reino que nos interesa especialmente, ya que sus disposiciones afectaban no sólo a los judíos, sino también a los conversos, pues ya entonces se sospechaba que permanecían fieles a la religión de sus padres.

Cinco años más tarde, en otro concilio, se prohibía a los no católicos residir en el país y ya *ponía a los conversos bajo estricta vigilancia del episcopado.* No se les permitía viajar por el país sin permiso de las autoridades eclesiásticas locales y quedaban *obligados por ley a prestar juramento de haber abandonado la fe judía.* Las penas variaban según la gravedad, desde la penitencia a los azotes, a la amputación de algún miembro y la hoguera...

No obstante, la Iglesia fracasó en su intento de conversión total, ya que la nobleza, en parte aún arriana,[4] utilizaba los servicios de los judíos y los refugiaba en sus territorios.

Quizás por ello, en el 681, Ervigio extremó la legislación antijudía, imponiendo penas a quien eludiera el bautismo, observara preceptos judíos o impartiera instrucción judía. Y de esta manera se llegó al Concilio de Toledo, en el año 694, durante el reinado de Égica, en el que se profirieron graves acusaciones contra los judíos, no sólo de socavar el poder de la Iglesia, sino de «conspirar» para apoderarse del reino, dar muerte a los cristianos y destruir el Estado. Como castigo, el Concilio decretó confiscar todos sus bienes, reducirlos a la esclavitud y entregar sus tierras a sus antiguos esclavos.

Sin duda los sucesos acontecidos en este siglo VII sentaron las bases y fueron símbolo y ejemplo de los cristianos fanáticos de la Baja Edad Media.

A finales del siglo XV, esto es, ¡ocho siglos después!, los descendientes de los judíos bautizados por la fuerza en España y en Portugal fueron llamados «cristianos nuevos», y ¡todavía eran sospechosos! de seguir observando la religión judía, mientras que los verdaderos judaizantes eran considerados enemigos de la sociedad cristiana y duramente perseguidos por la Inquisición.

Existen diferentes opiniones sobre cuáles fueron los auténticos motivos que se escondían detrás de los procesos inquisito-

---

4. Arrio fue anatematizado en el primer Concilio de Nicea, en el 325, celebrado en realidad para erradicar el arrianismo y los criterios de las comunidades cristianas orientales en presencia de Constantino. En este Concilio se fijó el dogma de la «divinidad de Cristo» y se cambió la fecha pascual, adoptando el uso romano de celebrarla el domingo posterior al plenilunio que sigue al equinoccio de primavera, en contra de la costumbre judeocristiana de los siglos I y II, que la celebraban el 14 del mes de Nisan (mes hebreo), en la fiesta judía de Pascua, o Pesaj. De esta forma se empezaron a introducir los cambios esenciales en la percepción del tiempo arquetípico, que evitó finalmente el cambio de la conciencia occidental y politeísta romana hacia la Unidad propuesta por el Monoteismo oriental.

riales. ¿Fueron puramente religiosos, o raciales? Los condenados ¿eran auténticos cristianos convencidos de su nueva fe o, por el contrario, verdaderos judaizantes?

Algunos autores proporcionan descripciones de cómo la Inquisición, sólidamente apoyada por la sociedad civil, detenía, interrogaba, torturaba y castigaba a los judaizantes, con unos métodos muy poco objetivos: aceptaba como testigos de la acusación a cualquier individuo, por vil o canalla que fuese, mientras que limitaba los derechos de la defensa. Algunos investigadores, como Michael Alpert,[5] describen con gran lujo de detalles el oprobio de hombres y mujeres pasando de las cárceles secretas del Santo Oficio a los Autos de Fe, su vergüenza pública, el descrédito social y a veces la hoguera.

Sin embargo, otros autores, como B. Netanjahu,[6] discuten el peso religioso de estos criptojudíos, a los que considera auténticos cristianos a partir de la segunda generación. Basándose en el análisis de fuentes judías como «las Responsa» de los Rabinos de Argel en 1480, concluye que la historia de estos criptojudíos y el fenómeno de los judaizantes es algo muy minoritario, que apenas tuvo incidencia en la vida espiritual judía y cristiana. Por ello, los motivos de la actuación de la Inquisición son más raciales que religiosos.[7] Pero ¿qué significa esta diferenciación entre lo «religioso» y lo «racial» en el ámbito judío?

---

5. Michael Alpert ocupa la cátedra de Historia Moderna y Contemporánea de España en la Universidad de Westminster.
6. B. Netanjahu, *De la Anarquía a la Inquisición*, Ed. La esfera de los libros, Madrid, 2005.
7. Las fanáticas posturas por ejemplo de un Vicente Ferrer, que a partir del Compromiso de Caspe incitó a la destrucción de las aljamas aragonesas, y la enconada persecución ejercida por los dominicos, inspirados en una Escolástica cada vez más retorcida en contra de las tesis espirituales judías, muestran que la persecución inicialmente era de tipo religioso, si bien influyó la percepción del judío como si fuera «una raza aparte», ya que el judío se inscribe en una urdimbre y un referente espiritual diferenciado.

Si nos atenemos a la historia y a la transmisión del judaísmo, veremos que es muy difícil, por no decir imposible, separar lo que es el Pueblo como tal y su filiación espiritual, ya que es un Pueblo que no se ha formado por criterios raciales ni económicos, sino que nace de la idea ética de un Arquetipo religioso que lo conduce a la libertad y que posteriormente adopta con la recepción de la Torá en la experiencia colectiva del Sinaí.

Así pues, se ha de tener presente que el origen religioso del Pueblo judío ha sido siempre el punto de partida de posteriores ataques que terminan siendo «raciales». Este fenómeno puede verse en las reacciones de algunos historiadores hispánicos, como Menéndez Pelayo y Américo Castro, que no disimulaban su judeofobia, basándose en la imagen bíblica de los judíos como el Pueblo Elegido de D´os, sin que estos dos «eruditos» se hayan preocupado de estudiar, y mucho menos de entender, las fuentes interpretativas en las que se fundamenta esta autorrepresentación. Como dice el propio Netanyahu, tanto Menéndez Pelayo como Américo Castro intentaron mostrar que la limpieza de sangre se fundamentaba en las propias fuentes judías, llegando a defender que la Inquisición fue impulsada por los mismos judeoconversos y que esta influencia se mostró no sólo en la institución como tal, sino en sus procedimientos y actuación política, ya que, según su punto de vista, fue el propio judaísmo el que sintiéndose el «pueblo elegido», promovió desde sus orígenes la «limpieza de sangre» al prohibir los matrimonios de sus miembros con gentiles.

Es decir, según este criterio, la Inquisición sería un «diseño judío», y por tanto la culpa y la responsabilidad por la discriminación y la exclusión, la usurpación de los bienes y haciendas, la prohibición de matrimonios con cristianos viejos, los abusos, las humillaciones, los sambenitos, los autos de fe, las torturas etc., recae sobre los propios judíos. Es evidente que se trata de una visión perversa de la Historia y alimentada del mismo cinismo que hace decir actualmente a muchos judeófobos de distinto signo político que la Shoá no existió como tal o que incluso interesó a los propios dirigentes judíos, que la utilizaron para justificar la ocupación de Palestina.[8]

Lo cierto es que muchos de los que llamamos «especialistas» o «eruditos» son capaces de juzgar la cultura hebrea sin conocer su historia ni la dinámica y vital combinación entre la Torá escrita y la oral, y mucho menos la variedad de sus interpretaciones y sus innumerables fuentes, incluida la transmisión de éstas a lo largo de los siglos.

Es por este mismo criterio por lo que la obra y la construcción espiritual escrita es tan sumamente extensa, dado que las diferentes escuelas o Casas de Estudio han estado nutridas por grupos amplios de discípulos de grandes rabinos y maestros que nos han legado sus investigaciones e interpretaciones.

La espiritualidad judía y la cultura que emana de ella son un campo vastísimo y muy complejo, tanto por la calidad y extensión de la obra escrita como por la transmisión oral a lo largo de miles de años, lo cual requiere, para poder percibirla con exactitud, buenas dosis de rigor intelectual y de profundidad en análisis simbólicos, por no hablar de profundidad espiritual para poder comprender el misterio de sus valores y su mística, ininterrumpida desde hace más de 3.000 años y de la que tanto el cristianismo como el propio islam son herederos.

Lo cierto es que la Inquisición actuó en España y sus colonias durante más de tres siglos sin oposición del pueblo –una cantidad de tiempo realmente tremenda–, y que los judíos fueron forzados a convertirse desde los primeros siglos del cristianismo católico, y más específica y duramente, durante las persecuciones y matanzas perpetradas en distintos lugares de la Península a lo largo de los años, entre 1391 y 1412.

---

8. Es curioso observar que en esta cuestión muchas posiciones de la izquierda (incluidos algunos ideólogos judíos) son coincidentes con la extrema derecha.

El problema de los Anusim

Por lo anteriormente expuesto hemos de aceptar que el tema de los benei *Anusim* (marranos o descendientes de judeoconversos) no es un tema sencillo de analizar. Sin embargo estamos asistiendo a un curioso fenómeno. Cada vez son más las personas que se «despiertan» a la posibilidad de su identidad judía inconsciente sin que haya mediado ningún fenómeno particular que hay podido provocar esta paradójica auto percepción. Tal como se expone en otros trabajos de este libro, este «despertar» viene dado muchas veces por el simple descubrimiento de la procedencia judía de sus apellidos o por sensaciones internas de origen desconocido hasta el momento, como puede ser algún determinado tipo de sueño del que algunas veces he podido tomar nota a través de algunas personas.[9] En el tema de los *Anusim*, podríamos decir que nos encontramos ante un asunto con unas connotaciones psicológicas particulares y específicas, y es desde esta perspectiva desde donde intentaré una aproximación.

En el sentimiento y el alma de los *Anusim* laten al mismo tiempo la tensión de dos contrarios difíciles de reconciliar: por un lado el *apóstata judío* que, vencido por el temor y la presión de las persecuciones, renegó finalmente de su fe y por otro, el *criptojudío*, que lucha por la supervivencia de su identidad oculta. No podemos aproximarnos a su complejidad sin tener en cuenta ambos aspectos.

Llevo años haciéndome preguntas en torno a la pertenencia real de los *Anusim* al pueblo de Israel. ¿Se puede aceptar sin más el retorno como tal, y en base a qué? ¿A qué emergencia? ¿Qué vivencias pueden considerarse «reales» o auténticas y cuáles pertenecen al ámbito de la fantasía?

9. Me refiero a sueños que se producen en el ámbito de la terapia psicológica en mi tarea cotidiana como analista.

En primer lugar, no todas las experiencias de los *Anusim* son similares. Es obvio que por las consabidas razones históricas y su repercusión en su constitución espiritual, los denominados *Anusim* no han podido vivir su identidad judía ni su inclusión en el Pueblo. Por ello, el Anus tiene una *conciencia fronteriza,* «es» y «no es». Es parte de los unos y parte de los otros; por ello, el Anus en principio ha de partir forzosamente de un «deseo imaginario de pertenencia», ya que no tuvo acceso a la transmisión de su identidad y en principio el encuentro con ésta se produce en la más estricta soledad; pero precisamente por esta misma causa, el Anus no puede estar exento de realizar un largo proceso de reencuentro con sus raíces para tratar de superar esta contradicción, y sobre todo para poder unir e integrar sus opuestos.

Los que nacimos en Sefarad nos hemos educado en el ambiente de una cultura «católico-romana» que se ha representado a sí misma desde un imaginario reductivo y dualista en que la imagen «del judío» constituía su propia «sombra» y sus aspectos más negados, imagen heredera de la visión del propio Imperio Romano, contra el que el judaísmo y el pueblo de Israel libró una dura resistencia, no sólo ideológica sino espiritual, hasta el año 70, en el que, una vez destruido el Templo, comienza la diáspora.

Incluso hoy en día, cuando las propuestas interreligiosas e interculturales constituyen los nuevos valores de lo «políticamente correcto», todavía nadie reacciona de forma natural ni se queda indiferente ante la palabra «judío». ¿Por qué? Podríamos decir que la Iglesia católica no hubiera sido tal como la conocemos si en dicho imaginario no hubieran existido «los judíos» como el «pueblo deicida», a pesar (o quizás más bien por eso) de que Jesús nació como judío y vivió en todo momento como tal, fiel a la fe de su pueblo. Todos los nacidos en una determinada época en este país hemos padecido la imposición dogmática del diseño espiritual eclesiástico y sabemos del «ángulo oscuro» desde cuyo contraste la Iglesia se hacía portadora de la luz de la «supuesta verdad» absoluta. Porque toda luz necesita de un contraste opaco desde el cual poder ser visible, y ese contraste fue el pueblo de Israel, al mismo tiempo que los valores de la Torá y parte de los ritos esenciales del judaísmo[10] sirvieron de fundamento del cristianismo católico y fueron «absorbidos» por éste.

Por otro lado, las persistentes persecuciones ejercidas por las órdenes eclesiásticas como la de los dominicos, que dominaban el tribunal del Santo Oficio consiguieron finalmente su propósito, logrando que con el tiempo se produjera un absoluto desconocimiento y creencias falseadas, ya no sólo respecto al judaísmo, sino también respecto al propio cristianismo, que fue despojado violentamente de sus valores originales y de su matriz cultural y espiritual.

Conceptos tales como «Perdón», «Redención», «Mesías», «Apóstol», «Resurrección de los muertos», «Amor al prójimo», «Comunidad», «Pascua», «Pentecostés», etc., son conceptos y valores de la Torá que constituyen el judaísmo y no la «supuesta novedad» de la posición cristiana. En este sentido, el mal llamado «judeocristianismo» no deja de ser un conjunto de imágenes arquetípicas que fueron «absorbidas» a lo largo del tiempo para ser incorporadas posteriormente a la noción católico-romana administrada desde la Iglesia, que llegó a autodenominarse como «el nuevo Israel», al mismo tiempo que decidió que la Torá era un Testamento «antiguo» superado por el «nuevo» Testamento.

El cristianismo es de hecho una reducción de la espiritualidad judía, que, traducida al griego y posteriormente al latín, y reinterpretada por los helenistas con las aportaciones de la *gnosis*, fue convenientemente «adaptada» (de manera minuciosa y con éxito, eso sí) al público gentil y a la cultura pagana, fundamento del Imperio Romano. Más tarde se sirvieron de esta flagrante usurpación espiritual y cultural para perseguir a la Cultura que había

10. Es el caso, por ejemplo, de la bendición del pan y del vino (*Kidush*) que se realiza en el Shabat, desplazado a la Eucaristía y algunas de las fiestas cristianas más importantes, como Pascua y Pentecostés (*Pesaj* y *Savuot*, en hebreo).

sido la «madre» de la idea. Una fórmula muy «postmoderna» que nos lleva de nuevo a considerar cómo el conocimiento original fue «usurpado» por instancias ajenas a ese mismo conocimiento y persiguieron al mismo tiempo al pueblo que le dio origen.[11]

Esta realidad trajo consigo una de las represiones espirituales y culturales más bárbaras y persistentes que se han podido contemplar en el desarrollo de las Culturas. Específicamente en nuestro país, cuanto más «consciente» se hacía en la vida colectiva la cultura eclesiástica romana, más se desplazaba hacia la vida inconsciente la cultura judía y sus valores, y de esa forma, el alma colectiva de Sefarad se rasgó en dos mitades: una de «luz», y otra de «sombra». Una «consciente» y otra «inconsciente». Mientras que la parte consciente se expresaba bajo el código católico, una parte del inconsciente colectivo permaneció de alguna forma «judío y hereje», y es esta parte que ha permanecido inconsciente por siglos la que ahora trata de retornar, confirmando la tesis de Freud de que finalmente todo «lo reprimido retorna».

¿Qué es un Anus?

En la actualidad, los *Anusim* son los descendientes de los judeoconversos que fueron forzados al bautismo. Para el Anus, esta situación lo forzaba a ser «otro» y por ello es un ser condenado a sentir siempre un desgarro, una imposibilidad, «una falta».

Un «desear ser», en lo más recóndito de sí mismo, el que «pudo haber sido» y le prohibieron ser. Ese «deseo de ser» se instala en una fisura, en una lugar fronterizo y al mismo tiempo en el deseo

11. Queremos señalar que, al fín, en los últimos años la Iglesia ha empezado a cambiar su postura. El Papa Juan Pablo II pidió «perdon» y reconoció a los judíos como «los hermanos mayores en la fe». Es un mínimo comienzo de reconocimiento a la verdadera historia espiritual.

de ser reconocido, nombrado, incluido. El reconocimiento del Anus constituye una especial paradoja, porque reconocerse desde ese «ángulo oscuro» del alma y desde la «prohibición de ser» es un camino y una decisión para la que se necesitan unas dosis de valor y fuerza espiritual que no todos pueden conseguir, quedando así algunos librados a una lucha desesperada por su identidad.

Para aproximarnos, aunque sea levemente, a lo que ha podido implicar este drama en la conciencia de los descendientes de *Anusim*, tengamos en cuenta la cantidad de textos distorsionados, libelos y mentiras difundidas a lo largo de los años en nuestros libros de estudio en contra de los judíos. No se ha tratado sólo de una «cuestión teológica», sino de una persistente intoxicación ideológica incluso desde las urdimbres culturales, de la que la literatura es un claro ejemplo, desde Alfonso X «el Sabio» a Quevedo, por no decir Gonzalo de Berceo, quien, en su obra *Los Milagros de Nuestra Señora,* trata despectivamente a los judíos. Términos peyorativos, como «malaventurado», «diablado», «traidor», «usurero», «falso», descreído» etc., fueron usados para describir a los judíos en nuestra cultura, que fue llegando a un público variado, instigado de un lado por la crisis económica y de otro por la propaganda clerical y monástica ligada a la intransigencia del espíritu de la cruzada y que crecería a lo largo del siglo hasta los pogromos de 1391.

En los libros de Parvulario que circularon hasta el año 1965 en las escuelas nacionales de nuestro país –y no sólo en las religiosas– e incluso en algunos libros actuales, hemos podido leer cosas como ésta: «Jesucristo sabía que los judíos le iban a crucificar».

Si tenemos en cuenta que para este país, según el dogma católico, Jesucristo era el propio D'os encarnado, ¿quién querría reconocerse judío/a desde semejante imaginario? Teniendo en cuenta que, al menos hasta la generación de los que escribimos estas páginas, a los niños y niñas de este país se nos ha inoculado un mundo de mentira y distorsión espiritual, ¿qué tipo de alma puede ser aquella que se autorreconoce como judía partiendo de estas premisas?, ¿qué tipo de deseo la impulsa?, ¿qué obstáculos psicológicos ha tenido que vencer para abrirse paso a su propia claridad?, ¿cuántas contradicciones y soledad espiritual y moral ha tenido que sobrellevar?

Consecuencias psicológicas de una memoria mutilada: una historia real

Si nos detenemos en la palabra «*Anusim*», que, como decíamos, en hebreo significa «forzados», nos encontramos con una interesante descripción llena de sugerencias que invitan ya a la interpretación.

El ser forzados al bautismo, y por tanto, a ser algo que ellos no eran inicialmente, implicó que su identidad judía original fuera convirtiéndose de generación en generación en «lo prohibido». Éste es el drama espiritual de nuestro pasado. La propia identidad convertida en tabú, «el tabú de ser uno mismo». Esta prohibición marcó unos territorios internos llenos de confusión, de incertidumbre, y con el paso de los años, también de fobias. No todos los que se reconocen actualmente como *Anusim* lo hacen por ser herederos de afectivas transmisiones familiares, ya que para la mayor parte de ellos sus padres no se reconocen como criptojudíos; es más, muchas familias consideran un verdadero trauma que sus hijos decidan el retorno o la conversión a la fe judía.

La decisión de retornar es por tanto individual, pues hay pocas familias cuyos miembros tengan la misma percepción, ni los mismos sentimientos, ni el mismo tipo de memoria. El hecho de poseer apellidos de origen sefardí es significativo sólo en aquellas personas que sienten cierta predisposición a este tipo de identificación y a las que de alguna manera se les ha hecho sentirse vinculadas a una mínima conciencia de identidad o pertenencia. Sin duda, en estos casos, los apellidos son una señal. En otros, sin embargo, los apellidos apenas cuentan, ya que tienen una demostración difícil, y además muchos los han perdido, pues la descendencia judía es por vía matrilineal y prefieren determinarse por su deseo simple y sencillo de pertenencia al pueblo de Israel desde instancias puramente anímicas y espirituales a través de un simple proceso de conversión.

Quisiera contar ahora una historia real[12] que el destino hizo que contemplara y escuchase en mi juventud. Ahora puedo devolverla como un retazo de la experiencia emocional de la memoria hispana que de una forma u otra nos incluye a todos. Es una historia de pérdidas y memoria rota, de ausencia y huellas dolorosas que luchan contra el olvido.

Cuando estudiaba Psicología en Barcelona, mantuve estrecho contacto con una familia descendiente de judeoconversos sefardíes. Dicha familia estaba compuesta por dos generaciones de mujeres que aún portaban un ilustre apellido judío con una mezcla de nostálgico recuerdo y rechazo a su significado. Eran una señora ya mayor con dos hijas, una de ellas soltera, que vivía con la madre, y otra casada, madre a su vez de dos hijos varones. La abuela de la familia padecía neurosis obsesiva, con una fuerte monomanía religiosa. La hija casada padecía de migraña crónica y tenía un carácter infantil y aniñado, y su hijo mayor era a su vez un depresivo crónico.

Hasta aquí simplemente vemos un grupo de personas atrapadas en una neurosis familiar, pero lo que nos ocupa aquí es tratar de diferenciar si esta neurosis tenía una raíz histórica y si dicha raíz tiene que ver con nuestra memoria colectiva y «sus olvidos».

---

12. Publicado en *Revista de Psicología Analítica* bajo el título de «Memoria, olvido e identidad», Malka González Bayo, Barcelona, 2003.

Los domingos yo solía ir a comer con ellos. Cuando nos sentábamos a la mesa, la abuela comenzaba entonces su ritual de oración y bendición. Nada extraño, si no fuera porque trataba de hacer la señal de la cruz una y otra vez antes de comenzar la oración. Yo observaba los reiterados y compulsivos movimientos de la anciana tratando de trazar la señal de la cruz. En una ocasión realizó hasta 50 intentos antes de conseguirlo. Comenzaba el movimiento con las palabras rituales: «En el nombre del Padre... y del Hijo...», pero se interrumpía de golpe sin poder culminar la señal completa.

Yo, que por aquel entonces era una joven estudiante de Psicología, me preguntaba cuál sería la razón oculta que le impedía y prohibía ese acto. Veía la desesperación impotente en los ojos de la anciana y sentía la inquietante irritación en el resto de los comensales esperando que el tedioso ritual acabase de una vez, mientras la comida se enfriaba en la mesa.

Y así, un domingo tras otro, yo observaba la repetitiva y paradójica escena.

Un día de esos en los que «la memoria» parece conectar con las imágenes perdidas y los sentimientos olvidados en los recodos de la psique, empezaron a hablar de sus ascendentes judíos como una «falta» transcendida «gracias al amor de Jesucristo» en un tono de «melancólico triunfo».

Y me contaron entonces, con una mezcla de fanatismo y orgullo, que en su familia se habían conservado hasta hacía poco tiempo textos talmúdicos, heredados en secreto de generación en generación; pero al enterarse de que estaban prohibidos por la Iglesia decidieron quemarlos para que «el pecado» de haber sido «judíos» no pasase a sus descendientes.

En ese momento traté de comprender el dolor que podía representar el hecho de haberse «quemado a sí mismos». Ellos habían introyectado la propia Inquisición hasta tal punto que se habían convertido en «su propio tribunal inquisitorial». Tenía ante mí lo que más tarde he llamado el «Complejo de Converso». Con el tiempo llegué a la conclusión de que quizás la abuela no podía terminar su señal de la cruz porque una fuerza interna interponía su prohibición. Mientras su parte consciente se había tenido que identificar en lo externo con el poder inquisitorial construyendo una personalidad católica fanática, una parte interna e inconsciente de alguna manera seguía siendo «judía» y rechazaba el signo de la cruz que la obligaba a mantenerse oculta y avergonzada. Así, domingo tras domingo, parecía librarse entre las dos partes una despiadada lucha en la que volvía a ganar la identidad católica cuando al fin lograba culminar el signo de la cruz, que día a día se volvía más rígido. En esta mujer parecían vivir siglos de una lucha de la que había corporizado sus elementos simbólicos y cuyos síntomas se centraban en numerosos rituales de los que el compulsivo lavado de manos llegó a producirle verdaderas laceraciones en la piel.

En cada uno de los miembros de esta familia se expresaba el conflicto del Anus a través de cuadros depresivos, temores, inhibiciones e inseguridades de todo tipo. En ellos se podían contemplar todos los sentimientos persecutorios que a lo largo de los siglos se habían mantenido ocultos en el inconsciente familiar y que sólo podían evitar a través de la identificación con una rígida autoridad moral.

Este caso, que es más frecuente de lo que se cree en las diferentes comunidades de la Península Ibérica, representa la fisura heredada en la identidad religiosa y cultural que fragmentó la memoria en niveles profundos de la estructura anímica tanto individual como colectiva. La tragedia de esta familia se establece cuando esta inclusión no pudo ser vivida desde la propia identidad, sino desde una identidad ajena, «forzada» a modo de un «alter ego» impuesto y con el que la estructura psíquica tiene que operar en el mundo. El judeoconverso o marrano, para lograr sobrevivir, ha tenido que «forzar» su estructura anímica hasta tal punto, que se ha dado la vuelta a sí mismo, invirtiendo su identidad de tal manera que lo que expresa su auténtica identidad (en este caso la judía) se ha convertido en su «sombra», y lo que sería «la sombra» para esa identidad judía la ha convertido en su «persona» (es decir, la posición cristiana/católica). El camino hacia el Sí Mismo está cortado y por tanto la fragilidad del yo siempre está presente buscando reforzarse a través de símbolos ajenos.

En el caso de estas familias, mantener la decisión de seguir siendo judíos hubiera significado no sólo el peligro del castigo, sino aceptar «el pecado» ante una sociedad cristiana fanática formando parte de sus propias vidas, y por tanto constituirse como perversos «portadores del mal». Sin embargo, por otro lado, el decidir ser cristianos para «salvarse», y no sólo en un sentido simbólico espiritual sino real, significó aceptar la mutilación de su propia identidad y de su memoria. Una memoria que se establece en la cultura hebrea a través de la *exhortación al recuerdo* por parte del mismo D´os y que fundamenta la identidad nacional y religiosa. Posiblemente, en el inconsciente judío de la anciana de la familia, cada domingo «pecaba» contra esta memoria sagrada grabada de forma indeleble en su interior, y el impedimento de realizar la señal de la cruz era el único intento que su inconsciente tenía para recordárselo.

No podían aceptar esta pérdida de identidad y por tanto el duelo por la pérdida de sí mismos. Para ellos la vida era la expresión más pura del dolor y el sufrimiento, y al mismo tiempo no podían expresar directamente un duelo que era imposible. Vivian «asimilados» por la misma cultura que había reprimido tan dolorosamente a sus antepasados por los que no podían llorar, y a los que apenas deseaban recordar. Rechazaban permanentemente esa depresión que los llevaba a la expresión profunda de sí mismos, ya que si hubieran permitido la libre expresión de su pérdida, se habrían inadaptado con respecto al entorno. Por tanto, habían de «esforzarse» por olvidar lo que habían sido y lo que aun a su pesar seguían siendo, esforzándose entonces por ser no sólo como los demás, sino «mejor aún» que ellos, mimetizándose con sus agresores históricos a modo de una defensiva «identificación con el agresor» en forma colectiva, ya que aquí lo colectivo sirve de protección frente a los terrores de la individualidad, que se queda sola frente a un enemigo que no sólo es imaginario, sino que se ha convertido en realidad persecutoria externa e histórica.

Esta familia, constituida en forma tribal, permanecía siempre unida, con constantes ansiedades de separación que vivían como una pérdida de sí mismos, como una especie de «muerte». Nadie podía «irse» de esta constelación familiar si no querían ser traidores al pacto inconsciente que sus psiques habían diseñado sobre sus memorias fragmentadas para poder sostenerse. La única forma que tenían de reconstituirse y reunificarse individualmente era permanecer juntos por encima de todo en «ese pacto», de tal forma que cada uno cumplía una función de «yo auxiliar» con respecto a los otros.

Como veíamos al inicio de la descripción de esta familia, el sujeto trata de repetir simbólicamente el designio «fatídico» y trágico aun cuando su identidad originaria y real se haya convertido en su propio ***tabú***.

Evidentemente, para la mayor parte de los judeoconversos, al igual que para esta familia, formar parte de los que «habían crucificado» a Cristo (recordemos, «¡al propio «Dios!» desde el punto de vista de la Teología cristiana) no era algo muy deseable. Por el contrario, decidir ser cristianos para «salvarse» significó olvidar quiénes eran. Un camino sin salida.

La Biblia exhorta constantemente al recuerdo, y por tanto, desde el punto de vista de la espiritualidad judía, el drama tiene una gran profundidad, ya que es un atentado contra el ALMA del judío que corta el vínculo con su raíz espiritual. Éste es un mal irreparable para el alma judía, porque el cristianismo es vivido como una caída en la idolatría; por tanto aquellos judíos religiosos que con conocimiento de sus fuentes rabínicas, fueron obligados al bautismo, sabían que éste es pecado de «caret» o corte, y nada le puede doler más al alma o neshamá que ese «corte» que la desgarra de su fuente, de su D´os y de su Pueblo. Es aquí donde se manifiesta la máxima tensión en las almas de los antiguos *Anusim*, al no poder superar el desgarro. En cualquiera de los dos casos, estaban ya fragmentados. La escisión era irreparable. Es probable que éste sea el motivo psicológico por el cual algunos conversos persiguieron en distintas disputas a los que habían sido sus correligionarios, con el fin de que esa «huida hacia delante» que les llevaba a convertirse en perseguidores de sus hermanos les pudiera sustituir su identidad perdida y su fe ya quebrantada.[13]

Toda pérdida necesita su duelo, pero, al mismo tiempo, la tragedia de muchos *Anusim* fue no poder aceptar esa pérdida, y por tanto el duelo por ella. En el mundo judío el duelo cumple un papel muy importante. Hasta el día de hoy, el 9 del mes de Av correspondiente al mes de agosto, se conmemora la expulsión de los judíos de Sefarad, y la destrucción del primer y segundo Templo. Hay mucho que llorar por ese tiempo. Cada uno de los eventos dolorosos ocupa su lugar. Todo el Pueblo se lamenta por estas pérdidas, y el duelo colectivo sirve para no perder la memoria de esos terribles sucesos, pero nadie puede llorar por los asimilados...

Los muertos nos pertenecen, siguen viviendo en nuestras conciencias, pero los asimilados ni siquiera pueden ser reconocidos como «propios», sino como definitivamente perdidos; y no hay duelo posible por ellos. Sólo se puede esperar su vuelta en Teshuvá o el retorno desde este tipo de exilio a su auténtico ser.

---

13. Éste fue el caso del médico judío Abner de Burgos, que vivió atormentado durante 25 años, hasta que finalmente adoptó la fe cristiana y pasó al ataque en toda regla contra los judíos.

Todo aquello que no se diagnostica apropiadamente, no se cura. La historia nos ha dejado impresas sus huellas y, desgraciadamente, aún no estamos tan lejos de haber superado las heridas de estos «complejos» subyacentes en nuestra psique colectiva; y cuando menos lo esperamos, su «sombra» salta a la palestra actuando por doquier los mismos mecanismos psicológicos de la época medieval. Este «complejo de converso», podemos encontrarlo en muchas manifestaciones de la relación social actual en una constelación tripartita, junto a otros dos complejos herederos de esta «incultura» del patriarcado religioso romano: el «complejo de inquisidor» y el «complejo de hereje». Entre los tres tejen un complicado entramado que suele conducir a procesos muy dolorosos y desgarradores en los organismos sociales, y cada uno de ellos cumple con respecto a los otros dos una doble dinámica y función opositora y a la vez compensatoria.

Podemos decir que el «complejo de converso» se mueve como una actitud mimética y de sometimiento frente al «complejo de inquisidor», ante el que tratará de mostrarle que es «más papista que el Papa». El «complejo de converso», por su parte, renuncia a sus propios principios y criterios con tal de ser aceptado por la institución social a la que pertenezca, ya sea de tipo religioso, cultural o político. Es decir, una típica relación de amo / siervo o dominador/dominado. A su vez, el sujeto atrapado por una fantasía de poder que ocupa el lugar del «inquisidor», necesita del «converso» para su supervivencia. Ambos se necesitan en la misma medida.

El «inquisidor» es un burócrata de las ideas y siempre trata de perseguir la carencia moral de los otros allá donde se oponen a su ideología y a su autoridad. Su prepotencia y su narcisismo se basan en la vigilancia de la «verdad», de la que se hace el único representante legal, y basado en este poder, puede excluir, expulsar o separar a todo aquel que no sólo disienta de su ideología, sino simplemente que no le sirva de espejo en todo momento.

La rigidez que se observa en cualquiera de las instituciones religiosas que se erigen como «gestoras de la espiritualidad», así como en las «disciplinas de partido», incluidos los de izquierda en la actualidad, son una clara representación de esta herencia patriarcal, porque «el otro» en este tipo de patriarcado representa la anomalía de toda disidencia que será excluida del recorrido histórico común. Los inquisidores de nuevo cuño siguen supervisando la pureza de criterios ideológicos cayendo en la desequilibrada inflación de identificarse masivamente con la ideología a la cual representen. Es una posición paranoica y persecutoria que alimenta a su vez persecuciones externas, nuevas cazas de brujas y división irreconciliable del mundo.[14]

Por otra parte, todos los organismos sociales que han de detentar algún tipo de poder, necesitan la presencia de «buenos conversos» sometidos a una autoridad externa como portavoces de las distintas consignas de los nuevos «inquisidores».

Hoy en día, son muchas las personas en Sefarad que están decidiendo reencontrarse con sus orígenes y recuperar nuestra memoria; éste es un fenómeno que está inscrito en nuestra psique colectiva y hemos de poder integrarlo con salud para todos. Como vemos, debajo de la superficie existen grandes fisuras y una gran tensión en nuestra memoria colectiva y por tanto en nuestra interacción social. No podemos avanzar en la cultura ni en las relaciones sociales si no somos conscientes de los errores del pasado y de las sombras que aún nos atenazan condicionando nuestra libertad; las democracias nos garantizan la libertad de la ley y el derecho,

---

14. Un ejemplo actual de este «complejo de inquisidor» lo hemos podido ver recientemente en la expulsión de Pedro Valadés, un militante y representante del BNG (Bloque Nacionalista Galego) en Galicia, de esta formación política por el simple hecho de presidir la «Asociacion de Amizade Galiza-Israel» al considerar que Israel es un Estado «imperialista», lo que evidentemente no se hubiera producido en el caso de que Valadés hubiera presidido una asociación de amistad con cualquier otro Estado.

pero aún tenemos el reto de poder llegar a conseguir la libertad REAL de conciencia y de pensamiento, y sobre todo, la auténtica libertad espiritual, que depende no sólo del conocimiento, sino del despertar de nuestra memoria y el derecho a poder expresarla más allá de los inquisidores que pretendan amordazarla.

Libertad y Memoria

> «En tiempos remotos, cuando la Torah fue olvidada, desde Israel, surgió Ezra en Babilonia y la instituyó. Una parte de ella fue de nuevo olvidada, y Hillel el babilonio surgió y la instituyó. Una vez más (una parte de ella) fue olvidada y R. Hiya y sus hijos surgieron y la instituyeron.»
>
> (Talmud de Babilonia, tratado Sukhah 20a)

En el caso de los *Anusim*, el deseo y posibilidad de retorno a su identidad de origen es sin embargo un acto de libertad frente a este profundo conflicto de identidad. Libertad es también el deseo de superar el olvido, y sobre todo, el acto de decisión o posicionamiento en la conciencia del *conflicto*. Porque *«ser humano» es «ser» en la encrucijada del conflicto ético.*

Una parte de esta encrucijada es el ser portadores de las huellas de un pasado que no se ha vivido y del que sólo se puede percibir de forma imaginaria un lejano rastro lleno de dolorosas afectividades de las que nunca llegaremos a saber con exactitud cuáles nos pertenecen, ya que la memoria es el escenario de una tensión entre lo consciente y lo inconsciente y de alguna manera siempre es en parte manipulada por los intereses subjetivos de la afectividad, la inhibición y la censura.

Como venimos diciendo, somos herederos de la escisión de la historia en el alma colectiva, y sin embargo, a pesar de todo «lo escindido» o quizás precisamente por ello, su presión sobre la vida consciente, ha sido capaz de generar las suficientes huellas e imagos internas como para decidir nuestra identidad desde esta paradójica realidad reprimida y al mismo tiempo emergente.

Podemos reflexionar acerca de la memoria no tanto como un «archivo cronológico» sino como «un teatro o lugar en donde las imágenes se ven estando todas disponibles a la vez y cuya organización depende de significados intrínsecos y constelaciones arquetipales y en la que la memorización nos permite volver a pisar el mismo terreno una y otra vez, siguiendo la fantasía un itinerario por el mismo complejo, moviéndolo primero a un lado y luego al otro».[15]

La memoria del pasado puede ser vista desde la Cronología o la Genealogía, y tanto la *memoria* como el *olvido,* ya sea de los hechos cronológicos como de la conexión con el origen (Genealogía), se van entrecruzando a lo largo de la historia, pero al mismo tiempo lo que nos conduce no es la experiencia literal de la historia, ya que sus datos son prontamente olvidados, sino las huellas de ese pasado en nuestra sensibilidad colectiva, que se expresan a través de sus propios símbolos, aunque las sociedades no sean conscientes de ello. El simple intelecto ha producido una memoria histórica como simple «recuento» de fenómenos parciales frente a los que el sujeto se sitúa como un espectador pasivo. La mayor parte de las veces, entre estos fenómenos no parece existir ninguna ligazón, como si la persona se viviera a sí misma en retazos que no tienen que ver unos con otros, produciendo una conciencia discontinua y fragmentaria.

Aunque la **memoria** es la urdimbre primordial en la que se instala el ser y el alma del judío, no podemos dejar de tener en cuenta que el **olvido** aparece también como el opuesto necesario para el devenir del deseo, ya que uno no puede existir sin la conciencia del otro, pues si la Torá no hubiera sido «olvidada»

---

15. James Hillman, *Re-Imaginar La Psicología*, Biblioteca de ensayo Siruela, Madrid, 1999.

a lo largo de la historia del pueblo de Israel, ni siquiera los profetas podrían haber realizado su misión, y la Revelación no se actualizaría en cada corazón de los que buscan auténticamente su relación con el propio Hashem.

Si el Pueblo de Israel no hubiera «olvidado», nuestra conciencia no hubiera descendido a Egipto, y entonces la Libertad no se hubiera producido como acción y acto espiritual para todo un pueblo que empieza a existir como tal a través de su caminar por el desierto. Y si no hubiéramos salido de Egipto, ni siquiera la Torá se habría podido entregar desde lo Alto y ser recibida en el Sinaí, porque la Memoria es la práctica de la ejercitación del recuerdo y la búsqueda espiritual del auténtico mundo al que pertenecemos y que nos renueva cada día el don de la Libertad.

Porque si no estuviéramos caídos en este descenso que nos lleva constantemente a «olvidar» de dónde venimos y quiénes somos, no tendríamos la necesidad de levantar nuestro semblante y nuestra mirada e iniciar la ***Teshuvá***, el retorno a «casa».

El mismo libro del *Zohar* nos enseña que en cada generación vive un justo en el mundo capaz de levantar sus ojos y ver «Quién ha creado esto». Porque como está escrito: «Levantad vuestros ojos hacia las alturas y ved Quién ha creado esto» (Isaías 40, 26).

Libertad es elegir en definitiva *cuál de las memorias* va a constituir nuestro futuro. Una memoria es regresiva y se manifiesta como un deseo de volver atrás para recuperar lo que se cree que se ha perdido; éste es el recuerdo de la mujer de Lot cuando mira hacia atrás para contemplar la destrucción de Sodoma, y éste será el tipo de recuerdo inicial de Egipto, una memoria atada a los sentidos y al mundo material, una memoria aún no rectificada y transformada hacia lo espiritual. Otra memoria, sin embargo, es la *memoria del futuro*, la que nos hace volar hacia los ideales, los sueños, la libertad ética y la Intuición Espiritual, que nos da el alimento para cada día como un beneficioso maná para el alma hacia una Tierra nueva.

El sujeto parece estar constituido por una proporción de «memoria» y una proporción de «olvido», produciéndose entre ambos una relación de tensión y de búsqueda. En esta tensión dialogan y luchan consciente e inconsciente, lo nocturno y lo diurno, lo masculino y lo femenino, lo personal y lo colectivo, lo material y lo espiritual. En «ese lugar» de cruce de memorias y olvidos a veces enfrentados, el *Sí Mismo* ha de reconocer estas urdimbres para poder tejer la trama de su propia historia. Una historia de imágenes del pasado y sus genealogías, y una historia que mira al futuro y lo entrevé, lo intuye y lo presiente.

Parece que la libertad siempre es lo opuesto a la determinación, y de hecho puede serlo si no la contemplamos desde un nuevo ejercicio de conciencia acerca de lo que nos indica y nos señala como esencial.

Al igual que nuestro padre Abraham, los encuentros con la libertad siempre nos hacen atravesar «a la otra orilla», al otro lado del río.[16]

La llamada a ese movimiento, a esa salida, a esa apertura, es el saberse en relación con una divinidad que se manifiesta de forma atemporal a través de la genealogía de forma continuada y activa en la memoria de las generaciones. Es por tanto un Arquetipo que se instala en nuestra propia historia y en nuestro devenir, vinculándose en nuestra genealogía. Éste es el primer regalo que D´os entrega a la humanidad a través de Abraham cuando, haciéndole contemplar las estrellas, la voz de Hashem en su corazón le anticipa que sus descendientes serán tan numerosos como las estrellas del cielo. Esa misma voz le dirá a Moshé:

---

16. Nos indica el Midrash acerca de Abraham: «Todo el mundo estaba de un lado –*heber*–, mientras que él estaba del otro lado, porque era el descendiente de los hijos de Heber, y procedía de allende del río y hablaba el idioma "hibrí". Y por este acto de atravesar de un lado a otro, ya sea de la tierra o de la conciencia, se le llamó Hibrí, esto es, "hebreo", el que cruza a la otra orilla».

«Yo soy (anojí) el D'os de tu padre, el D'os de Abraham, de Isaac y de Jacob»...

Un Arquetipo que tiene historia, ascendencia, inclusión. Así, la salida hacia la Libertad, primero de Abraham de forma aún individual y de forma ya específica como llamado a la liberación de todo un pueblo con Moshé, sólo es posible desde la llamada que nos convoca el SER.

«Ehyeh asher ehyeh», le dijo Hashem a Moshé. *«Yo seré el que seré.»* Impresionante e incomprensible respuesta... El SER prolongado al futuro, depositado en el corazón de lo social, única forma de no morir en el olvido... Sólo la memoria puede vivir cuando existe el impulso y el anhelo de construir hacia el futuro en donde aún no somos, sino que seremos. Pocas veces podemos observar en el lenguaje de lo Mítico y Sagrado una decisión de Vida y Permanencia semejante, una decisión tal, de seguirse construyendo a través de la historia social y humana.

Sin embargo, todos sabemos que ese camino que se inició con las diferentes salidas y aperturas, es decir, atravesando distintos umbrales de conciencia, continúa aún en nuestros días, olvidando y emergiendo, ascendiendo y descendiendo. Ningún individuo, ningún pueblo, ninguna cultura se constituye de golpe; el pueblo judío se ha constituido a través de milenios y de una forma opuesta al resto de los pueblos, desde arriba hacia abajo, esto es; *desde la Función Trascendente hacia la Función de Realidad,* cuando el proceso digamos «natural» o convencional, sería el contrario. El Pueblo de Israel, a diferencia de otras culturas, no se formó a través de héroes conquistadores ni guerreros, ni monarcas despóticos que impusieran su poder personal al pueblo para sacarlo del caos, y seguidamente «inventar» una Religión o unos Mitos, sino que es el propio Mito el que forma y sostiene la creación del Pueblo, que se fue generando desde un llamado de índole ética y espiritual y una escucha receptiva hacia «ese llamado». La responsabilidad de realizar y realizarse en el proceso del llegar a ser UNO y la responsabilidad de mantener firme el recuerdo de *hacia dónde* se camina.[17]

Hay otro aspecto esencial de la Libertad, que es *«decidir SER aquello que se ES»*. Es decir, «Ser» lo que nos indica nuestra «Voluntad Esencial», pero el que ES desde dentro de nosotros ha de vencer muchos obstáculos para hacerse «oír», y nuestro acto de libertad puede ser a veces tan simple o tan complicado como la decisión de «escucharlo» como algo que nos exhorta a una profunda función del alma: la función de la «escucha» y de la receptividad ante ese aspecto de nuestra alma llamada Israel: *«Shemá Israel»... «¡Escucha, Israel!»...*

Una memoria de lo sagrado

En el Talmud, en el tratado de Niddah, se nos dice que en el vientre materno el feto conoce toda la Torá y puede ver de un extremo a otro del mundo, pero en el momento mismo de su nacimiento un ángel le toca en los labios, instante en el cual el bebé lo olvida todo y tendrá que volver a aprender la Torá de nuevo a lo largo de su vida.

¿Se trata de un aprendizaje o se trata de un recuerdo prenatal? Es evidente que en estas imágenes arquetípicas el olvido aparece en un cierto aspecto como función psíquica, como «un vaciamiento» de anteriores experiencias espirituales y al mismo tiempo como una función necesaria para el desarrollo de la memoria espiritual, que ha de ser posteriormente recuperada y conquistada en forma consciente.

---

17. El «camino» o Halajá es el conjunto de las mitzvot o preceptos que constituyen auténticas líneas de demarcación y que recrean el recuerdo, conducen hacia una permanente orientación y sentido y unifican el ser interior.

La memoria mítica o espiritual abarca por tanto la totalidad «del otro lado» que se alterna con lo cotidiano. Una especie de «metahistoria» como dice Yosef Hayim Yerushalmi en su obra *Zajor*: «Una interpretación mítica de la historia que está más allá de la historia».[18]

Pero no podemos hablar de la memoria si no hablamos también del tiempo. Hemos de tener en cuenta que existe una clara diferencia simbólica entre el imaginario del monoteísmo hebreo y el politeísmo helénico. Para los griegos, la concepción del tiempo es una entidad divina que devora desde el inicio a sus propios hijos para poder existir. Todos sus dioses pertenecen a un orden de tensión incesante y de devoramientos mutuos. Son dioses voraces frente a los que el propio ser humano tendrá que defenderse en muchas ocasiones.

Por el contrario, el D´os del monoteísmo hebreo es un ser que se «vacía» de sí mismo para «derramarse» en la creación/humanidad. Por tanto, a diferencia de la imagen griega, este Arquetipo Divino no teme ser aniquilado por su propio hijo, ya que no teme el nacimiento de «otro», sino bien al contrario, es precisamente el Ser y existencia de «ese otro» en tanto «semejante» el que le confiere un sentido central a su creación. De esta forma, en donde existía lucha y constantes parricidios en el paganismo helénico, surge en el sistema hebreo la existencia de relación frente a frente y en *mutua presencia,* mediando el Pacto y la Ley como límite entre los dos. Una Ley que será sustentadora y estructuradora de la posibilidad del Yo.[19]

D´os crea, nos dice la Gnosis cabalística, como una decisión de contraerse a sí mismo, produciendo un espacio vacío para

---

18. Josef Hayim Yerushalmi, *Zajor. La historia judía y la memoria judía,* Ed. Anthropos, Barcelona, 2002.
19. *Memoria, olvido e identidad,* Malka González Bayo, Revista de Psicología Analítica, Barcelona, 2003.

que «otro pueda existir», y la Creación se va manifestando a lo largo de seis etapas que son culminadas por la generación del ser humano (Adam)... *«Y vio Dios que era muy bueno y al séptimo día descansó.»* Este descanso de lo divino una vez culminada la Creación del hombre se recordará y representará posteriormente en el Shabat, el día de descanso en el que el hombre se reunifica con su Creador separándose de las condiciones materiales del orden temporal del Mundo. En este sentido, el tiempo sabático (Saturno para los griegos) se nos presenta contrariamente al mito de la creación griega, no como devorador, sino como liberador. Sin este nuevo orden en la secuencia temporal no se accedería al orden humano. «Gracias, Dios mío, que nos regalaste el Shabat que nos hace humanos», dice la oración y así nació la «Santificación de las Fiestas», que fue una forma de sacralizar el tiempo y el espacio para que el ser humano pudiera experimentar el tempo del Espíritu en su alma.

Éste es un tiempo que hace referencia al *origen*, un tiempo por tanto para lo sublime, para lo exquisito, para la creación de un tempo que conduce a los encuentros entre los seres. Por esto el Tiempo, al trascender las implacables leyes del mundo material, se convierte en Sagrado para que el ser humano pueda encontrarse como SER y de esta manera poder reencontrarse con Ella, con La Presencia de D´os. Sólo en lo sublime el ser humano reverencia y admira, y sólo el ritmo marcado entre su tiempo encadenado al mundo físico material, dominio de Cronos, y el tempo de la libertad marcado por el espacio liberador del Shabat puede permitirle al ser humano acceder a otro orden como sujeto. El Sujeto nace en Shabat (en el tiempo sacralizado) como tempo del Sí Mismo y de la Comunidad con los otros. El Shabat es el *tiempo espiritualizado*, transcendido, rectificado, el Cronos que ya no devora, porque él mismo ha sido «liberado».

Pero el Shabat además se constituye como estructura de la memoria, como función del recuerdo, porque este tempo sabático ha de ser además *recordado*. De hecho, sólo puede existir por el mandato del recuerdo impuesto por el propio Hashem. En toda la Biblia «se hace oír el terror al olvido», el opuesto de la memoria, que es el pecado que fundamenta a todos los demás. Este arquetipo de la divinidad exhorta fundamentalmente a la memoria en un permanente llamado al esfuerzo de recordar. Y como un amante, D'os se religa a sí mismo con el ser humano llamándose permanentemente al recuerdo en el alma humana y su pacto se establece a través de la memoria de las generaciones, una memoria del SER «Yo Soy» a través del tiempo.

Sin embargo, esa memoria del tiempo shabático se «olvidó» a nivel colectivo para ser sustituido por el domingo, un día que inicialmente sólo era reconocido por el culto pagano romano que hacía referencia al día del Sol. Es importante que nos detengamos en este aspecto que ha condicionado la vida y percepción espiritual occidental, ya que la vivencia colectiva transitaría «contradictoriamente» a través de la visión pagano-romana del tiempo con el desarrollo de la Cultura cristiana a partir del emperador romano Constantino, cuando en el año 321 ordenó que, bajo pena de muerte, se guardase el domingo como día de descanso para todos los habitantes del Imperio. A pesar de este decreto imperial, muchas regiones cristianas continuaron con la antigua práctica de descanso shabático hasta finales del siglo VI.[20]

Aún a pesar de que muchos teólogos cristianos no aceptan que el proceso de adaptación del domingo fue un hecho dificultoso y gradual, es bastante demostrable que las primeras comunidades cristianas hasta el siglo II seguían «recordando» el Shabat. Sin duda, la lucha por variar la memoria del tiempo fue uno de los bastiones en los que se blindó la nueva mitología convertida ya en dogma a partir del Concilio de Nicea, con Constantino. La introducción

20. A este respecto, *véase* Mario Saban, «El sábado hebreo en el cristianismo», *La matriz judía del cristianismo*, Tomo I, Argentina, 2004.

del domingo fue una adaptación realizada a partir de la inclusión de grandes masas del mundo gentil pagano a lo que hasta entonces había sido una visión e interpretación más de la Religión Hebrea.

La relación con Hashem[21] *y los mundos superiores*

Podríamos decir que los contenidos transmitidos en la Torá y en el conjunto de la Biblia nos hablan de un mundo limítrofe, aquella frontera que es una transición entre el mundo sensible y suprasensible espiritual. Los sabios de la Torá o Jajamin eran capaces de resucitar en su alma los contenidos mentales y morales que por actividad reflexiva eran capaces de extraer de la visión y de la escucha espiritual.

Ellos nos han transmitido la manera de atravesar entre estos mundos sin perdernos. Los sabios hebreos tenían una convicción universal de que nuestra evolución terrenal tiene determinado sentido y significado, esto es, que tiene *finalidad*. El judaísmo no contempla una eterna repetición, un retorno de cosas ya vividas, sino que considera la Creación como un acto de novedad permanente en el que el ser humano es co-autor y co-creador con Hashem por tanto su responsabilidad está comprometida con la posibilidad de la evolución. El ser humano es protagonista directo de la Redención y es partícipe directo de la rectificación del mundo.

El mundo de lo creado es la frontera y el límite, es el gran «tímpano» en donde D'os resuena, y el ser humano creado para mejorar ese mundo se convierte en el receptáculo de la palabra creadora y de su inspiración.

Por este motivo, el espacio se constituye como sagrado en aquel momento en que una comunidad humana está predispues-

---

21. Hashem significa EL NOMBRE y es la forma usual en la que los judíos nombran a D'os.

ta a la escucha de la Palabra de la Torá. El lugar es sacralizado por la conciencia de la presencia puesta en común unos con otros. Como dicen algunos filósofos judíos, «el Templo se encuentra en el corazón de lo social».

Una vez hemos comprendido esto, podemos entender que con el judaísmo, se introduce en la humanidad la posibilidad de relación con lo divino como *un otro* con el cual puede producirse un diálogo como seres semejantes: «Ya os he dicho que yo desde el cielo os he hablado a vosotros». Si bien, como dice el filósofo Lévinas, *desde el cielo* parece indicar la distancia como un lugar de conciencia diferente al humano; dicha distancia es superada por una proximidad ejercida a través de la Palabra que se convierte en un auténtico puente entre los dos mundos. D'os habla directamente con los seres humanos representados en un pueblo concreto, el pueblo de Israel, cuya elección supone asumir la responsabilidad como pueblo sacerdotal, ya que son todos y cada uno de los miembros del pueblo hebreo los depositarios de la Torá, de su conocimiento y su práctica ritual.

«Sed santos como yo soy santo. Haré de vosotros una nación santa, una nación de Sacerdotes»...

Esta es la auténtica clave del significado espiritual del «ser judío». Una tarea nada fácil. Pero ¿qué otra cosa mejor hubiéramos podido elegir? Esto nos indica que por primera vez, durante el Acto de Recepción de la Torá en el Sinaí, en Shavuot, los 50 días posteriores a la salida de Egipto,[22] se asiste a una iniciación colectiva, esto es, a la apertura del umbral para la transformación del alma humana con el fin de albergar las verdades y conocimiento del Espíritu que, a través de Moshé, desciende a todos los miembros de las tribus por igual.

El conjunto del pueblo hebreo habrá de cumplir técnicamente a través de un depurado proceso de «entrenamiento» todas las

22. Llamados Pentecostés en la festividad cristiana.

«normas y leyes» que se requieren para producirse el necesario cambio de conciencia que aproxima al ser humano a la visión y conocimiento del Espíritu. Aquí no existen representantes o «delegados espirituales», no existen los «iniciados» que sustituyan el lugar esencial que ha de ocupar cada individuo. Éste es el auténtico sentido de los preceptos o Mitzvot, ésta es la Ley, éste es el compromiso, y éste es el Pacto, el de todos y cada uno: *«Naasé ve nishmá» («Haremos y escucharemos»).*

Éste es otro de los aspectos diferenciales del pueblo de Israel. Esta experiencia que se produce en lo colectivo difiere absolutamente del proceso espiritual llevado a cabo en otros pueblos, como es el caso de Grecia, ya que en esta cultura el proceso anímico-espiritual al que se sometían ciertos filósofos que eran iniciados en los Misterios era sólo para unos pocos elegidos, que literalmente se separaban del resto de la sociedad a fin de seguir un proceso en los Centros o Escuelas de Misterios.

Como ya he dicho, no fue éste el caso del pueblo hebreo, puesto que los líderes, héroes, profetas, o maestros, se separaban por poco tiempo de la comunidad, el tiempo justo para recibir nuevos impulsos espirituales, como fue el caso inicial de Moisés en el monte Sinaí, para seguidamente compartir con todo el pueblo el resultado de la visión suprasensible del Espíritu y construir con toda la comunidad su sentido ético.

Ahora bien, todos los elementos que forman el conjunto del saber que constituye el judaísmo parten de los principios recogidos en la Torá. En ella se encuentra el origen, el principio primordial de la Creación y en ella se encuentra imbricado, entretejido con ella, el Nombre secreto de D'os.

Toda la Torá es el ropaje de los rostros de D'os y Su NOMBRE Sagrado: Su permanente búsqueda, estudio, indagación, elaboración, interpretación y vivencia a través de las generaciones es la urdimbre arquetípica de lo que se entiende por judaísmo.

Esto significa que la humanidad misma representada por el Pueblo de Israel, es quien porta la Torá, pero es la Torá la que quiere acompañar al ser humano en su desarrollo armónico, producto de la capacidad creadora con que Dios le ha dotado al insuflarle en su cuerpo el hálito de vida y por tanto las facultades del pensar y la inteligencia. En el judaísmo no se habla tanto de fe, sino más de estudio y conocimiento. Por eso el judaísmo no es considerado propiamente una religión, sino una estructura y un método de conocimiento espiritual-sagrado de tipo práctico, pues lo que ha de distinguir al «judío» no es sólo lo «que sabe», sino la aplicación del conocimiento y sabiduría espiritual en sus actos.

El judaísmo es una cultura religiosa que trabaja en el interior del organismo biológico humano y lo transforma creando una constitución energética, mental, y corporal que interrelaciona de forma viva al individuo, a la comunidad y al mundo; y es la relación entre Revelación y Tradición, la que marca la mentalidad y vitalidad de la cultura judaica.

Como dice Ghershom Scholem,[23] uno de los más importantes estudiosos de la cábala, hay que tratar de comprender cómo se articula lo receptivo y espontáneo, es decir el flujo permanente de la novedad en el flujo de la tradición. Dicha tradición, como expresión de la Revelación, fue establecida por el judaísmo rabínico entre los siglos IV y III antes de la era cristiana y el II después de la era cristiana. La irrupción del mundo helénico motivó que la Tradición tomase un creciente relieve como fenómeno religioso, de tal manera que a la Torá escrita o revelada se añadiese la Tradición que a partir del siglo I fue denominada Torá Oral, el conocimiento espiritual transmitido de maestro a discípulo de generación en generación, de tal manera que el fluido de esta «corriente de la Palabra» se divide en dos cauces: la Torá trans-

---

23. *Desarrollo histórico e ideas básicas de la Cábala*, Gershom Scholem, Ed. Riopiedras, Barcelona, 1994.

mitida a través de la Palabra escrita y la Torá transmitida a través de la Palabra oral.

La Tradición no es simplemente un conjunto de normas culturales basadas en costumbres morales, sino que fue investida de sentimiento religioso. Podemos decir que la matriz cultural está dinámicamente enraizada en una matriz global arquetípico-espiritual más amplia. Esta Torá Oral es aquella a la que la Mishná se refiere en los Dichos de los Padres o *Pirkei Avoth*, cuando dice: «Moisés recibió la Torá en el Sinaí y se la transmitió a Josué, Josué a los ancianos, los ancianos a los profetas y los profetas se la transmitieron a los hombres de la Gran Sinagoga».

La relación entre la Torá Oral y la Torá Escrita se va volviendo más vital y dinámica, de forma que la Oral va haciéndose a través de una comprensión más profunda de la Escritura, y convirtiéndola en objeto de investigación, en un *penetrar* (Midrash).

El objeto de la Tradición[24] es el desarrollo de verdades o hechos contenidos o encerrados en la Revelación. Así, como indica Scholem, nace un nuevo tipo de «hombre religioso» que ha despertado tanto la admiración como el rechazo. Elemento de gran importancia a la hora de esclarecer los posibles motivos psicológicos e inconscientes que sustentan la base de la judeofobia patente a lo largo de nuestra historia cultural.

La actitud religiosa que surge de este fenómeno implica una novedad, pues por vez primera el instrumento del pensar se aplica a lo sagrado, espiritual o religioso. La Torá, sin «ese dar vueltas» al texto en el diálogo permanente con la Revelación, estaría muerta y hubiera sido estéril, ya que aquí no nos enfrentamos a un simple proceso de fe, sino a un proceso de conocimiento y

---

24. En este sentido, «Tradición» no ha de entenderse como algo «caduco», sino como transmisión espiritual que se convierte en práctica cultural. Por este motivo muchos prefieren definir el judaísmo no como una «religión», sino como una «cultura religiosa», que es muy distinto.

adquisición de saber que dispone a la conciencia y al yo en una actitud de permanente interacción dialéctica con la Palabra que describe con precisión los ámbitos del mundo sagrado y espiritual, y su relación con el alma humana.

Y por ello el judaísmo recrea permanentemente la Revelación y la inscribe en el ámbito de lo social. Es la comunidad la que ha de revivir en el *presente continuo,* de generación en generación, al Espíritu que queda así entretejido con la actividad humana en el mundo. Por eso podemos hablar aquí no de una «raza judía», sino de un «verdadero Linaje Espiritual». Por este motivo no podemos basarnos tan sólo en los apellidos para justificar nuestro linaje o vinculación con el judaísmo, sino en la esperanza de que nuestra *neshamá*[25] nos conduzca al acto del recuerdo espiritual y entrega al Pacto con los mundos espirituales que fue recreado en la experiencia del Sinaí. Se trata más bien de una genealogía espiritual, no sólo biológica.

Es precisamente en el comentario y en su transmisión, y no sólo en el sistema conceptual, donde se desarrolla la Verdad. Como dijo un autor clásico hasídico, «hasta que los sabios no la investigan, no está de la Torá más que una mitad, hasta que por sus investigaciones se convierte la Torá en un libro completo».[26]

«La Torá ya no está en el cielo». La verdad ha de desplegarse desde el texto en el que está contenida. Así, el comentario se convirtió en la forma característica del pensamiento judío sobre la Verdad. Este comentario tiene además carácter social al realizarse en el diálogo entre discípulos. Su carácter estriba en ser conducido hacia el otro en un permanente movimiento entre el

25. Alma superior que tiene su raíz en los Mundos Espirituales.
26. Esto quiere decir que hasta que los seres humanos no se la hacen propia, la Verdad Espiritual, es decir, la Torá, no es operativa. Se completa a través de la palabra y la elaboración entre los seres humanos, es decir, por la acción consciente de la Comunidad Espiritual.

adentro y el afuera. En este *ir y venir de la Palabra que se da y se recibe* entre unos y otros, el comentario se dinamiza y abriéndose, va dejando traslucir su sentido hasta entonces *oculto*.

Pero este conocimiento oculto no es en el judaísmo sólo el conjunto de percepciones suprasensibles que un maestro transmite a sus discípulos y que éstos tratan de incorporar y hacer más o menos propio, sino el viaje que éstos realizan juntos a través de las imágenes ocultas, tanto en los textos y contenidos de la sabiduría escrita como la operativa que se transmite de unos a otros. Penetrar en los mundos sutiles no es una simple adquisición de conceptos mas o menos «profundos» y teóricos a cerca de la realidad, sino una experiencia real que se produce además en el lugar de la *«relación al menos entre dos»* y allá en donde la *Sejiná*[27] puede hacerse presente para derramar sobre nosotros sus «chispas de Luz».

Esto aparece en el Talmud, texto vivo que intenta describir en la propia forma escrita el dinamismo de las discusiones y de los diálogos que aparecen vitalmente interrelacionados. ¿Puede haber algo más vivo que aquello que se produce como movimiento en la palabra que circula entre los seres humanos que piensan en común?

De esta forma, la tradición judía, a diferencia de la «cristiana», pudo escapar de la rigidez de un pensamiento preconcebido y absoluto, para entrar en la dialéctica viva de las contradicciones y preguntas que puedan encontrarse detrás de toda búsqueda e intento de conocimiento que pretenda arraigarse en y desde la libertad. En este sentido, frente a la Teología cristiana, que implica una «Teología de la respuesta», el judaísmo plantea una «Teología de la pregunta».

Las interpretaciones de la Torá son múltiples, y la aspiración de la Tradición es recogerlas exhaustivamente haciéndose cargo de cada una con toda objetividad y rigor. La Tradición vive y seguirá viviendo en tanto se mantenga una relación de fe *(emuná)*, entendida ésta como una confiada entrega a la Revelación y a su

27. *La Sejiná* es la presencia de D'os en su forma femenina.

transmisión, y cumpla como mediadora entre el mundo divino y el humano. Porque la función psíquica de recuerdo y actualización de esa revelación imprime un carácter sagrado a los actos cotidianos en un doble lenguaje de «dar y recibir».

Tradición espiritual en Sefarad

Este «dar y recibir» se mantuvo a pesar de todo en Sefarad a través de la relación de transmisión entre maestros y discípulos y de una visión suprasensible y mística que trataba por un lado de dar sentido a los difíciles y crueles acontecimientos a los que la comunidad estaba sometida. Quisiera finalmente poner el acento en la idea que toda Sefarad es un «alma colectiva forzada»; podríamos decir que *Sefarad es en conjunto Anusim*, en primer lugar, porque los miles de apellidos judíos que todavía están en uso y de los que dejamos constancia en este libro corroboran la mezcla cultural y la presencia de nuestro pasado hebreo, del que es muy difícil, por no decir imposible, que ninguna persona de este país esté «libre» en su genealogía.

En segundo lugar, porque tan sólo hace falta abrir los ojos y el corazón para percibir todos los vestigios y restos de ese pasado en los barrios de cualquier pueblo o ciudad, donde todavía podemos visitar sus antiguas sinagogas o sus centros de conocimiento, como Toledo, Sevilla, Gerona, Rivadavia, Palma de Mallorca, Barcelona…

Y en tercer lugar, porque hemos de tener en cuenta que toda mutilación no afecta sólo a la parte, sino al conjunto, del cual es escindida quedando de esta forma desmembrado y por tanto «forzado» a una polaridad unilateral, reducido a «una simple mitad»; pues «forzado» es aquel que desde cualquier posición no ha sido libre para elegir por sí mismo y aquel que, ya sea por miedo, debilidad o sometimiento y convencimiento ante la nueva ideología, terminó por identificarse con la mentira; porque «forzados» son todos aquellos que por efecto de la inoculación ideológica de siglos y siglos han sido vulnerados moralmente, hasta el punto de que han quedado reducidos al más elemental adoctrinamiento y ya no pueden distinguir entre lo «verdadero» y lo «falso».

La Mentira no es tan sólo la vulneración de la verdad, sino la ocultación de las partes o aspectos que la componen. Obviar o sesgar un determinado ángulo de la verdad es un atentado contra ella, porque todo reduccionismo es enemigo de lo verdadero.

En Sefarad, todos somos hijos, de algún modo, de los conversos, de los inquisidores y de los herejes, porque somos al mismo tiempo herederos y descendientes de apóstatas judíos, de cristianos fanáticos, de mozárabes, de herejes y de criptojudíos, porque, ya sea desde cualquiera de nuestros complejos, no hemos podido evitar vivir «partidos» o ser los recipientes genéticos y anímicos de un complicado, por no decir «imposible», mestizaje espiritual.

El reduccionismo cultural y espiritual evitó el saber, y lo que es peor, el «desear saber» «de la otra parte», y se olvidó quiénes eran «los otros». Hemos entrado en la postmodernidad sobre la ausencia y la ignorancia de un aspecto esencial de nuestro sabio sustrato cultural, que constituye uno de los patrimonios espirituales más vastos de la humanidad y que se manifestó a través de grandes sabios hebreos que sembraron y dejaron en Sefarad lo mejor de su tradición. En este sentido, la pérdida de este vasto patrimonio científico, cultural y espiritual, es una pérdida colectiva que atañe a todos por lo que de alguna manera a todos corresponde su recuperación.

Llegamos al final de este trabajo y quisiera mencionar la profunda importancia que tuvieron para el judaísmo las ricas y elevadas aportaciones que se realizaron desde esta tierra. ¿Cómo podemos resumir la profundidad e importancia del desarrollo de la espiritualidad judía y la mística en Sefarad sin empequeñecerla? Aun con este temor y con todo el respeto que un tema como éste nos despierta, hemos de hacerlo notar, porque hubiera sido vano el intento de este libro si no tenemos en cuenta la luminosa aportación a la vida espiritual judía realizada desde este suelo. Dicen que la santidad tiene también una relación con el *lugar* y con el *tiempo,* y en este caso podemos decir que nos encontramos en un suelo sagrado. Ojalá que las generaciones futuras puedan apreciarlo.

¿Cómo tratar de resumir a hombres de la talla de Maimónides, Moisés ben Sem Tob de León, Todros Abulafia, Josef Chiquitilla, R. Shlomó Ben Adret, (rabino de Barcelona), Semuel Ha Naguid, Hasday Crescas, Najmánides y tantos otros? La oportuna y valiente inspiración de estos y otros gigantes de la espiritualidad en muchos momentos de desolación de las aljamas y la vida judía, cuando el desánimo y el miedo hacían mella en los corazones de nuestros antepasados, fue providencial para el sostenimiento y la permanencia de la espiritualidad judía.

Sólo quisiera evocar el engarce de un conocimiento espiritual que desarrolló una de las academias de mayor trascendencia y espiritualidad. Todas las generaciones posteriores estamos en deuda con cada uno de ellos, porque ellos representan el aspecto sagrado de la diáspora que proporcionó luz en un momento de profunda oscuridad en el tiempo paralelo a las cruzadas y una Jerusalem ocupada, tanto militar como espiritualmente, por invasores extranjeros. La academia espiritual de Sefarad sustituyó en este sentido en parte a la Jerusalem sin Templo y trató de resguardar con todo celo la transmisión del conocimiento de la Torá para las generaciones futuras, incluidas las de aquel momento, que muchas veces por temor y presión cayeron en el olvido y se desviaron en ocasiones de la Torá y los preceptos.

Ellos tuvieron que hacer frente a las disputas por parte de las autoridades eclesiásticas a las que de cuando en cuando era sometida la comunidad con todo tipo de coacciones y argumentaciones que intentaban demostrar que el judaísmo ya no tenía razón de ser frente al cristianismo.

Sin embargo, hay tiempos en la historia en los que el Espíritu y la Sejiná parecen esforzarse aún más por mostrarnos sus caminos y su Resplandor. En este sentido, el Zohar (Libro del Esplendor), compilado en Sefarad[28] por Moisés de León entre 1280 y 1286, es una muestra de ello. No me considero a la mínima altura para poder hablar del Zohar; sólo deseo convocar el tiempo en el que las generaciones de este país puedan tomar contacto con su misterio y con su belleza.

El Zohar es de alguna manera un ser del tiempo. Tiempo que se adelanta al futuro y cuida de construir nuevos peldaños para continuar el ascenso. Tiempo o épocas en las que se abren nuevos umbrales o pórticos a través de los cuales podemos vislumbrar la luz...

A pesar de la dureza de nuestra historia, a pesar de que muchas veces el olvido parece que nos hubiera abandonado a la desolación, los caminos para «volver a casa» están a pesar de todo abiertos, porque desde los mundos sutiles siempre están abiertos los umbrales para atrevernos a «dar el paso».

Recuperar nuestra memoria es tratar de reintegrar el conocimiento de nuestros sabios y conocer la «otra historia de España» que durante tantos años nos ha sido ocultada, y despertar la pasión por el saber que nos ha sido velado.

Recuperar el deseo por el conocimiento es despertar sobre todo a la sensación del misterio que encierra. Podemos sentirnos orgullosos por toda la riqueza de fuentes que se nos ha dado, y aceptando el sentido de nuestra procedencia, sea ésta cual sea, hacernos responsables del gran tesoro que tenemos entre las manos, tratar de descubrirlo, tratar de conocerlo y tratar de cuidarlo. Una parte muy importante de la transmisión de la Torá se realizó en estas tierras, y el judaísmo seguirá existiendo en

---

28. El Zohar, traducido y comentado por primera vez a partir del arameo, está siendo publicado en 32 volúmenes en España por Ediciones Obelisco.

la medida que la cuidemos y en la medida en que guardemos sus preceptos, no como mero cumplimiento muerto, sino por la vida que encierra, y por la alegría que produce en el corazón de quien la ama, y de quien la desea y la busca.

Y para ese reencuentro hace falta también haber tenido la sensación de pérdida y de alejamiento. En este sentido no debemos infravalorarnos, sino, bien al contrario, integrar con alegría en nuestra alma este complicado itinerario del destino que quiso que una generación naciera en estas tierras y pudiera despertar de este largo sueño de 500 años. Para que el alma y la conciencia puedan retornar, para que nosotros sigamos caminando en nuestro proceso de retorno a nuestras raíces espirituales, es necesaria nuestra disposición para el viaje hacia nuestra propia Unidad. Hemos de poder reorientar y rectificar nuestro deseo, y para ello, hemos de discernir hacia dónde queremos conducirnos.

Un deseo que nos impulsa a saber y aceptar que no tenemos todo hecho ni todo dado, y que para SER, y buscar al SER, necesitamos sabernos incompletos renunciando a nuestra propia fantasía de totalidad. Sólo los que perciben que «aún estamos en Egipto» pueden ponerse en marcha en busca de nuestra «Tierra Prometida», porque incluso el nombre que nos han dado nuestros padres, o las identidades nacionales, culturales e incluso las espirituales son tan sólo tierras de inicio, tierras que nos alimentan en el comienzo de nuestro desarrollo como seres, pero todo aquello que aún no ha sido conquistado por nosotros mismos, a partir de nuestra propia decisión, no nos pertenece por entero; es tan sólo el resto de una herencia que sólo nosotros debemos aprender a administrar.

De esta manera, quizás podamos convertir en realidad de futuro para todos aquellos que vendrán después de nosotros las palabras de nuestra oración cotidiana:

«Por favor, oh Eterno, D'os nuestro, haz que las palabras de tu Torá sean gratas en nuestra boca y en las bocas de todo el Pueblo de Ysrael. Que tanto nosotros como nuestros descendientes, así como los descendientes de nuestros descendientes y los descendientes de tu Pueblo Ysrael, seamos todos conocedores de tu Nombre y estudiosos de tu Torá en aras de ella misma. Bendito eres Tú Eterno, que enseña Torá a Su pueblo Israel…»

Amén

Malka González Bayo
25 de Mayo 2008 /20 de Iyar 5768

En busca del sentido de la vida
El despertar de los *Anusim*

Nurit G. Vidal

A mi abuelo, B. Vidal
Quien me dio todo su amor y me ayudó a ser quien soy.

Ha transcurrido un largo invierno desde que nos dejaste, pero no ha pasado ni un solo día en que no estés presente en mi vida. Aún recuerdo nuestra despedida en los últimos momentos de vida que te quedaban; al mirarte a los ojos sentí un dolor intenso, una impotencia al ver que no podía ayudarte. Era consciente de que nos dejabas, de que no volvería a verte. Me daba cuenta de que perdía a mi abuelo querido, a la persona que yo amaba con todo mi amor, con todo mi sentimiento. Mis ojos se llenaron de lágrimas y sentí tu dolor en todo mi ser. En aquellos momentos pensé que la muerte podía separarnos físicamente, pero nunca podría romper mi amor hacía ti, ni borrar tu recuerdo. Tú, nos dejabas, me cogiste la mano fuertemente, y yo quise darte un poco de calor, transmitirte todo mi amor y el respeto que sentía hacia ti. Presentí que era la última vez que apretaba tu mano, me miraste e intenté decirte todo lo que sentía por ti, pero las palabras no podían salir de mis labios; sólo mis ojos pudieron trasmitirte todo lo que quería decirte en un solo instante, en aquel breve espacio de tiempo que nos quedaba de estar juntos. No he olvidado tu mirada llena de ternura, y tampoco cuando tus labios pronunciaron con dificultad tus últimas palabras, en aquel último aliento de vida que te quedaba. Sentí un dolor intenso porque nos habías dejado, pero siempre seguirás estando junto a mí, porque nuestra relación amorosa prevalece y los recuerdos permanecen para siempre.

Pasado un tiempo después de tu muerte, volví a Fornells, este pueblecito bello y pintoresco de Menorca donde viví durante mi infancia.

Llegué de noche; era una noche plácida, tranquila, silenciosa, que invitaba a la reflexión. El mar estaba en calma, y la luz de las estrellas, que se distinguían unas de otras en el cielo, me daba una aureola de compañía. Era una de esas noches que te hacen sentir más cerca de los seres queridos. Bordeando el puerto me acerqué hasta donde en otro tiempo había estado amarrada tu embarcación.

Se oía el suave chasquido del agua al golpear contra las barcas, y recordé todas las cosas que habíamos hecho juntos, nuestras largas charlas cuando íbamos a Mallorca en verano a ver a tus padres, mis bisabuelos, comentando nuestros problemas e ilusiones; todo un mundo de vivencias volvió a mí, como si fuesen próximas en el tiempo. Recordé mi infancia a tu lado, aquellos días de tramontana, de un fuerte e intenso viento, cuando me calmabas para que no tuviese miedo.

Recuerdo las bellas historias que me narrabas todas las noches, antes de ir a dormir, unas historias que duraban horas, incluso días: eran inacabables, pero se me hacían cortas. ¡Son tantos los recuerdos, y tan maravillosos, que sigo guardándolos como un tesoro en mi corazón y siempre estarán conmigo!

Caminé hasta la bocana del puerto y contemplé la inmensidad del mar y la belleza de las estrellas en el firmamento. La grandeza del Universo hacía que me sintiera pequeña e insignificante. Me invadió el desconsuelo de no tenerte, de no poder abrazarte y sentí la soledad ante tu pérdida; pero recordé unas bellas palabras que me decías cuando te hablaba de mis preocupaciones: «No desesperes nunca y no abandones la esperanza. En la vida no hay ningún camino fácil, pero si queremos, podemos, si amamos lo que queremos, lucharemos por conseguirlo».

El paso del tiempo actúa como una cicatriz que mitiga el dolor, pero el recuerdo de los seres queridos que no están con nosotros permanece, nos acompaña y nos ayuda en el camino de la vida. El tiempo y el espacio me traen a la memoria y me hacen revivir todos aquellos momentos que pasamos juntos y todas las vivencias compartidas.

Tú eras como una ola suave pero consistente, como una roca firme. Tú me diste amor y me ayudaste a encontrar mi camino. Tu fe en la vida, tu capacidad para valorar las pequeñas cosas, la lucha constante por mejorar, tu espíritu de sacrificio, el respeto y amor a la familia, me emocionaba vivamente.

Eras un hombre lleno de amor, de sentimientos, de ternura, de nobleza, un hombre con un espíritu joven. Así es como te recuerdo y así es como me gusta tenerte presente siempre en mí.

Te siento tan dentro de mí que ni el paso del tiempo ha borrado tu presencia.

Prosigo mi camino, y el recuerdo de tu imagen dulce, llena de amor, pervive en mí, sigues conmigo como antes, en mi corazón y en mi vida. Formas parte de mí y estás presente en todas las cosas que hago; intento no defraudarte y procuro trasmitir a mis hijos los valores, la ética y el amor que me supiste dar y me enseñaste.

Hoy, 17 de marzo de 2008 (10 de Adar II del año 5768 de nuestro calendario hebreo), después de mucho tiempo de haber escrito este texto, quiero continuar escribiendo, a través de este vínculo de unión que tenemos –la palabra–, para contarte una bella historia que está relacionada con nosotros y que me relataron en uno de mis viajes a Israel.

Es una fábula que forma parte de la épica de los pioneros que llegaron a Eretz Israel desde el este de Europa a lo largo del último tercio del siglo XIX. Esta historia, o cuento, ilumina los caminos de retorno a una identidad, a una tierra, a nuestra Tierra y a nuestro D'os.

Nuestra anfitriona, Renana, lo contó así:

> Ésta es la historia de un muchacho, un pionero que había llegado a Eretz Israel hacía pocos días e iba a la escuela del kibbutz. El profesor les hablaba en hebreo, una lengua que el niño había utilizado desde siempre para rezar, pero en la que no sabía expresarse con fluidez.
>
> El maestro pidió a los alumnos que dijeran en voz alta qué querían ser en la nueva vida que iniciaban y que explicaran el motivo. En un primer momento, el niño se sintió molesto, y hasta llegó a plantearse no contestar la pregunta.
>
> Le habían llevado a una tierra extraña, lejos del ambiente en que había crecido, a un kibbutz, sin explicarle el porqué, y ahora le pedían que revelase sus sentimientos más profundos.
>
> Mientras sus compañeros iban respondiendo, el tomó una decisión: hablaría claro, sería fiel a lo que sentía, y las palabras le brotaron decididas y nítidas, como si surgieran de un lugar muy profundo y escondido.
>
> —En Eretz Israel quiero ser un árbol, pero también un águila –dijo el niño.
>
> —¿Ah, sí? ¿Por qué?
>
> —Quiero ser un árbol porque los árboles tienen raíces que permanecen firmes en la tierra. Y si ésta es la tierra prometida, yo quiero estar arraigado a ella como los árboles que he dejado atrás, muy lejos, en el lugar del que vengo.
>
> —¿Y por qué un águila?
>
> —También quiero ser un águila porque ellas vuelan por encima de los bosques y ven todo el paisaje. Quiero volar para ver el horizonte en toda su amplitud, para tener una visión de conjunto de todo lo que me rodea y no olvidar nunca que somos árboles trasplantados en esta tierra...

Te he contado esta historia para que sepas el camino que he seguido, volviendo a mis raíces, volviendo a mi Pueblo, al Pueblo de nuestros antepasados.

He llegado de nuevo a Fornells. Hacía uno de esos atardeceres de marzo plácidos, apacibles y serenos, y siguiendo el ritual de llegada, doy un paseo por la bahía y contemplo el paisaje, como si quisiera que toda esa belleza y los recuerdos de mi infancia quedasen grabados en mi retina y en mi corazón.

Luego voy al cementerio a saludarte, y sentada en la hierba, te cuento mis cosas, te hablo de mis hijos, ¡Cuánto me hubiera gustado que los conocieras!

Te sentirías orgulloso de ellos, son unos buenos chicos y con un gran corazón. Les hablo de ti a menudo; aunque no te conocieron, formas parte de ellos porque tú estás conmigo y también con ellos. Mañana me voy.

Por eso, como siempre, he venido a despedirme, hasta la próxima vez; estos encuentros me hacen sentirme cerca de ti. Han pasado muchos años, pero sigo sintiendo la necesidad de acercarme a saludarte y despedirme cada vez que vengo a Fornells.

De todas formas, quiero que sepas que, vaya donde vaya, estás conmigo, porque siempre estuviste a mi lado, en todo momento, cuando te necesité, compartiendo alegrías y penas, nunca me abandonaste y me empujaste a mejorar en todos los aspectos importantes de la vida.

No sé si lo he conseguido, pero lo intento. Aún recuerdo tus palabras cuando me explicabas que una mujer es muy importante en la vida de un hombre y en la familia:

«No te amilanes nunca ante un hombre; defiéndete, si estás convencida de lo que quieres; ten los ojos abiertos, aprende de la vida, aprende de los libros, aprende a vivir con amor y forjarás tu futuro; no olvides nunca a tu familia, de la que procedes, y haz que tu nueva familia, la que formes en un futuro, la ame también como tú la amas.

»Recuerda esto: ¿Cómo puede nadie transmitir a sus hijos los valores más altos si no es capaz de respetar y amar a sus antepasados?»

En la vida no hay casualidades sino causalidades.

Este texto, lleno de amor y sentimiento hacia mi abuelo, que inicié hace mucho tiempo en Fornells, cuando él murió, empezó a abrir mis interrogantes acerca de la vida y de la muerte.

A partir de entonces, surgieron mis primeros enigmas sobre nuestra existencia y sobre nuestra identidad.

Y hoy, en el mismo lugar, concluyo este capítulo: *«En busca del sentido de la vida. El despertar de los Anusim».*[29]

Supuestamente, debería haberlo terminado hace unos días, pero la causalidad ha hecho que no lo hiciese en el tiempo previsto y que sea aquí, en Fornells, donde termine este capítulo de mi vida, al que deben seguir muchos más; y tampoco es una casualidad que lo finalice en vísperas de la lectura de la *Meguila de Esther*[30], en

---

29. Anusim o Bnei Anusim, o marranos, o conversos, o cristianos nuevos, o chuetas, o chuetons o criptojudíos son los hijos o descendientes de aquellos que fueron obligados a convertirse al cristianismo so pena de muerte, despojo o destierro. A los judíos de Sefarad (España y Portugal), tras la orden de expulsión decretada en 1492 por los Reyes Católicos, Fernando de Aragón e Isabel de Castilla, les fue concedido un breve plazo para que se convirtiesen al cristianismo, conservando de ese modo la vida y las propiedades, o se fueran.
30. Meguila de Esther es el pergamino en el que un sofer (escriba) escribió el Libro de Ester. En él se narran los acontecimientos que tuvieron lugar en torno al año 450 antes de la era cristiana. Entre la destrucción del primer y segundo templo. Toda persona de Israel está obligada a oír la lectura de este libro la noche del 14 de Adar (generalmente marzo) y también al día siguiente. Tras los sucesos narrados en el Libro de Ester, se oculta un drama espiritual que afecta a cada judío individualmente y afecta hondamente a la esencia misma de nuestra condición nacional y nuestra relación con D'os. Los sucesos mencionados, vistos aisladamente, no parecen nada fuera de lo ordinario. El antisemitismo y el deseo de aniquilar al pueblo judío no comienza ni termina con Hamán. Tras relatar la historia de la caída de Hamán y la victoria de Israel, el Libro de Ester resume el milagro de Purim en una sola frase: «Y para los judíos hubo luz, felicidad, alegría y prestigio».

Purim[31]. La historia nos demuestra, generación tras generación, que ni el intento de asimilarse puede desligar al judío

31. Purim. Es una festividad que se celebra el catorce de Adar y que conmemora la salvación de las comunidades judías que vivían bajo el dominio persa del intento de exterminio fraguado por Hamán, acontecimientos éstos descritos en el Libro de Ester. Purim, el nombre de la fiesta, hace alusión al sorteo que Hamán ordenó celebrar para elegir el día del exterminio de los judíos, que finalmente fue el 13 de Adar. El imperio persa dominó 127 provincias, desde la India hasta Etiopía, y todos los judíos que vivían en ellas estaban sujetos al decreto de Hamán, que pretendía «destruir, asesinar y aniquilar a todos los judíos, jóvenes y ancianos, niños y mujeres». No fue éste el primero ni el último intento por parte de nuestro enemigos para destruirnos, pero sí fue la única vez en nuestra historia en que la amenaza a nuestra existencia física fue inmediata y exhaustiva. Purim reveló una nueva dimensión en nuestra observancia de la Torá. (La Torá es una palabra hebrea que significa «enseñar». Es la enseñanza de Hashem (D'os) al hombre. En el año hebreo 2448, Hashem entregó en el Monte Sinaí la enseñanza a todos los judíos, a través de Moshé. Todas las creencias judías vienen de la Torá. De hecho llamamos «La Torá» a «Los cinco libros de Moshé», también denominados «Jumash», y son: Bereshit (Génesis), Shemot (Éxodo), Vayikrá (Levítico), Bemidbar (Números) y Devarim (Deuteronomio. La esencia del judaísmo se expresa a través del estudio y la observancia de la Torá, que es mucho más que una crónica de sucesos y una legislación de leyes. Bajo el significado externo de sus versículos, se esconden capas y capas de significado, describiendo la esencia del alma humana, de la creación y la realidad, y de la relación de D'os con nuestra existencia. En palabras de Najmánides, «la Torá discute la realidad efímera y alude a la realidad superior», estableciéndola como un modo de vida libremente elegido. Purim rememora la salvación de la existencia corporal del judío. Purim tiene que ver con ser diferente. Hamán se quejó al rey Ajashverosh de que «existe un pueblo singular, esparcido y fragmentado entre las naciones de todas las provincias de tu reino, cuyas leyes difieren de las de todas las naciones». «Un pueblo singular», admitió Ajashverosh, «diferente y único a pesar de su dispersión, no puede tolerarse». Estuvo de acuerdo con Hamán en que «no merece que el rey lo deje existir, debe decretarse que sea destruido». La respuesta judía al decreto de Hamán fue intensificar su singularidad. En lugar de continuar con las tendencias asimilacionistas que comenzaron con su exilio de Tierra Santa tres generaciones antes, ellos se agruparon bajo el liderazgo de Mordejái con un renovado compromiso a su peculiaridad como pueblo de D'os.

de su pueblo, por lo que la alegría de *Purim* no es una alegría individual, sino una alegría común a todo el pueblo de Israel.

Con todo mi amor y cariño.
¡Fuiste único y especial para mí!

Tu nieta, Nurit

En busca del sentido de la vida
El despertar de los *Anusim,* Devarim 4, 27-31

...Mas si desde allí buscaseis al Eterno vuestro D'os, lo hallaréis si lo buscaseis de todo corazón y con toda vuestra alma.

Introducción

Debemos saber quiénes somos y por qué somos.

En alguna parte, en algún lugar de nuestro pasado, cada uno de nosotros tiene un abuelo o una abuela que han hecho un camino para nosotros. Comprometiéndonos nosotros mismos con nuestros valores eternos, podemos descubrir ese camino abierto para nosotros desde hace tanto en el Monte Sinaí, cuando D'os proclamó su palabra.

REBETZIN ESTHER JUNGREIS

¿Es posible que, siglos después de la Inquisición Española, haya aún en España *criptojudíos* que, sólo de modo encubierto, preservan su identidad? Los *criptojudíos,* que fueron forzados a convertirse al catolicismo en España y Portugal durante el siglo XV, han comenzado a retornar al judaísmo en la antigua Sefarad, pero también en otros lugares de América, en el sudoeste de Estados Unidos, en distintos países de América del Sur y en otros rincones del mundo.

¿Cuándo se produce el despertar? En algún momento de nuestra vida nos preguntamos: ¿Quién soy y por qué? Es en este instante cuando se inicia la búsqueda de nuestras raíces y la búsqueda de la propia identidad. En el camino de retorno de los *Anusim* a nuestro pueblo, el Pueblo de Israel, se produce en nuestras vidas un cambio, y en algunos casos se llega a tomar la decisión individual de hacer *Teshuvá,*[32] retornando al Pueblo de Israel, al que pertenecen los *Anusim.*

---

32. Teshuvá es la transformación permanente del servicio a Hashem que se lleva a cabo en la mente, en el corazón y luego en las palabras y los actos a través de la concienciación de la revelación de divinidad en el mundo físico, y en forma particular en nuestras vidas. Y es la perseverancia que se aplica a esta idea y actitud la que realmente eleva al hombre por encima de sus límites y lo pone en el plano de la luz. En su libro Mishné Torá, Maimónides (Rabí Moshé Ben Maimón, 1135-1204) explicó qué es la Teshuvá. Las ideas esenciales de sus «Leyes de Teshuvá», de acuerdo al Rambam. Él nos explica los pasos que debe seguir quien desea hacer Teshuvá: primero se debe abandonar la conducta errónea, pues es imposible arrepentirse sólo en el plano teórico. Si alguien dice que no le gusta su propia conducta, y no obstante sigue reincidiendo, significa que no se ha arrepentido completamente, ni siquiera en el plano teórico. Segundo, se debe trabajar sobre sí mismo para no desear pecar nuevamente. Para muchas personas es relativamente fácil revertir acciones determinadas, pero es mucho más dificultoso revertir pensamientos, esos pensamientos que desean el placer del pecado y que inducen a pecar. Por eso se debe estar convencido de que no se quiere pecar nunca más. Tercero, es necesario arrepentirse y sentir dolor por los pecados cometidos. Muchas personas pueden descubrir la belleza del mundo de la Torá, y empezar a hacer Teshuvá porque entienden que la Torá es la verdad, y el judaísmo, el mejor camino para sus vidas; pero, por otro lado, no ven contradicción entre las cosas que hicieron antes de acercarse a D'os y la verdad que ahora conocen, pues aún no son concientes de lo mucho que erraron y piensan que lo que ha pasado ha quedado en el olvido. Por ese motivo el Rambam nos enseña que nos deben doler los pecados del pasado y no debemos rememorar las «travesuras» de los viejos tiempos con nostalgia, aunque haga mucho que no hacemos esas cosas. Otro de los pasos de la Teshuvá es el vidui (confesión). El pecador debe confesarse ante D'os pronunciando con su boca los pecados cometidos,, igual que si lo hiciera ante un hombre, y cuanto más los detalle, mejor. De esta manera, se concienciará más de la gravedad de sus acciones.

Hasta hoy en día, este retorno implica hacer la conversión, pasando por un tribunal rabínico (*Beit Din*. Tal como explica el rabino Eliahu Birbaum, la conversión está basada en varios conceptos:

1. **Elección:** esto significa ser parte. Según la *halajá,* no existe ninguna diferencia entre el convertido y el judío de nacimiento.

2. **Cambio**: no existe *guiur* (conversión) si no hay cambio en la persona. Quien hace el *guiur* se convierte en una nueva persona, con todas las implicaciones y la responsabilidad que comporta. Se produce una transformación y un cambio en las formas de pensar, en el sentimiento, en los actos y también a nivel social. Este cambio se logra a través del *Beit Din*, que es la puerta de entrada al pueblo de Israel. En el proceso hay un antes, que es la preparación; un durante, que es el acto en sí, y un después, que es la integración al Pueblo. En realidad, la conversión es el principio del camino.

Dicen nuestros sabios que el proceso de la conversión es como un proceso de recambio de la esencia del alma de cada persona.

La persona debe estar preparada para poder enfrentarse al judaísmo. No es solamente un derecho, sino también una responsabilidad; así pues, el retorno de los *Anusim* debería seguir un proceso similar; tiene que haber una elección –hacia dónde quiero ir–, y un cambio en la forma de vida.

Lo que nos hace diferentes no son las tradiciones y las costumbres judías, sino la identidad judía. Ser judío es mucho más que ser poseedor de una historia cuatro veces milenaria, es ser dueño de una herencia eterna. No fue suficiente para *Ruth* haber estado casada con un judío, haber celebrado *shabat*,[33] haber observado las fiestas y haber guardado los mandamientos en tanto su marido estuvo vivo. Cuando su suegra decide retornar a Israel, Ruth la acompaña más allá de lo que Ofra, la otra nuera, pensó hacer jamás. De hecho la actitud de Ofra no es nueva, se casó con el hombre (con el corazón), pero nunca amó la *halajá*. ¿Qué hizo Ruth, qué pensó que había dentro de su ser? Mucho más que simpatía por un pueblo, más que compromiso con la madre de su esposo. Ruth dijo: «Tu pueblo será mi pueblo y tu D'os, mi D'os». Ella no sólo había amado al hombre con el corazón, sino que también amó al judío, la *halajá*. Y esto nos enseña que no es suficiente tener simpatía por el Pueblo de Israel, no es suficiente tener unos apellidos de descendientes de conversos, no es suficiente el sentimiento de pertenencia, sino que para retornar plenamente hay que tener conciencia de ser judío o judía, tener identidad judía, pertenecer a un pueblo eterno por unos vínculos que otros rompieron a la fuerza.

No existe un solo camino, sino muchos, que vienen determinados por nuestra evolución y el proceso de retorno que queramos seguir. No todos los descendientes de los *Anusim* están necesariamente buscando su camino de retorno al judaísmo.

---

33. El Shabat es un fundamento del judaísmo y lo observamos como testimonio de nuestra fe con D'os, como creador del universo y de nuestra sumisión a Su voluntad y a sus mandamientos. El Shabat es un tiempo sagrado. En los Diez Mandamientos encontramos los motivos principales para el cumplimiento del Shabat: «Te acordarás del día del reposo (Shabat) para santificarlo. Seis días trabajarás y harás en ellos toda tu labor, pero el día séptimo, sábado, lo consagrarás al Eterno tu D'os, y ese día no harás labor alguna... porque en seis días hizo el Eterno el cielo, la tierra... y descansó el día séptimo, por eso bendijo el día sábado y lo santificó» (Éxodo 20, 8-12). Con el correr de las generaciones, el cuidado del Shabat se hizo como señal y símbolo para el cuidado de los preceptos del judaísmo. Shabat es un día espiritual. Durante la semana el hombre está ocupado en conseguir logros materiales, y está esclavizado en su trabajo, pero en este día, Shabat, el hombre cesa sus tareas, para dedicarlo al contenido espiritual.

Muchos pueden desear únicamente mantener una conexión histórica con el pueblo judío. El hecho de que algunos *Anusim* tengan un redespertar del lazo emocional, sin más medidas activas como conversión o retorno, tiene un valor enorme. ¿Por qué? Porque Israel necesita de gente como los *Anusim* que apoyan y defienden al Estado de Israel. Una vez, Jaim Weizman, el primer presidente del moderno Estado de Israel, escribió sobre sus viajes por el mundo buscando apoyo, previo a la resolución de la ONU en 1947 sobre el establecimiento de un Estado judío. Weizmann relata en su autobiografía que en algunos países de América del Sur se encontró con miembros de las élites locales, jueces, profesores y oficiales de gobierno, y algunos de ellos lo llevaron aparte para decirle: «Estamos contigo, estamos con el Estado judío». Estas personas le explicaron que eran descendientes de *Anusim,* y como tales, sentían la responsabilidad de ayudar al Estado naciente a hacerse realidad. Weizman atestigua el hecho de que su asistencia fue crucial para abrir numerosas puertas frente a él.

Desde el punto de vista de los *Anusim,* no todos entienden el retorno de la misma manera. Unos aceptan pasar por el *Beit Din* con retorno haciendo *teshuvá, mientras* que otros consideran que el hecho de descender de judíos conversos tendría que ser suficiente, debiendo ser acogidos como judíos y ser considerados como tales, ya que se sienten judíos y consideran que forman parte del pueblo de Israel. Desde que tuvieron lugar los terribles actos de la Inquisición, los conversos fueron obligados a convertirse al cristianismo; el paso del tiempo ha hecho que de generación en generación se hayan ido diluyendo los lazos ancestrales con sus orígenes; pero desde hace unas décadas, muchos de los descendientes de los que fueron forzados a abandonar el judaísmo contra su voluntad están buscando la forma de retornar a su Pueblo. Como dice Michael Freund, presidente de Shavei Israel (Shavei Israel se dedica a localizar a las tribus perdidas de Israel, los *Anusim, marranos* y otros descendientes de los «judíos perdidos». Asimismo, ofrece ayuda concreta a las personas y comunidades que sinceramente desean retornar al pueblo judío), cinco siglos después de que la Iglesia y los Reyes Católicos quisieron borrar todo vestigio de vida judía en la península Ibérica, un creciente número de descendientes de sus víctimas están emergiendo de las sombras, en la búsqueda de su herencia largamente perdida. El alma judía perdura a lo largo del tiempo y ha permanecido en los *Anusim*, por tanto mientras arda nuestra alma judía, existimos, pero también esta alma hay que alimentarla, con la luz de la Torá.

La vida de los judíos en tierras Hispánicas, las Islas Baleares y huida hacia el Nuevo Mundo. Los conversos.

Fue en tiempos del Rey Salomón, hacia el 2930 (–830), cuando los judíos salieron por primera vez de su país en expedición. Es probable que 400 años más tarde, cuando se destruyó el Primer Templo, el año 3338 (–422), los judíos que huyeron llegaron a las costas ibéricas, de la misma forma que a las del norte de África (Djerba). Existe un testimonio documental del año 418 que da fe de la existencia en esa época de una poderosa comunidad judía en Magona (Maó, Menorca), 350 años después de la destrucción del Segundo Templo. Se trata de una carta encíclica –uno de los primeros textos antisemitas de Occidente– del obispo menorquín Severo en la que explica que 540 judíos de Maó se convirtieron gracias a los milagros realizados por el traslado a la isla de las reliquias del protomártir San Esteban, después de entablar batalla contra los judíos y perder éstos. El único documento de importancia que se refiere a esta comunidad data del siglo V y tiene lugar en un contexto de persecución y conversión forzada al cristianismo. Por tanto los únicos datos sobre los judíos se encuentran referenciados en la carta-encíclica del obispo Severo.

Sólo hace falta leer alguno de los párrafos de dicha carta para ver el odio, el antisemitismo, la barbarie y el desprecio hacia el pueblo judío. Éstos son algunos de ellos:

> «...Magona está tan infestada de tantos judíos que son como serpientes y escorpiones que diariamente la Iglesia de Cristo era mortificada por ellos.».

> «Los judíos, inspirándose en los ejemplos de tiempos de Macabeo, estaban dispuestos a morir por defender su patrimonio (religioso)».

> «En llamas la sinagoga, con espanto de los judíos, nos dirigimos a la iglesia, entonando himnos y mientras dábamos gracias al autor de nuestra victoria».

> «Ciertamente durante estos ocho días en que todas estas cosas han sucedido, nosotros casi hemos celebrado la festividad de la Pascua. Tenemos constancia que fueron agregadas a la iglesia casi quinientas almas [...]».

A través de la documentación encontrada sabemos que la presencia de los primeros judíos de las Baleares se hallaba en Menorca. Las calles del Call se encontraban donde actualmente se encuentra la calle de Sant Jeroni, en Ciutadella; del Bisbe Gonyalons, en Alaior, y en el interior del que fue castillo de Maó, cerca del edificio de la Biblioteca Pública y Archivo Histórico. En la actualidad, desde el punto de vista historiográfico, no hay rastro de judíos. Debemos tener en cuenta que carecemos de datos debido a la destrucción de archivos menorquines por los turcos entre 1535 y 1558.

Desde el año 417, fecha de la epístola del obispo Severo, hasta el 1287, tenemos un periodo tan largo como oscuro en el conocimiento de la historia de Menorca. Según datos recogidos en el estudio realizado por Roselló y Murillo,[34] los primeros judíos

34. *Véase* Ramon Roselló y Andreu Murillo, *Els jueus dins la societat menorquina del segle* XIX, ed. Institut Menorquí d'Estudis, 1990).

de los que se ha encontrado documentación ya tenían una casa para hacer una sinagoga en la calle de la «judería», lo que hace suponer que Alrafim Bensait, Abrahim Alga i Vidal no fueron los primeros judíos que se instalaron en Menorca desde la repoblación inicial como consecuencia de la conquista de 1287. En 1373, Isaac Ses Portes, judío menorquín, reclamaba una deuda, y el 31 de marzo de 1377 el rey Pedro advertía al gobernador de Menorca de las reclamaciones de deudas que hacía Vidal Aabenissaia. El 23 de junio de 1378 también reclamaba la deuda el judío de Maó Maimó Bennono.

Los judíos menorquines se encontraban más directamente sometidos a la Aljama de Mallorca durante la época en que gobernaban los reyes Jaime II y Jaime III de Mallorca, y que en el caso de Menorca, repoblada por catalanes, empieza el 1298 y termina el 1343.

En el estudio de Murillo y Roselló se recoge la referencia donde se precisa que el 25 de enero de 1350 el rey Pedro el Ceremonioso se dirigía al gobernador de Menorca para prevenirle de que los judíos temían ser injuriados con motivo de la Semana Santa, especialmente el Viernes Santo, por lo que el rey ordenaba protegerlos. Era el año siguiente a los efectos de la peste negra. El 14 de agosto de 1374, a consecuencia de la mala cosecha, los cristianos de Mallorca querían expulsar a los judíos. El rey Pedro mandó atajar la situación, pero no se tienen noticias de que esto sucediera en Menorca.

El primer dato de archivo realizado en el Archivo del Reino de Mallorca, a los disturbios de 1391 en Menorca fue una nota en que se dice: «En aquest any fou la destrucció del Call de Mallorques, de Menorca, de Barcelona, de València e de Tarragona a 5 de agost e aixa mateix de Lleida». También encontraron una copia del desaparecido *Llibre de la Cort Reial de Ciutadella*, donde no se especifica de qué Call de Menorca se trataba. Se supone que el principal debía de ser el de Ciudadela, pero seguramente no debieron de salvarse los judíos de Maó y de Alaior. No se sabe cuántos judíos perdieron la vida en los disturbios de Menorca, pero sí que hubo quienes se convirtieron al catolicismo. También en el año 1395 tenemos referencias de otros conversos menorquines, como Jaume Olivar y Pasqual Bell-lloc, o Francesa Dalmau, Antino Borràs, Nicolau Payà y Antoni Bertran, quienes tenían prohibido irse de las islas. A través de un mandato del rey Martí l'Humà fechado el 22 de mayo de 1403, sabemos que durante este período, a pesar de las conversiones, no se evitó que se mantuviesen los vínculos entre conversos y judíos. La relación entre conversos y judíos se volvería peligrosa e ilegal a partir del reinado de Fernando I.

Según el estudio realizado por Ramon Roselló y Andreu Murillo, no encontramos en Menorca, desde finales del siglo XIV, pruebas de actitudes antijudías, probablemente porque no había rastro de personas que tuviesen consciencia de ser descendientes de converso. Pero el establecimiento en la isla, en la segunda mitad del siglo XVIII, de una docena de familias judías, estuvo a punto de crear un problema, debido al apoyo que les brindaron las autoridades británicas que dominaban la Isla en aquel período, en detrimento de la burguesía mercantil mahonesa, que veía en ellos la presencia de unos competidores protegidos por el gobierno.

La primera noticia documentada de la presencia y de la persecución de judíos en Menorca viene de E. Martínez Ferrando. Fue el 30 de mayo de 1957, cuando dio una conferencia en el Ateneo de Maó. Como director que era del Archivo de la Corona de Aragón, había hecho catalogar la parte correspondiente a Menorca de la serie *Maioriacarum* de la colección documental de la Cancillería real. Se trataba de un encargo especial de Francesc Sintes Obrador, en el período en que fue director general de Museos, Archivos y Bibliotecas. Ramón Roselló y Andrés Murillo, que realizaron dicha investigación, indican que, en su conjunto, la documentación que hace referencia a la comunidad judía del siglo XIV, es decir, desde la conquista catalana de Menorca hasta la destrucción de los *calls*, a causa del corto período que abarcan, no es muy voluminosa, pero da fe tanto de la existencia como de las actividades sociales y económicas de los judíos en la sociedad menorquina.

La situación en Eivissa era diferente a la de Menorca. Forteza nos dice: «En Eivissa no parece que hubiese habido nunca ningún problema judío. El hecho es que el canónigo Macabich publicó unas declaraciones de dos conversos, del 1410, con motivo de la llegada a Eivissa de un visitador eclesiástico enviado por el arzobispo de Tarragona, que prueban que se había empezado una investigación a la búsqueda de secretas manipulaciones judaicas. Ésta es la primera declaración de Fransesc Sacoma:

> Et primo, si sap ell testimoni, que algun convers o conversa, o altre cristià o cristiana, de la dita Illa observe o tinga algunas serimònias o solemnitats de la ley mosaica. E dix ell, testimoni, açó saber o estar veritat que la muller den Moyà, con ers, e na Clara, muller den Ramon Castelló, tenen e observen lo dissabte, car no volen fer fenya nenguna, semblantment les altres solemnitats, així com són las carbonellas, capdany, la festa de la corneta, e consemblants festes segons la ley mosaica.

¿Por qué motivo convivieron en Eivissa, según parece, de forma pacífica las dos religiones, la judía y la cristiana? Es posible que tenga cierta relación con los diferentes flujos de población que han sufrido las Pitiuses con respecto a Mallorca y Menorca. Según la catedrática Cory Ramon, «Eivissa se caracteriza entre otras cosas por haber recibido un menor influjo de la dominación romana. Al mismo tiempo y tras la conquista catalana, las Pitiuses estuvieron mucho tiempo sin ser colonizadas por los conquistadores, manteniéndose intacta la población original». La experta en genética va más allá: «Según datos históricos, Eivissa no fue conquistada por los romanos, sino que fue nombrada ciudad confederada; con lo cual, el número de familias romanas que se establecieron en la isla sería muy limitado, y por tanto debieron influir poco. Por otra parte, los conquistadores catalanes llevaron pobladores a Eivissa más tarde que a las otras dos islas, por las condiciones del reparto.» Cuando se dice que «se mantuvo intacta la población original», se refiere al sustrato anterior a la colonización árabe, que se dio en todo el archipiélago. Este estudio genético, llevado a cabo por tres profesores de Genética de la Universidad de les Illes Balears (UIB) y realizado sobre una significativa muestra de la población pitiusa, demuestra que ésta ha tenido una evolución propia a lo largo de los siglos, lo que hace pensar que los judíos permanecieron en la isla y muchos de ellos mantuvieron sus costumbres. En relación a si la consanguinidad que se produjo en distintas épocas entre la población pitiusa puede influir en estos cambios, la catedrática explica que «cuando una población es reducida, se produce consanguinidad, ya que casi todos los individuos son más o menos parientes.

Así se explica, según el estudio realizado por la investigadora israelí Gloria Mound, que a lo largo del tiempo se hayan mantenido en algunas familias ciertas tradiciones: los campesinos no trabajaban en sábado –una costumbre judía–, otras costumbres ancestrales de la isla: reunir a la familia a cenar el viernes por la noche, el rechazo a comer carne de cerdo o jamón. Acudían a las matanzas que celebran otras familias vecinas y participaban en la fiesta, pero no se llevaban a casa ningún producto obtenido del cerdo.

Es posible que muchos apellidos ibicencos sean de origen judío, y se cree que la comunidad judía de esta isla no fue perseguida, y tampoco la de Formentera. Los judíos estuvieron protegidos en la isla y sobrevivieron sin demasiados problemas tras el decreto de expulsión dictado en 1492 por los reyes castellano-aragoneses. Según *Gloria Mound,* la prueba más clara y evidente del pasado judío de Eivissa, por ahora, parece ser la *Meguila* (rollo litúrgico) hallada, que más tarde sería restaurada. Pertenece al libro bíblico de *Esther*, era usado en la festividad de *Purim*, de la segunda mitad del siglo XV.

Diferente situación padecieron en la isla de Mallorca los judíos tras la expulsión decretada por los Reyes Católicos.

La comunidad chueta (como se denomina a los judíos conversos y a sus descendientes) fueron segregados en Mallorca; situación que no se produjo en el resto de la península, ni en las otras islas de las Baleares. Todavía hoy los descendientes de aquellos judíos, cristianos nuevos, llevan el nombre peyorativo de chueta, que los transforma en un grupo diferente dentro de la sociedad mallorquina. El legado de los judíos en Mallorca es en todos los aspectos muy superior al de las otras islas, no sólo por el tiempo que ha perdurado, sino por su importancia histórica y cultural. Un buen ejemplo de ello son, entre otros documentos, sus cartas de navegación.

Con la conquista catalana de Mallorca, en 1229, los judíos fueron protegidos por las sucesivas monarquías, puesto que con ellos engrosaban sus arcas y constituían un fondo imprescindible para el financiamiento de guerras y otras actividades. Fue con Jaime I cuando la comunidad judía de Mallorca se expande. Según el estudio realizado por Ricard Soto, Joseph F. López, Gloria Mound, Gabriel Llompart, Mateu Colom, Joseph Juan Vidal y Lleonard Muntaner,[35] en los primeros tiempos de la repoblación coexistían dos *calls*, uno integrado por judíos autóctonos y otro, posiblemente, por judíos emigrados a partir de 1229-1230. La comunidad judía, asentada tanto en la ciudad como en distintos puntos de la isla, experimentó un crecimiento notable, situándose entre un 7 y un 12% de la población de la ciudad entre 1329 y 1363. Sin embargo, pese a los esfuerzos por mantenerla, la comunidad judía de Mallorca se extingue en 1435 con la conversión al catolicismo

35. *Véase* Ricard Soto, Joseph F. López, Gloria Mound, Gabriel Llompart, Mateu Colom, Joseph Juan Vidal y Lleonard Muntaner. *Sobre Jueus conversos de les Balears*, Leonard Muntaner Editor.

de todos sus miembros. Éstos viven un relativo período de tranquilidad hasta 1488, integrándose en la sociedad civil, excepto un sector importante que seguía practicando en privado sus tradiciones religiosas. Esta situación cambió a partir de 1488, como indica M. Colom, al instituirse un Tribunal de la Inquisición en Mallorca. Entre 1488 y 1534, mil doscientos conversos fueron sometidos a estudio. Al principio, el Tribunal se mostró indulgente, estableciendo solamente multas y restringiendo ciertas prácticas judías. En ese momento existen tres grandes grupos de judíos: los conversos que se acogen a la medida de gracia, los conversos que deciden abandonar la isla y los que mantienen su condición de *criptojudíos*. Estos últimos son objeto de sentencias de muerte, alrededor de un centenar, y les son confiscados los bienes.

La primera conversión en Mallorca ocurrió en 1391, cuando la fiebre antisemítica arrasaba campos y ciudades, desde Sevilla hasta el último rincón de la península. A consecuencia de ello, muchos optaron por la conversión al catolicismo, más por proteger su vida que por sincera convicción religiosa. Debido a las calumnias y a las falsas acusaciones que recaían sobre ellos, muchos decidieron abandonar la ciudad por el miedo a que se repitieran los acontecimientos de 1391.

Los «chuetas», nuevos conversos, eran mirados con recelo tanto por los cristianos, que desconfiaban de la sinceridad de su conversión, como por los judíos, que desconfiaban de ellos al verlos asistir al culto cristiano. Así pues, en 1435 se había extinguido prácticamente la comunidad judía de Mallorca, mucho antes del decreto de expulsión de 1492, que no hizo sino ratificar su extinción y cerraba el paso a cualquier tipo de resurgimiento.

Tanto el catolicismo como el protestantismo, dos religiones procedentes de un tronco común, el cristianismo, fueron intolerantes con los judíos, sobre todo la primera.

Prácticamente nada ha quedado de las primitivas sinagogas ni de la cultura judía en las Islas Baleares. La represión llevada a cabo contra los conversos acabó con cualquier rastro de la vida judía en comunidad. No obstante, los *chuetas, chuetons o Anusim* forman parte del tejido de nuestra historia, la historia del Pueblo de Israel en las Islas Baleares.

La vida de los conversos transcurrió con cierta normalidad hasta finales del siglo XV, cuando los inquisidores provocaron nuevos episodios de angustia. Los conversos desarrollaron una intensa actividad económica, destacando en el sector secundario y terciario, siendo escasa su actividad agropecuaria. A finales del siglo XV la gran mayoría de los mercaderes y agentes comerciales mallorquines eran descendientes de conversos.

En 1488, cuando desembarcaron los nuevos inquisidores en la Isla, acabaron la labor que comenzaran los inquisidores medievales. Su estrategia no difirió mucho de la de sus antecesores. Al principio, si el acusado confesaba su error, sólo se le imponía una multa, en lugar de confiscar sus bienes, pero una vez finalizado este período de gracia, los inquisidores fijaron los procedimientos ordinarios para juzgar a los inculpados que no se habían presentado voluntariamente. Muchos, en previsión de males mayores, abandonaron la isla. Los procedimientos inquisitoriales ordinarios establecían que la persona declarada hereje podía salvar la vida si se arrepentía, aunque se le aplicaba la confiscación de la totalidad de sus bienes. En caso de reincidencia, se le imponía la pena de muerte. Si el condenado había mostrado signos de arrepentimiento a lo largo del proceso, los inquisidores permitían que la justicia real le aplicara el garrote vil antes de ser lanzado a las llamas.

Entre 1488 y 1534, el Tribunal de la Inquisición de Mallorca condenó, entre procedimientos ordinarios y de gracia, a más de mil doscientos conversos. La mayoría se acogieron a las medidas de gracia. Otros optaron por abandonar la isla, los que pudieron, al comprender que les sería imposible mantener la práctica de la religión de sus antepasados. Finalmente, hubo quienes se mantuvieron en su condición de *criptojudíos,* hasta que fueron descubiertos y sufrieron las consecuencias de su fidelidad a los preceptos mosaicos.

Los conversos mallorquines de finales del siglo XV siguieron celebrando la Pascua judía, *Pesaj,*[36] según se desprende de algunos fragmentos de la documentación descubierta sobre los procedimientos judiciales llevados a cabo en el período de gracia de 1488 y 1490. Durante ocho días se abstenían de realizar cualquier trabajo, consumían pan ácimo y compraban platos, ollas y manteles para ser estrenados en la fiesta. La celebración de *Pesaj*, a pesar de su cercanía a la fecha de expulsión, fue una de las fiestas más conmemoradas por los *Anusim* y ocupó un lugar muy importante en los *criptojudíos.* En cuanto a los preceptos guardados, destacan por su importancia los ayunos, como el de Purim y el de *Yom Kippur,*[37] *el más relevante.* Las disposiciones dietéticas seguidas por los conversos mallorquines eran diversas y todas destinadas a consumir alimentos puros o *kacher.*[38] La fiesta del *Shabat* era uno de los preceptos más seguidos por los conversos, en la que cesaban todas las ocupaciones, y también ponían en marcha los ritos de la religión mosaica cuando se producía la muerte de cualquier miembro de la comunidad.

---

36. Pesaj. Fiesta de la Liberación de la esclavitud. Conmemora la liberación del los hijos de Israel de más de dos siglos de esclavitud en Egipto y recuerda el éxodo en masa de los judíos de aquel país hace unos 3.300 años. Simboliza la existencia de D'os. Señala y celebra las primeras cosechas de cebada. Del 15 al 22 de Nisán (abril-mayo), y del 15 al 21 en Israel.
37. Yom Kippur. Día del Perdón. Es un día que se dedica a la plegaria y al arrepentimiento por las faltas cometidas durante el año, esperando el perdón de D'os. Es la festividad más solemne y respetada del calendario judío. Se observa un ayuno riguroso. Es el 10 de Tishri (septiembre-octubre).
38. kacher. Es un vocablo hebreo que significa «apto» o «adecuado»; el término kasher hace referencia generalmente al alimento que es permitido comer según las leyes dietéticas judías, y kashrut es el nombre con que se denomina al conjunto de estas leyes.

Así pues, la orden de expulsión decretada por los Reyes Católicos el 31 de marzo de 1492 que daba a los judíos un plazo de cuatro meses para abandonar la península, no tuvo ningún efecto en la isla, pues hacía ya años que no quedaban judíos que expulsar, aunque había conversos que judaizaban.

Los «forzados» («*Anusim*», «conversos», «cristianos nuevos», «chuetas», «*chuetons*», «marranos»), al bautizarse a la religión católica recibían el nombre de sus padrinos, que solían ser nobles y señores que los protegían. Éstos no tuvieron en cuenta que al darles su nombre mancillaban su linaje para siempre, y a partir de ese momento podían ser confundidos con los *Anusim.*

El historiador Leonard Muntaner, doctor en historia, hace el siguiente análisis de estos *chuetas*, descendientes de judíos conversos, en su libro *Sobre els jueus i conversos de les Illes Balears,* pág. 110:

> De todos es sabido que en Mallorca son considerados chuetas, es decir descendientes de judíos conversos, sólo aquellas personas que tienen uno de los quince apellidos malditos: Aguiló, Bonnín, Cortés, Forteza, Fuster, Martí, Miró, Picó, Pinya, Pomar, Segura, Tarongí, Valentí, Valleriola y Valls. Pero ésta es una verdad a medias, y en consecuencia una mentira pensada para servir a los intereses de la nobleza mallorquina de los últimos cuatro siglos. Es una verdad a medias por dos razones fundamentales:
>
> 1. En primer lugar, porqué los chuetas aunque sufrieron el antisemitismo, no son los únicos mallorquines descendientes de judíos conversos. Existen muchos otros mallorquines con herencia judía nunca reconocida, ni por ellos mismos, por el mero hecho de no llevar uno de los quince apellidos.
> 2. En segundo lugar existe también el caso contrario, es decir, el de aquellas personas que aunque lleven alguno de los quince apellidos, no tienen en absoluto, ninguna ascendencia judía.

Este análisis también fue planteado por diversos historiadores y eruditos, como José Maria Quadrado, Baruch Braunstein, Antoni Fons, Miquel Forteza, Gabriel Cortés y Joan Muntaner y

Lujosa, entre otros. También Baltasar Porcel en su libro *Els xuetes mallorquins*, pág. 25, corrobora esta opinión:

> En las diversas listas de conversos de 1391 que se han podido exhumar y que no son exhaustivas, se han contabilizado 168 personas, de las cuales sólo 15 llevan 5 de los apellidos que finalmente han quedado como chuetas: Aguiló, Fuster, Martí, Tarongí y Valentí. El hecho me parece que contribuye a probar taxativamente que la famosa mancha judía o chueta es mucho más vasta, lógicamente, que la simple lista que ha perdurado hasta hoy.

En relación a los apellidos de los conversos y ateniéndonos a los datos citados por José María Quadrado, en la reconstrucción de familias con anterioridad al Concilio de Trento, y en el documento *Reconciliados y Relajados* (1488-1691), dado a conocer por Baruch Braunstein, en 1936 existen más de doscientos apellidos catalanes que fueron adoptados por los cristianos nuevos o conversos entre 1391 y 1435. Tratándose de una cuestión de familias, los mallorquines que llevan alguno de estos doscientos apellidos difícilmente pueden saber si la rama originaria corresponde a conversos o a cristianos viejos. Esto es así por la dificultad que existe en la reconstrucción de familias con anterioridad al Concilio de Trento, cuando los libros sacramentales aún no eran obligados.

En Palma, a pesar de haberse reconciliado 212 reos judaizantes en cuatro autos en 1679, el *criptojudaísmo* se mantuvo potente, hasta tal punto que, en 1687, los marranos se organizaron para huir a Liorna en un mercante inglés. Fracasado el intento de fuga, hubo un gran número de autos de fe contra los criptojudíos en los tres años siguientes. En 1691, se celebraron cuatro autos de fe sucesivos para 93 personas, de las que 37 murieron en la hoguera. La violencia de estos autos pone de manifiesto un nivel de odio y temor comparable al de los primeros años de la actuación del Santo Oficio. La destrucción del *criptojudaísmo* en

Mallorca fue completa, si bien han quedado hasta hoy identificables los descendientes de los judaizantes, los chuetas.

Durante el último siglo, con la desclasificación y publicación de varios registros Inquisitoriales, muchos mallorquines pudieron confirmar su pasado y la identidad de sus ancestros, aunque para otros supuso la revelación de un secreto que siempre habían intentado mantener oculto.

No sólo encontramos diferencias entre las tres islas, sino también elementos comunes, como en cualquier parte donde existieron comunidades judías. Uno es el papel de la mujer judía como transmisora de valores, por su fuerza tanto espiritual como humana, que ha hecho posible que se hayan conservando los símbolos y las costumbres, generación tras generación, sin que se supiera muchas veces cuál era su significado. Otro elemento común es la permanencia del Pueblo de Israel, a pesar de las calamidades que ha sufrido a lo largo de la historia. Y en tercer lugar la persistente *judeofobia* que ha habido a lo largo de la historia. Ya lo vimos en los hechos acaecidos en la antigüedad, en el siglo V, en la Edad Media, con los pogromos, en el Holocausto, y lo vemos hoy; el odio contra Israel existió y existe, perdura a lo largo del tiempo. Mientras que la *juedeofobia* medieval rechazaba la existencia de los judíos, la *judeofobia* moderna rechaza su emancipación y encuentra en cada época sus excusas.

El año 1391 fue un año catastrófico para las comunidades judías españolas, muchas de las cuales fueron destruidas, y sus miembros obligados a convertirse al cristianismo. Ya hacia tiempo que algunos frailes fanáticos, como Fernando Martínez y Pedro de Olligoyen, iban de pueblo en pueblo y de ciudad en ciudad intoxicando a la población contra los judíos y atacando a las sinagogas. Otro fraile, Vicenç Ferrer, obligaba a los judíos a escuchar sus anatemas y los amenazaba con el infierno si no aceptaban el bautismo. Él y sus seguidores consiguieron que algunos judíos aceptaran voluntariamente el bautismo tras la Disputa de Tortosa (1413-1414).

En el año 5151 (4-6-1391), los sevillanos, dirigidos por Martínez, entraron a sangre y fuego en el *Call*, quemando las 23 sinagogas de la ciudad y matando a más de cuatro mil judíos. Los pocos que quedaron corrieron de iglesia en iglesia pidiendo el bautismo para no morir. A partir de aquí el genocidio se propagó a toda la provincia, y de allí a Córdoba, donde murieron mas de dos mil personas, llegando a Jaén, Ciudad Real, Segovia, y a la Corona de Aragón; el *Call* de Valencia fue atacado el 9 de julio de 1391, *y e*l 2 de agosto del mismo año los payeses atacaron el *Call* de la Ciutat de Mallorca, matando a un tercio de su población; el 4 de Elul morían más de mil judíos en Toledo, y el mismo día desaparecía el *Call* de Barcelona, donde fueron muertos cuatrocientos judíos. No se sabe con certeza cuántos judíos perdieron la vida en aquellos dos meses negros, pero se calcula que 50.000 en toda España, aunque es posible que ronde los 70.000. Los organizadores de esta masacre, frailes como Fernando Martínez, Pedro de Olligoyen y Vicenç Ferrer, no sufrieron ningún tipo de castigo debido a que actuaron en nombre del cristianismo.

Refiriéndose a la expulsión, Vicens Vives escribe: «La primera gran depuración española provocó la unidad de la fe entorno a la Iglesia Católica [...], las riquezas sustraídas sirvieron para la financiación de la política exterior de los Reyes Católicos, y otra parte fue a parar a manos de la aristocracia; pero la gran masa social del país no obtuvo ningún provecho. La expulsión, por tanto, en su aspecto social, no sólo fue estéril, sino que fue perjudicial, ya que agravó la crisis económica».

Tanto los judíos que se vieron forzados a convertirse, los *«Anusim»,* como los que lo hicieron voluntariamente, siguieron viviendo en las juderías. Aunque sus condiciones de vida eran muy similares en Aragón y en Castilla, el centro de la polémica sobre el problema de los conversos tuvo lugar en Castilla. Tras la unión de Castilla y Aragón bajo la monarquía unificada de Isabel y Fernando en 1479, el problema adquirió proporciones nacionales y fue la solución castellana la que sirvió de modelo para todo el reino.

Los conversos no eran aceptados por los cristianos viejos, que no veían con buenos ojos su integración, lo que provocó revueltas y libelos, dirigidos tanto contra los judíos como contra los conversos. Esta animosidad comenzó durante el reinado de Juan II, alcanzó su punto álgido bajo el reinado de Enrique IV y continuó incluso después de crearse en 1481 la Inquisición Nacional Española, que nació como una institución religiosa, y al igual que la Inquisición medieval que la había precedido, estaba sometida a la aprobación papal. Su objetivo era resolver un problema socio-religioso concreto dentro del campo de la política de Estado. Aunque conservó su carácter puramente religioso, acabó convirtiéndose en una institución del Estado que atendía las necesidades específicas de la monarquía española. El Estado halló en la Inquisición un instrumento conveniente para la supervisión de la vida pública. Los procesos inquisitoriales fueron la solución que la Iglesia y el Estado dieron al problema de los conversos.

La base religiosa en que se apoyaba la Inquisición es algo aceptado por la mayoría de los investigadores católicos, aunque algunos han pretendido definir la Inquisición Nacional Española como una institución estatal y secular, basándose en el hecho de que eran los Reyes Católicos quienes nombraban a las personas que la encabezaban. Pero los que opinan así, según Haim Beinart,[39] ignoran la causa fundamental por la que se creó la Inquisición Nacional Española. Para Schaefer, la institución tuvo un carácter religioso. Fue el Papa quien otorgó a Isabel y Fernando la autoridad para nombrar inquisidores. Por lo tanto fue el Papa la fuente de tal autoridad, y la Corona actuó tanto en nombre propio como en el de la Iglesia y de la fe católica. El Estado se convirtió en agente

39. *Véase* Haim Beinard, *Los conversos ante el Tribunal de la Inquisición*, Ed. Riopiedras, Barcelona, 1983.

de la Iglesia, y todas las propiedades confiscadas a los herejes (que eran culpables de traición) pasaron a ser propiedad de la Corona.

No cabe duda de la relación recíproca Iglesia-Estado en este asunto, pero fue la Iglesia católica la que creó la Inquisición española, institución religiosa sometida al papado. Fue el Papa quien otorgó el poder a los Reyes Católicos para nombrar inquisidores, y éstos actuaron de acuerdo con el Papado.

Los cristianos asediaban a los conversos con acusaciones falsas, continuando la tradición medieval de la calumnia antijudía y sentando las bases para la posterior intervención de la Inquisición. Se acusaba también falsamente a los conversos de hacer circular comentarios calumniosos sobre el cristianismo y sobre la Iglesia.

Tanto en Castilla como en el reino de Aragón, los conversos adoptaban ante el problema dos posturas y actitudes diferentes: los que estaban decididos a integrarse en la sociedad cristiana y los que consideraban que aquella situación era pasajera, y que con el tiempo volverían a su pueblo y a su fe ancestral.

En España y Portugal la pervivencia del judaísmo está documentada hasta finales del siglo XVIII, 300 años después del decreto de los Reyes Católicos. Los archivos de la Inquisición revelan decenas de miles de casos de herejía hasta estas fechas. Los historiadores aseguran que más de la mitad de los judíos evitó el exilio convirtiéndose al cristianismo, pero que la mayoría siguió practicando clandestinamente la religión de sus padres. Cuando el tribunal ordenaba prender a un hereje acusado de judaizar, inmediatamente caían parientes y amigos de distintos puntos de España y Portugal, porque durante siglos los *criptojudíos* mantuvieron una red de contactos que les permitía ayudarse, reunirse en las fiestas y pactar matrimonios, sin los cuales las tradiciones hubieran desaparecido. De acuerdo con el historiador Cecil Roth, más de 30.000 de los llamados «judaizantes» fueron sentenciados por los fanáticos de la Inquisición en España y Portugal, muchos de ellos quemados vivos en la hoguera ante una multitud de espectadores que vitoreaban. Varios cientos de miles fueron procesados y condenados por las Cortes Inquisitoriales. La Inquisición continuó funcionando durante siglos, persiguiendo a los judíos en sitios tan remotos como Angola y Sudamérica. Desde el inicio de la historia, escribe Roth, jamás existió, en ningún sitio sobre la faz de la tierra, una persecución tan sistemática y prolongada contra una causa tan inocente.

Parece probable que cierto número de conversos, quizás mayoritario en ciertas ciudades, y ciertos grupos familiares mantuvieran una tradición de criptojudaísmo que pasó de generación a generación, evidente todavía en el siglo XVIII. De los documentos inquisitoriales se desprende que las prácticas criptojudías se enseñaban de una generación a otra. Y el hecho de que los conversos se casaran entre sí es muy importante, porque demostraba que, pese a todo, deseaban mantener el estatus judío de sus hijos y la posibilidad de conservar algunas costumbres judías en su casa.

La expulsión de 1492 no afectó a los conversos, pero sí a sus vidas. El principal motivo para expulsar a aquellos judíos que se negaron a aceptar el bautismo fue evitar que los conversos tuviesen ejemplos a seguir entre sus amigos y parientes, pues incluso dentro de una misma familia había conversos y judíos.

Caro Baroja aventura la hipótesis de que Abarbanel conociera un antiguo censo de judíos que arrojaba la cifra de 300.000 judíos. Este autor calcula la población judía de 1492 en 400.000, de los que, supone, 240.000 se bautizaron y 160.000 se exiliaron. La cifra tan alta de judíos exiliados explicaría, según Michael Alpert,[40] la presencia de judíos españoles en Grecia, Turquía y en muchas ciudades del Mediterráneo hasta la Segunda Guerra Mundial.

---

40. *Véase* Michael Alpert, *Criptojudaísmo e Inquisición en los siglos XVII y XVIII*, Ed. Ariel historia, 2001.

En Portugal, la mayoría de los conversos eran oriundos de España. Habían gozado de cuarenta años desde su llegada en 1492 para crear un laicismo clandestino muy profundamente arraigado. Como consecuencia del establecimiento en 1546 de la Inquisición portuguesa, muchos conversos portugueses buscaron la manera de abandonar el país y mudarse a otras ciudades europeas, como Amberes, Venecia, Ferrara, Londres y otras, donde la Inquisición tenía menos poder, o ninguno y donde se les toleraba sus prácticas clandestinas.

Italia fue el destino preferido de muchos conversos ibéricos. La mayor parte de los que huyeron allí se establecieron en Nápoles, hasta que fueron expulsados en 1541 por presión inquisitorial y fueron recibidos por Ercole D'Este, duque de Ferrara, ciudad ésta que vio florecer una de las más importantes comunidades de ex marranos o criptojudíos. Desde 1551 existía allí una imprenta que publicaba obras hebreas traducidas al español y al portugués para el uso litúrgico y doctrinal de los ex marranos, que no sabían hebreo y que tenían un conocimiento muy superficial de la religión judía.

Los conversos portugueses vivían en una situación de incertidumbre; el perdón de 1577, que debía haber tenido validez durante diez años, fue revocado en 1579, provocando que muchos de ellos se trasladaran a España. Es en estas fechas cuando los primeros judaizantes portugueses comparecen ante los tribunales inquisitoriales españoles. En realidad, los portugueses fueron a Castilla por la aparente lasitud de la Inquisición española, que había destruido violentamente los focos judaizantes en las décadas anteriores. Por otra parte, la mayoría de los conversos portugueses probablemente se consideraban todavía españoles, ya que no hacía ni un siglo que habían abandonado las ciudades españolas. El imperio comercial portugués empezaba a declinar, ante la competencia de holandeses e ingleses, y España les ofrecía la posibilidad de desarrollar nuevas empresas coloniales en el imperio español, aparte de ejercer otras profesiones.

El 5 de junio de 1605 se promulgó un decreto real que instaba a las autoridades de los puertos y fronteras de España a intensificar el control, pues se temía que los conversos intentaran viajar y asentarse en Ámsterdam o en las Indias para poder judaizar libremente.

La Inquisición española aumentó su actividad represora contra los judaizantes celebrando tres autos de fe en Córdoba, el 2 de diciembre de 1625, el 21 de diciembre de 1628 y el 4 de julio de 1632, en los que declararon 157 herejes leales a la Ley de Moisés.

En 1623, se celebraron en Portugal, sobre todo en Coimbra, diversos autos de fe contra 200 personas. La campaña inquisitorial contra los cristianos nuevos sospechados de judaizar iba en aumento.

Existía un intercambio regular entre las comunidades judías que vivían fuera de la península y las de los cristianos nuevos en España. Los judíos que habían recibido una formación religiosa fuera de la península eran el vehículo idóneo para trasmitir los conocimientos básicos a los judaizantes que aspiraban a saber más.

A finales de 1630, la permanente crisis hispánica llegó a su cumbre. En 1640, Cataluña y Portugal se alzaron contra la monarquía española. El 16 de enero de 1641 se proclamó la independencia de Cataluña, y en Lisboa, en diciembre del mismo año, fue asesinado el virrey y se proclamó nuevo rey al duque de Braganza. Durante los años en que Olivares detentó el poder, el ataque inquisitorial había sido feroz.

En la segunda mitad del siglo XVII, aunque Castilla estaba en decadencia, no por eso disminuyó su actividad inquisitorial; al contrario, las estadísticas de autos de fe parecen indicar un marcado auge entre 1670 y 1690.

Pero, dejando a parte los números y las estadísticas, ¿como debían sentirse los hombres y las mujeres, padres de familias, en todo este proceso inquisitorial? Para los judaizantes, el auto de fe llegaba como el final de años de resistencia, de dudas, de incertidumbres, de sesiones de interrogatorios, de extorsiones, de torturas físicas y psicológicas, de no poder ver a su familia, hijos, marido o esposa. Estos hombres y mujeres, tras salir a la luz del sol una vez celebrado el auto de fe, después de tanto tiempo en lóbregas celdas incomunicadas, buscarían ansiosamente a padres, hermanos, esposos e hijos, sabiendo que no podrían hablar con ellos, ni tocarlos, ni poder darles el último adiós antes de ser quemados en la hoguera. Debían escuchar la sentencia, y escuchar los gritos del gentío que seguía el acto, insultándoles hasta el momento de ser quemados. Algunos, lejos de negar su judaísmo, se ratificaban en él. Algunos conversos emigraron a América, tal vez esperando encontrar la libertad para practicar su fe, una libertad que no encontró el argentino Francisco Maldonado da Silva, médico de Tucumán, hijo de un judaizante reconciliado en 1605. Preso en 1626 (estuvo trece años en la cárcel), se negó una y otra vez a jurar por Jesucristo, hasta que fue quemado en la hoguera.[41]

La supervivencia del criptojudaísmo en España persistió dos generaciones después del gran auto de fe de 1680. Así lo denuncia al rey en 1727 el economista Francisco Máximo de Moya Torres. La multiplicación de autos de fe y de sus víctimas en la segunda mitad del siglo XVII, lejos de desarraigar el criptojudaísmo de España, lo habría aumentado. El final de la guerra inquisitorial contra los criptojudíos empezó con una ola de detenciones realizadas desde 1715 en adelante, seguida por unos doce años en que tuvieron lugar, casi mensualmente, autos en casi todas las ciudades donde había tribunales. El fenómeno seguiría, con intervalos cada vez mayores, hasta 1740, según el estudio realizado por Michael Alpert.

Los judaizantes desaparecen de los archivos justamente cuando el Santo Oficio que los perseguía se modera, a finales del XVIII, momento en que entra en declive hasta ser finalmente abolido a principios del XIX. Los conversos que mantuvieron su identidad como pudieron, fueron social y políticamente discriminados, por lo que se vieron obligados a llevar una doble vida. Los conversos

---

41. Maldonado da Silva es el héroe de la novela de Marcos Aguinis *La gesta del marrano*, Buenos Aires, Planeta Argentina, 1991.

eran, y siguieron siendo, judíos de corazón y su judaísmo se refleja en su estilo de vida y en su visión del mundo.

La historia de todo el «Nuevo Mundo», especialmente de Latinoamérica, estaba íntimamente relacionada con la historia de la Inquisición de España y Portugal. En todas las colonias españolas, holandesas y portuguesas los judíos conversos se establecieron buscando refugio. En algunos lugares, los judíos que habían aceptado la conversión al catolicismo pudieron regresar abiertamente al judaísmo y en otros tuvieron que ocultar sus creencias por miedo a ser asesinados o castigados por la Inquisición, que ya se había establecido en las colonias españolas y portuguesas. Un gran número de personas de Latinoamérica proceden de esta descendencia judía.

¿En qué momento reanudaron los *criptojudíos* su observancia de preceptos judíos e intentaron vivir una vida judía? Los primeros testimonios que hablan de la observancia de preceptos judíos datan de la tercera década del siglo XV.

Según Haim Beinard, no se puede determinar la fecha en la que los conversos empezaron a observar las *misvot*. Probablemente reanudasen su observancia inmediatamente después de haber sido forzados a convertirse o después de haberse percatado de lo que habían hecho, de que el paso que habían dado había sido un error. A medida que pasaban los años se hacían más fuertes los recuerdos de la vida judía anterior, se profundizaba el apego emotivo de los *criptojudíos* a la víspera del *shabat* y la ocasión adquiría un significado especial para ellos.

Los conversos tomaban grandes precauciones para poder cumplir los preceptos mosaicos. Así por ejemplo, en *shabat,* intentaban engañar a los vecinos aparentando que trabajaban, iban a ver a los familiares, donde descansaban y disfrutaban de su compañía y cumplían el *shabat*, o se llevaban un bulto haciendo creer que iban a trabajar y volvían por la noche. Cuando recibían visitas, las mujeres fingían que estaban trabajando, y cuando se iban los visitantes dejaban la actividad. También había familias que iban a huertos y campos fuera de la ciudad a fin de guardar allí el *shabat*. Otro subterfugio al que recurrían era fingirse enfermos en *shabat* para no trabajar. Por otra parte no hemos de olvidar que los conversos que observaban las leyes del judaísmo procuraban no cumplir con los ritos de la Iglesia cristiana. En poblaciones en las que todo el mundo se conocía no era nada fácil, pues el hecho de no cumplirlos provocaba sorpresa primero y luego recelo; y en el caso de los *criptojudíos*, si no asistían a misa enseguida eran señalados como judaizantes. Así se multiplicaban enormemente los problemas de su vida diaria. Los archivos de la Inquisición nos ofrecen un rico documento de descripciones de los medios que empleaban los *criptojudíos* para llevar una vida judía. A muchos de nosotros nos llena de emoción y nos conmueve su grandeza espiritual, luchando por mantener esa forma de vida y por conservar encendida la llama del judaísmo como una luz para ellos y sus descendientes. La base fundamental, la célula natural agrupada para cumplir el precepto o la tradición, era la familia. Dentro de la familia, a partir del núcleo y extendiéndose gradualmente hasta abarcar primero a los parientes más próximos y luego a los más lejanos, se forjaban aquellas relaciones de profunda confianza mutua que permitían a los conversos reunirse para lograr su objetivo anhelado: la observancia de la ley mosaica. Pero la Inquisición tenía clara conciencia de esto, y buscaba testigos precisamente entre el círculo más íntimo de la familia. Tanto en el seno de la célula familiar íntima, como dentro del grupo ampliado de parientes, había profundas manifestaciones de un destino común. Esto era cierto en ciertos lugares, como era el caso de Ciudad Real, tal como lo documenta Haim Beinard, donde la mayoría de los conversos estaban emparentados por matrimonio. Con el tiempo, estos hechos llegaban a ser conocidos más allá del círculo interno familiar, y los *criptojudíos* que acudían de otras partes sabían en qué conversos de la ciudad se podía confiar. Los judíos también sabían en qué casa podían alojarse y en qué mesa podían comer según las leyes de la *kasrut* y cumplir los otros preceptos judíos.

En los *Anusim* afloraba un variado mosaico de una vida judía plena, observando el *shabat*, cumpliendo con el ayuno de *Yom Kippur*, llevando a cabo los ritos funerarios y educando a sus hijos en la fe mosaica; pero les era muy difícil, ya que crecían en un medio cristiano, donde sus actividades estaban vigiladas, y por tanto debían utilizar toda su habilidad para conseguirlo. Tenían una gran fuerza interior para resistir a la presión del entorno y conseguir educar a sus hijos en la observancia de las *misvots*, pero el recuerdo y el conocimiento de las *misvot* se fueron haciendo cada vez más borrosos con el paso de las generaciones, y las leyes mosaicas fueron lo primero que se olvidó; en cambio las costumbres y las tradiciones persistieron en la memoria de los conversos durante siglos y se trasmitieron de generación en generación. Mientras existieron los tribunales de la Inquisición, la presencia de los inquisidores sirvió para recordar a los conversos lo que era la tradición judía y para revivir sus recuerdos del judaísmo. Mientras se juzgó a conversos por judaizar, siguió manteniéndose su judaísmo.

Hoy, Israel debería considerar el establecimiento de un memorial nacional a las víctimas de la Inquisición y debería presionar al gobierno español junto con la Federación de Comunidades Judías Españolas para hacer lo mismo. Éste sería un acto simbólico que serviría para educar a las futuras generaciones sobre el trauma de la Inquisición y poder conceder a las víctimas y a sus descendientes el reconocimiento que justamente merecen.

Los descendientes de los conversos. La búsqueda de la propia identidad

Desde las 10 tribus desterradas de Israel hasta la Inquisición Española, los judíos han sido perseguidos y acosados en todo el mundo. Si bien muchos judíos mantuvieron su judaísmo en el exilio o en la diáspora, algunas comunidades judías se perdieron en el camino debido a las persecuciones, a las conversiones forzadas y a la asimilación.

En las últimas décadas ha habido muchos casos de descendientes de *criptojudíos* que después de cinco o seis generaciones están buscando la forma de retornar a sus raíces, retornar a los ancestros, retornar a aquello que de lo que se les había privado de generación en generación: la identidad judía.

¿No resulta sorprendente el hecho de que aún hoy día haya descendientes de los antiguos conversos que se sientan pertenecientes al pueblo de Israel y quieran retornar a la fe de sus antepasados? ¿Cómo puede ser que después de más de 500 años pueda haber esta llama?

Las profecías nos hablan de que existirá un retorno de los que están «alejados», aunque no hablan de nadie en particular; por tanto, como dice el rabino Nissan Ben-Abraham,[42] «*queda abierta la oportunidad para que cada uno interprete esta promesa según su parecer y actúe en consecuencia. Esperamos y confiamos que el sacrificio de aquellas gentes del Call, hace seiscientos años, y de sus descendientes que fueron quemados hace trescientos, sirva para hacer renacer la identidad judía de los chuetas, chuetons o Anusim. Y para que el pueblo de Israel reconozca que todos aquellos que fueron judíos o sean de ascendencia judía siguen siendo judíos y se puedan reincorporar a la comunidad israelita*».

Las razones del acercamiento de los *Anusim* al pueblo de Israel son variadas y se producen por diversos motivos; por ejemplo, puede ser por el vínculo genealógico que nos une a nuestros antepasados. El problema está en que no se puede tomar como una prueba definitiva por el hecho que un apellido haya pertenecido en el pasa-

---

42. Nissan ben-Avraham, *Els Anussim. El problema dels xuetons segons la legislació rabínica,* Ed. Miquel Font, 1992.

do a personas judías, pues eso no prueba que haya sido un apellido exclusivamente judío. Además, incluso si el apellido es de origen judío, es imposible de determinar la tradición judía de la familia sin un árbol genealógico de varias generaciones. Esto no quiere decir que sea imposible determinar el origen judío de alguien a partir de la investigación genealógica, pero en muchos casos es imposible llegar a una conclusión determinante, por la falta de fuentes y los muchos siglos que han transcurrido desde la época de los conversos.

A veces se adjudica demasiada importancia a la búsqueda genealógica, como si fuera el único lazo que une a los descendientes del pueblo judío con su legado ancestral. Hay otros indicios que pueden ayudar, como la ubicación geográfica; en algunos casos hubo zonas en donde se adoptaron ciertos apellidos específicos. Casos excepcionales son el de Belmonte en Portugal y el de los *chuetas* de Mallorca.

Otras veces el acercamiento se produce cuando se descubre que existen tradiciones en la familia que han pasado de forma oral de generación en generación y que crean en el individuo una conciencia de pertenencia. Es justamente esta sensación de identidad la más fuerte de las motivaciones para retornar al Pueblo Judío.

Otras veces, el acercamiento suele producirse a raíz de la muerte de un ser querido, abuelo, o abuela, originándose una búsqueda para recuperar la identidad, retornando a las raíces familiares y al pueblo de los antepasados. La mayoría de las personas nunca se ponen a meditar seriamente acerca del sentido de su existencia hasta que se produce la muerte de un ser querido. Al pensar en la muerte, pensamos acerca de nuestras vidas, y de pronto nuestra escala de valores se trasforma; lo superfluo, lo banal, queda relegado, y lo importante, los valores espirituales, el bien y el mal, la verdad y el cuestionamiento existencial, aflora con toda su fuerza en primera instancia. A partir de este momento se puede producir un cambio en nuestra vida, cada instante de nuestras vidas puede ser un logro espiritual. Pero ¿cómo se logra en nuestra vida este acercamiento a D'os?

Preguntas en busca de respuestas

Hay una serie de preguntas que hoy se plantean los *Anusim*. ¿Quién soy yo? ¿De dónde provengo? ¿Hacia dónde me dirijo? ¿Cuál es el sentido de mi vida? ¿Qué quiero ser? ¿Qué es lo que me hace sentir parte del pueblo de Israel? ¿Por qué no soy considerado judío o judía si yo me siento judío o judía? Todas estas preguntas inician el recorrido en la búsqueda de respuestas y nos conducen al camino de retorno. Como dice el profesor Eliécer Shweid, «la pregunta acerca de la identidad es la pregunta sobre la relación con el pasado y el futuro».

Desde que abandonó el pecho materno, comenzó Abraham a formularse preguntas acerca del mundo: ¿Cómo es posible que esa esfera se mueva siempre sin que nadie la guíe? ¡Es imposible que gire por sí misma! Abraham vivía en Ur, en Caldea, entre idólatras ignorantes; sus padres y todas las personas adoraban a los ídolos, y él también, pero poco a poco comenzó a comprender. Finalmente llegó al camino de la verdad y entendió cuál era el sendero correcto, gracias a su inteligencia. Supo así que hay un solo D'os, que es quien guía la esfera celeste. Que Él creó todo lo que existe y que no existe fuera de Él otro D'os en el universo. Abraham tenía 40 años cuando conoció al Creador, y una vez que supo de su existencia, comenzó a discutir con la gente de Ur, diciéndoles que ellos no seguían el sendero correcto. También destruyó ídolos y comenzó a enseñar al pueblo que nadie merece ser adorado, excepto el D'os del Universo y que sólo ante Él hay que inclinarse, con el fin de que las generaciones venideras lo reconozcan.

La verdadera indagación debe centrarse en los contenidos del judaísmo, en su legado, en su belleza espiritual, su forma de vida, y esto no se puede encontrar en el legado de los apellidos, ni en el recuerdo de alguna tradición que mantenían nuestros bisabuelos. Si verdaderamente se quiere retornar, no se puede estar reviviendo permanentemente y solamente el legado de unos apellidos; es preciso dar un salto hacia delante y profundizar en nuestras acciones, dando pasos para llegar al lugar donde deseamos, la unión plena con el Pueblo de Israel. Alcanzar a descubrir el sentido de la vida es lo único que puede proporcionar la clave de la realización personal; sólo el descubrimiento de la finalidad de la vida puede brindar a la mujer o al hombre la verdadera razón del deseo de vivir. Al sentirse útiles y necesarios, las mujeres y los hombres encuentran su felicidad. Cuanto más conocemos y estudiamos el judaísmo, cuanto más lo incorporamos, cuanto más lo vivimos, más lo amamos; parece extraño que hayamos tardado tanto tiempo en darnos cuenta de este gran tesoro que poco a poco vamos desenterrando; pero nunca es tarde para aprender y vivir como judía o judío.

El camino de vuelta a casa no es sencillo, hay momentos difíciles, obstáculos que superar, interrogantes que se abren, pero sobre todo hay que aprender a vivir como judío o judía, lo cual no es nada fácil. En este proceso hay muchos momentos de soledad, la soledad en la búsqueda de la propia identidad. La fuerza para continuar el camino de retorno iniciado radica exclusivamente en la fuerza espiritual de uno mismo, pero también es imprescindible contar con la ayuda de un rabino y conseguir la comprensión de la Comunidad. El apoyo familiar también es muy importante. Y si se tiene la ayuda de alguna organización o institución que socorra a los *Bnei Anusim,* mejor. A pesar de las dificultades y obstáculos que se encuentren en el camino de retorno, si se quiere se puede, todo depende de la prioridad que le demos. El retorno al judaísmo es la culminación de una búsqueda espiritual; de modo lento pero seguro, hacemos del judaísmo el centro de nuestras vidas, viviendo como judíos. Convertirse o retornar al judaísmo es incorporarse plenamente a la Familia de Israel, que no es biológica sino conceptual. Nuestro pueblo es una gran Familia, y como tal los lazos familiares nunca se pierden por completo; por eso los *Anusim* no han perdido los lazos con su familia, la Familia de Israel. Todo ello requiere de unos pasos, que deben darse con seriedad, y un intenso trabajo de aprendizaje.

Desde el punto de vista judío, el pueblo judío no es exactamente un «pueblo», sino una FAMILIA. «Casa de Ia'akov», «Casa de Israel», las denominaciones históricamente más difundidas en el seno del Pueblo de Israel, expresan la esencia de este vínculo: es el tipo de vínculo que experimentan entre sí los miembros de una misma familia. Un integrante del Pueblo de Israel está vinculado a su pueblo con un lazo que no es específicamente cultural ni afectivo, como suele suceder en un vínculo de tipo nacional; de hecho, el vínculo entre los judíos ni siquiera depende de la existencia real de una patria geográfica. La pertenencia a una familia, a diferencia de toda otra pertenencia, no es voluntaria: una persona no elige a su familia, y tampoco puede optar libremente por dejar de pertenecer a ella. Un hombre puede no querer a los integrantes de su familia, y aun actuar voluntaria y alevosamente contra ellos, pero ni aun así se disolverá la conexión esencial que lo vincula con ellos.

Tampoco la religión de Israel es concebible como expresión de una verdad eterna, portadora de significado para toda la humanidad. En su conjunto es un camino de vida para la Casa de Israel, un modelo de conducta para la familia de Ia'akov. De este modo, la religión de Israel no es una religión que los judíos profesan, sino la religión especial, propia y connatural a los hijos de Israel. De aquí que no exista en el judaísmo una actividad orientada al reclutamiento de almas. No porque el judaísmo propicie sentimientos de superioridad ni de separación, sino que se trata de una posición que se apoya en un vínculo familiar común a todos los judíos, que les une, y que marca límites, territorios, caminos de vida singulares. Incluso la conversión al judaísmo o el retorno son tomados como una incorporación a la especial familia de Israel; como un ingreso a la familia a través del matrimonio.

Definir lo que une a los miembros del pueblo de Israel entre sí como un lazo familiar, y no nacional, no es una mera cuestión de denominaciones. La esencia del vínculo familiar es distinta, tanto teórica como emocionalmente, de cualquier otra forma de vínculo entre personas. El lazo familiar es un vínculo único en su tipo, y el primero y fundamental entre todas las formas humanas de relación. No sólo es precursor del vinculo nacional, sino también del vinculo tribal. El lazo familiar es primitivo e irracional en su esencia, independiente de toda concepción espiritual, y no expresa sino la sensación de una pertenencia conjunta y común.

El hecho de que los integrantes del pueblo judío ven o sienten el vínculo respecto de su pueblo de este modo, se revela, por ejemplo, en el sentimiento de extremo rechazo que experimenta todo judío hacia quienes se convierten a otra religión, rechazo del que no se libran ni los ateos; es un sentimiento similar al que viven los miembros de una familia respecto de un pariente que rompe relaciones y actúa contra los intereses de los demás integrantes de la misma.

Comprender el fenómeno de la conversión o el retorno al judaísmo podría ayudarnos a comprender la calidad esencial del vínculo que une a los integrantes del pueblo judío entre sí. Porque en contraposición a quienes nacen dentro del judaísmo, cuyo carácter judío es por consiguiente automático, en el proceso de conversión al judaísmo o retorno hay un ingreso consciente a la Casa de Israel. El *guer tsedek* o «converso con justicia» no sólo es absorbido por la Casa de Israel sino que se transforma en parte misma de la Casa de Israel, incorporándose plenamente a la familia.

Lo que verdaderamente fija el cambio, sin el cual la ceremonia religiosa carece de toda vigencia y compromiso, es la voluntad expresa de incorporare y unirse a la Casa de Israel, con todo lo que implica. El converso o el que retorna no se incorpora a la familia de Israel a través de una adopción seudo-familiar de los ancestros de la familia, sino que se convierte en hijo de Israel a partir de la voluntad y deseo fundamental de recibir para sí el judaísmo. La esencia de «la familia de *Ia'akov*» no es, por consiguiente, biológica, sino conceptual. El pueblo de Israel es una unidad conceptual construida a modo de familia; una unidad única en su tipo, que se define desde tal singularidad. El vínculo interno del judaísmo no es un vínculo conceptual que dependa de la aceptación de realidades conceptuales, sino un «vínculo familiar», apoyado en otros estratos de la existencia y del alma. No es necesario que el hijo conozca la verdadera naturaleza del lazo que le une a su padre; puede el hijo negar la existencia del lazo y aun del padre, pero no por ello dejará de ser su hijo.

En esta búsqueda de la propia identidad y de camino de retorno a casa, sería importante que hoy los *Anusim* recibieran ayuda, apoyo y comprensión de las comunidades judías españolas, de Portugal y también de Israel. Al margen de algunas publicaciones en Israel y USA, y de los tenaces esfuerzos de algunas instituciones y organizaciones, como *Shavei Israel,* que se dedican a ayudar a los *Anusim*, falta más interés oficial por los asuntos contemporáneos de los *Bnei Anusim.* Sería importante que el Estado de Israel acogiera y ayudara a los *Anusim* que quieran retornar al Pueblo de Israel.

La travesía hacia la libertad

Para entender nuestro pasado, el pasado de los *Anusim*, hay que adentrarse en las raíces, en la propia historia y en la historia del Pueblo de Israel. En el caso de las islas Baleares, vimos cómo Mallorca, Menorca e Eivissa tuvieron diferentes evoluciones, producidas por la asimilación, el repudio, el sufrimiento, y que en el caso de Mallorca perduró hasta nuestros días. Pero en todos ellos, *«chuetas», «chuetons», «Anusim»*, desde cualquier parte de la antigua Sefarad, España y Portugal, está presente en los *Anusim* un sentimiento de pertenencia al Pueblo de Israel, que se puede expresar con estas palabras:

> Su destino (el del Pueblo de Israel) es mi destino, Mis vínculos son con el Pueblo de Israel por los siglos de los siglos. Yo soy quien soy y nada me cambiará, sólo D'os sabe quién soy.

La evolución que sigue cada *anus* en la búsqueda de su identidad conduce a diferentes caminos. Para unos este camino conlleva a la profundización del judaísmo, cuyos fundamentos no pueden ir separados de la pertenencia al pueblo de Israel, ya que forman un todo, no existe el uno sin el otro. Pero para otros el sentido de pertenencia no lleva implícita la religiosidad.

El hecho de estar asimilados en el espacio y en el tiempo, individual y colectivamente, ha limitado a los *Anusim* en la búsqueda de la libertad. Esta asimilación puede producir aislamiento, y esto conlleva a veces rehuir la responsabilidad de esta libertad, a pesar de que la libertad ha proporcionado independencia y racionalidad, a la vez ha producido aislamiento, pero este aislamiento produce la necesidad de la libertad hacia su origen, su identidad, la identidad judía. Así se empieza a adquirir conciencia de uno mismo, pero eso también conlleva soledad.

La libertad en el tiempo y en el espacio

¿Cuál es el concepto de libertad en el judaísmo? ¿Cuál es, entonces, el significado de la libertad para los *Bnei Anusim*?

Cuando un *anus* se ha liberado de los vínculos exteriores que le hubieran impedido obrar y pensar de acuerdo con lo que había considerado adecuado, adquirirá el significado de libertad y será libre de actuar según su propia voluntad. El hombre puede alcanzar la libertad realizando su yo, siendo lo que realmente es. En el pensamiento judío, el concepto de libertad absoluta y de conocimiento absoluto es D'os. Desde el punto de vista del judaísmo, D'os ha creado el universo porque lo ha querido libremente y el hombre tiene libertad, pero ésta no es absoluta.

El ser humano es quien tiene la capacidad de decidir las etapas y los tiempos del hacer y del abstenerse de hacer. Así pues, *Pésaj*, la Pascua judía no es sólo la conmemoración de una liberación nacional y religiosa; se trata también de la celebración del tiempo recuperado para el hombre que de pronto es libre. El hecho de que cada año revivamos la salida de Egipto, esa repetitiva declaración de independencia de la casa de la esclavitud y de los intentos inacabados de extirpar los signos de la sumisión del corazón, sirve para perpetuar la importancia de la libertad, para enseñarnos que no la debemos olvidar. El recordar es preparación para el goce de lo obtenido. *Pésaj* nos devolvió la palabra, el derecho de opinión, la posibilidad de fluir en el Conocimiento. *Pésaj* nos restituyó la libertad de la que carecíamos.

Del mismo modo que la dimensión del Tiempo es inabarcable, también debe serlo la sensación de libertad. El tiempo de la libertad es la concesión más extraordinaria obtenida con la salida de la esclavitud. *Pésaj* da sentido a nuestra existencia, pues nos permite ubicarnos tanto en el tiempo espiritual como en el espacio, con identidad propia, esta vez por nuestra voluntad.

¿Cómo entendemos la libertad en el tiempo?

Un ejemplo lo tenemos en el *Shabat*. El *Shabat* conlleva una carga especial de significado nacional para el pueblo de Israel, que se constituyó como nación al pasar de la esclavitud a la libertad. El *Shabat* señala la fundación de la nación judía con el éxodo desde Egipto. Los judíos no sólo veneramos al D'os de la Creación, sino también al D'os que se preocupa de la historia de la Humanidad. Éste es el significado que tiene para nosotros el éxodo desde los campamentos de esclavos de Goshen. ¿Que sucede con el *Shabat*? Un día de cada siete, cesa el trabajo en honor al Creador, el séptimo día es sagrado: distinto de los demás. Es una fuente de fortaleza, de renovación y de entusiasmo. Su función principal es la liberación, la paz, la alegría y la elevación del espíritu. El *Shabat* es un gesto colectivo inmemorial de dejar de trabajar para llevar a cabo una celebración.

Dice el Éxodo:

> «Recuerda el día del Shabat para santificarlo. Deberás hacer todo tu trabajo en seis días; y el séptimo día es el Shabat del Señor tu D'os. No deberás llevar a cabo ningún tipo de trabajo; ni tú, ni tu hijo, ni tu hija, ni tu siervo, ni tu sierva, ni el extranjero que esté dentro de tus puertas, pues en seis días hizo el Señor el cielo, la tierra, el mar y todo lo que hay en ellos; por ello el Señor bendijo el séptimo día y lo hizo sagrado».
>
> (Éxodo 20, 8-11)

Y dice el Deuteronomio:

> «Acuérdate del día del Shabat para santificarlo, como el Señor tu D'os te ha ordenado. Deberás hacer todo tu trabajo en seis días. Pero el séptimo día es el Shabat del Señor tu D'os. No deberás llevar a cabo ningún tipo de trabajo, ni tu hijo, ni tu hija, ni tu servo, ni tu sierva, ni tu rebaño, ni tu asno, ni tus animales, ni el extranjero que esté dentro de tus puertas, de manera que tu siervo y tu sierva descansen como tú. Y recuerda que tú eras un siervo en la tierra de Egipto, y que el Señor tu D'os te sacó de allí con mano fuerte y brazo tendido. Por ello el Señor tu D'os te ordenó guardar el Shabat»
>
> (Deuteronomio 5, 12)

Renunciando a todo trabajo el séptimo día, testificamos que el mundo es de nosotros, que no el hombre, sino D'os, es el Señor y Creador del Universo. Fue el tiempo libre del *Shabat* lo que permitió a gente acosada por ocupaciones mantener contacto con nuestras fuentes religiosas, lo que les permitió permanecer cerca de la Torá y de su conocimiento. Fue el *Shabat* semanal lo que brindó al judío su restauración física, emocional, espiritual, psicológica y le permitió superar las condiciones adversas, fue el *Shabat* lo que permitió a los *Anusim* intentar mantenerse como Pueblo.

En nuestra cultura occidental, el día de descanso se convirtió en otro día de trabajo pleno, lleno de recreaciones y diversiones sin descanso, no muy diferente de la rutinaria labor semanal. Vivimos en una época donde tenemos unas obligaciones, trabajar, comprar, etc, y nos preguntamos: ¿cómo puede haber libertad en el tiempo?

Puede haberla porque cada siete días elimino todos los problemas diarios y se habla de *Torá* y nos encontramos con la comunidad. ¿Por qué nos encontramos todos juntos? Aquí aparece no sólo la libertad individual, sino también la colectiva. Nos encontramos juntos porque el hecho de vivir en colectividad el *Shabat* refuerza el concepto de libertad con todos los que compartimos una misma fe. Se refuerza el espíritu de grupo y también de recordatorio.

¿Cuál es el camino que pueden seguir los Anusim? ¿Por qué los Anusim que quieren retornar al Pueblo de Israel necesitan pasar por una depuración? Hay una parábola que puede ilustrar lo que representa la asimilación y por qué es necesaria una travesía hacia la depuración. Dice así:

La princesa que se casó con un campesino

El padre de la princesa, el rey, había entrevistado a varios pretendientes y ninguno era el adecuado. Finalmente el rey dijo: «El próximo hombre que entre a la habitación será tu esposo». Y la princesa aceptó. Y ¿quién entró? El jardinero que atendía las propiedades del rey. Y fue así que tuvieron que casarse. Él no cabía en sí de felicidad y ella estaba desolada. Pero, era así que estaban planteadas las cosas. Se casaron, él preparó la casa y colocó paja sobre los bancos en los que iba a dormir, pero ella no estaba contenta. Al día siguiente le trajo papas, pero ella no estaba contenta. Al día siguiente le trajo los mejores tomates de los campos más fértiles, pero ella seguía sin estar contenta. La princesa volvió al palacio a ver a su padre y le preguntó: «¿Cómo puedo explicarle que yo vengo del palacio del rey? No me puede ofrecer lo que necesito porque ni siquiera tiene idea que existe».

Una persona honesta, temerosa de D'os, llega a las costas de una de esas tierras en las que los valores religiosos son pisoteados. Al principio se siente consternado. Maldice el día en que se vio obligado a ser testigo de tanta depravación con sus propios ojos, y su única esperanza es que El Eterno le permita huir de allí lo más rápido posible. Comprende que jamás podrá traer a sus hijos a esa tierra, pues corren peligro de asimilarse y perder todos sus valores espirituales, el Cielo lo prohíba. A medida que pasa el tiempo, sin embargo, su punto de vista comienza a cambiar. No sólo ya no piensa en irse, sino que eventualmente trae a sus hijos. ¿Cómo sucede ese cambio? ¿Es que los preceptos y la Torá repentinamente perdieron su valor? ¡Por supuesto que no! La Torá es inmutable. Es su propia sensibilidad a los asuntos espirituales la que se ha anquilosado con el tiempo. Su alma se ha acostumbrado gradualmente a su entorno y se ha rebajado.

Así pues, nuestros antepasados, los *Anusim* obligados a convertirse al cristianismo, debieron de pensar que, a pesar de haberse salvado de la hoguera, podrían escaparse, pues no querían que sus descendientes viviesen así, pero poco a poco se fueron asimilando por necesidad de supervivencia y llegaron a adaptarse a la nueva cultura, llegando a perder los valores espirituales de sus antepasados. Pero ¿que está sucediendo ahora? Hoy se está produciendo un despertar y se produce el inicio de la travesía hacia la libertad.

Esta travesía de los *Bnei Anusim* hacia la libertad tiene una similitud con la **salida de Egipto** de los hebreos. Por la cultura de asimilación que tuvieron, por la búsqueda de la libertad pasiva que tuvieron, por las comparaciones en el desierto con la comida de Egipto, por la comodidad, por miedo al cambio, etc. De la misma manera que ellos tuvieron que depurarse, desintoxicarse en el desierto, los *Anusim* también tienen que depurarse de su cultura cristiana, para poder entrar plenamente al Pueblo de Israel.

De la misma manera que sufrir la esclavitud y sentir la libertad dan una sensación diferente que evocarla. Quien no estuvo en Egipto y quien no pudo salir no siente lo mismo. De ahí las diferencias en los tiempos de conmemoración respecto de lo acaecido en *Pésaj* de Egipto. Quien está todavía hoy en el Egipto interior (los *Anusim*) necesita de más tiempo par liberarse.

Vemos por tanto que hay una libertad en el tiempo, dependemos del tiempo, no somos iguales en un momento que en otro, al nacer o al morir. La persona es esclava del tiempo que vive. Como dijimos anteriormente, el pueblo de Israel es liberado en el espacio porque sale de Egipto hacia Canaán, pero también en el tiempo, ya que no llega inmediatamente, tarda 40 años, tiene que pasar un proceso de depuración de toda una generación que ha vivido un tiempo en Egipto y que ha sufrido una intoxicación, tiene que depurar todas aquellas dependencias, los valores que había adquirido en Egipto.

Tiene por tanto que desintoxicarse, en primer lugar debe reconocer que hay un error; en segundo lugar tiene que haber una voluntad de cambiar, y en tercer lugar es necesario un tiempo para ir transformándose.

Lo mismo les sucede a los *Bnei Anusim*. Tiene que haber una depuración de todas aquellas dependencias, aquellos valores del cristianismo, tiene que haber una voluntad de cambio y es necesario un tiempo para transformarse.

Esta travesía de los *Bnei Anusim* hacia la libertad tiene también una similitud con el Shabat. ¿Qué relación tiene el *Shabat* con los *Bnei Anusim*? Entre otras, es recordar que así cómo los *Anusim* perdieron a lo largo de generaciones su práctica judía y el conocimiento del judaísmo, así nos recuerda el *Shabat* la importancia de celebrarlo para mantener vivas nuestras creencias.

Tengamos presente que para la permanencia del judaísmo es tan importante el *Shabat* que en el transcurso de una o dos generaciones, si se abandona el *Shabat*, se produce un deterioro del conocimiento del judaísmo, lo que conduce al abandono de otras observancias religiosas e incluso a la disipación de los valores espirituales del judaísmo.

El *Shabat*, como conmemoración del Éxodo de Egipto, nos recuerda nuestra esclavitud, que es la mejor manera de apreciar la libertad. Por una parte, el *Shabat* pone énfasis en nuestra servidumbre a D'os; por otra, también acentúa nuestra liberación de la servidumbre a manos humanas.

Pone énfasis en la libertad del alma humana, en la libertad de la mente y del cuerpo. El Shabat, por tanto, es una protesta divina semanalmente reiterada contra la esclavitud y la opresión.

La libertad individual y colectiva

En el judaísmo tienen cabida la pluralidad de opiniones y de interpretaciones. El *Midrash* y el *Talmud*[43] tratan precisamente de esto.

> «Esclavos fuimos del Faraón en Egipto...»

En el *Midrash* se dice que los hebreos decidieron estar unidos y preservar el recuerdo del idioma hebreo y de las tradiciones nacionales-religiosas, como la circuncisión. Hay un texto que dice: «En

---

43. Este nombre se deriva de la raíz hebrea *lmd* (enseñar) y equivale a «enseñanza». Con él se designa a una obra compuesta de varios tratados relativos a diversos aspectos de la vida, vistos en la perspectiva de la religiosidad judía. Se trata en particular de normas que interpretan la ley mosaica, pero también de aforismos, anotaciones. Los tratados son: Zeraim (semillas), sobre la agricultura. Moed (estaciones), sobre las festividades. Nashim (mujeres), sobre el matrimonio y el divorcio. Nezikim (daños), sobre las responsabilidades civiles y penales. Kodashim (cosas santas), sobre los lugares y los objetos sagrados y sobre los ritos. Torohot (purezas), a propósito de la limpieza ritual. El Talmud se ha ido formando a través de un largo proceso de crecimiento mediante la aportación de sentencias de los más insignes maestros del judaísmo, desde los tiempos de Esdras (h. 450 a. C.) hasta mediados del siglo VI d. C. El punto de partida es la legislación bíblica sobre la que los rabinos se pronunciaron, bien sea para precisar su contenido, bien para adaptarla a los nuevos cambios de vida. Hubo al principio una colección de sentencias, primero orales y luego escritas (la Misná), a la que se añadió un suplemento (la Tosefta). Sobre estas dos colecciones desarrollaron luego los rabinos sus reflexiones, dando origen a la Gemarah, de donde proviene el Talmud. Del Talmud existen dos recensiones: el Talmud de Jerusalén fue recopilado en Palestina hacia el siglo 111 d. C.: la tradición lo atribuye a R. Johannan ben Nappoha, muerto en el 279, importante para seguir el desarrollo de la halakah y de la haggadah. Está además el Talmud babilonio, escrito en arameo en Mesopotamia, donde florecía una numerosa colonia judía con una renombrada escuela rabínica; el iniciador de este Talmud, según la tradición, fue R. Ariva (muerto en el 247 a. C.), llamado «Rab», el maestro por excelencia. El Talmud de Babilonia es más rico, más completo y está mejor conservado. Al Talmud le corresponde en gran medida el mérito de haber mantenido durante siglos la identidad judía, a pesar de la dispersión entre poblaciones de religión distinta.

virtud de cuatro motivos fueron redimidos los israelitas de Egipto: porque no cambiaron sus nombres, y no cambiaron su idioma, y no revelaron sus misterios, y no anularon la circuncisión.

Pero esta cita se contrapone con otra:

> Cuando murió José, dejaron de cumplir con la circuncisión. Dijeron: «Seamos egipcios». Por eso fue que D'os transformó el mar que los egipcios le tenían en odio.

Aparentemente el pueblo quiso ser liberado, ya que D'os oyó sus quejidos y sus súplicas y por eso les envió a Moisés. De todos modos, la rebeldía fue absolutamente pasiva. El pueblo mismo tuvo siempre muy gratos recuerdos de Egipto, después de haber sido liberado, y más bien sintió animosidad hacia ese Moisés que los conducía por el desierto en plena «libertad». Constantemente se rebelaron contra su líder, diciendo: «Pongamos otro jefe y volvamos a Egipto…». ¿Hemos de entender que Egipto seguía siendo una tentación? Los hebreos eligieron esa situación voluntariamente, dejándose llevar por la «publicidad» delicada de la corte faraónica; vivían más bien, como decimos hoy, *asimilados a la cultura egipcia, sin identidad propia.* No se rebelaron activamente. Luego guardaron gratos recuerdos de una vida cómoda, de un alto «estándar» de existencia con apreciable abundancia material. Pero, a parte de la esclavitud física de los hebreos, había otra esclavitud, la espiritual. Este análisis hecho por Jaime Barylko,[44] nos sirve de ejemplo para los *Bnei Anusim.* Así como los israelitas fueron redimidos por mantenerse en su fe, también los *Anusim* deben de ser redimidos, después de que nuestros antepasados sufrieran el desprecio, la separación y el repudio. Han pasado más de 500 años, y muchos de los *Anusim* siguen sintiéndose judíos. Ha permanecido en ellos el alma judía a través de los

---

44. Jaime Barylko, *La sabiduría del Talmud*, Editorial Sigal, 1998. *El Libro de Dios. La Torá,* Editorial Kier, 1994.

tiempos y también han perdurado algunas de las prácticas judías de nuestros antepasados, disfrazadas de costumbres o tradiciones antiguas. Las generaciones pasadas fueron apartadas, repudiadas, desplazadas, asimiladas; ¿existe entonces alguna excusa para que un judío no permita a su hermano formar parte del Pueblo de Israel, reconociéndolo como tal?

Así como en la salida de Egipto hubo una libertad individual y colectiva, en los *Bnei Anusim* sólo ha exisitido la libertad individual, la colectiva ha de llegar.

Nuestro Pueblo ha sufrido serias heridas en sus miembros espirituales, pero nuestra primera prioridad debe ser preservar la fuerza que lo mantiene en vida, que es la luz de la Torá, como dice el versículo: «Porque es vida para ti y prolongación de tus días» (*Deuteronomio* 30, 20). Cuando el aliento de vida de la Torá ha sido recobrado, el resto de sus miembros ya se curará. Como dicen los Sabios: «La luz en ella los devolverá al camino del bien».

En los Bnei *Anusim* es preciso preservar la fuerza que los mantiene en vida, y que debe ser la luz de la Torá, para permanecer y no extinguirse. En *Una carta para las Generaciones,* de *Rambam,*[45] hay una exposición que nos ayuda a aclarar este punto y a reflexionar sobre las situaciones con que nos enfrentamos en nuestras vidas. Dice así:

La Vela de la Luz Vacilante

Durante toda su vida, Rav Israel Salanter sometió sus pensamientos y sus acciones a un intenso análisis para hallar sus defectos. Se dice que aprendió la importancia de una incesante y ardua labor para su superación a partir del siguiente incidente: una noche, muy

45. Rabino Avraham Jayim Feuer, *Una carta para las generaciones. Iggeret Haramban/La carta ética del Ramban,* con una antología de exposiciones rabínicas contemporáneas, Editorial Yehuda, Buenos Aires.

> tarde, Rav Israel entró por casualidad en la casa de un zapatero. El zapatero estaba trabajando a la luz vacilante de una vela que amenazaba con extinguirse en cualquier momento. «¿Por qué estás trabajando todavía?», le preguntó Rav Israel. «La hora es avanzada. Además tu vela pronto se extinguirá». «Eso es verdad», le contestó el zapatero, «sin embargo, en tanto la vela arda, me es posible trabajar y reparar». Rav Israel quedó profundamente impresionado por estas palabras. Meditó sobre la dedicación del zapatero, y reflexionó lo siguiente al respecto: si alguien necesita trabajar tanto por sus necesidades materiales, con mucha más razón no debería cesar su crecimiento espiritual, en tanto su alma titila dentro de él. Durante varios días, se oyó a Rav Israel pasear por su habitación, a veces cantando lentamente: «En tanto la vela arda, me es posible trabajar y reparar».

Así pues, en tanto la vela de los *Anusim* arda, será posible continuar la travesía hacia la libertad, creciendo día a día espiritualmente, y se podrá conseguir el bien más preciado que muchos *Anusim* desean: la alegría de vivir en libertad retornando al Pueblo Judío.

El retorno a la fe de nuestros antepasados

> La característica de la fe es que la esencia de la verdad no proviene sólo del conocimiento, sino también de la calma espiritual del que la acepta en forma absoluta, sin que nada altere su convicción.
>
> RABINO ABRAHAM KUK

Siempre es posible un retorno a la fe de Israel para aquellos que se han apartado o para aquellos que fueron obligados a convertirse al cristianismo y ahora sus descendientes quieren retornar. Este viaje se conoce como *teshuvá*, que significa retorno. Retornar a Israel, al Señor tu D'os. La sensación directa de lo que realmente es el judaísmo surge de la acción y no sólo de su conocimiento. En nuestra fe es fundamental el concepto de que nunca es demasiado tarde para retornar.

Para poder ser parte integral del Pueblo Judío hay que recuperar la memoria perdida, conocer su historia, sus costumbres, su filosofía, sus leyes y es primordial que este conocimiento se trasforme y se convierta en un estilo de vida, aplicando las tradiciones y costumbres en la vida cotidiana de cada uno. Otro aspecto importante en este proceso es la integración y la vivencia dentro de la vida comunitaria. Por lo tanto el acercamiento exige: conocimiento, sentimiento y vivencia judía.

¿Cuál es el precepto de la fe?

1. Y dijo D'os estas palabras:
2. Yo soy el eterno, tu D'os, que te sacó de la tierra de Egipto, de la casa de la servidumbre.
3. No tendrás otros dioses fuera de Mí.

Shemot 20, 1-2

¿Cuál es la proclamación de fe?

1. La Shemá y sus bendiciones: Shemá, Israel, Adonai Eloheinu, Adonai Ejad.
2. Escucha, Israel, el Señor es nuestro D'os;
3. El Señor es Uno.

La *Shemá* es una proclamación de fe, una promesa de fidelidad al D'os único, una afirmación de judaísmo. Es la primera «oración» que se enseña a los niños judíos. Se recita al levantarse por la mañana y al acostarse por la noche. La Shemá se recita cuando nuestra vida está plena de esperanza; y también cuando ya se han acabado todas las esperanzas y se acerca el final. Ya sea en momentos de alegría o de desesperación, en agradecimiento o resignación, es la expresión de la convicción judía, la histórica proclamación del dogma fundamental del judaísmo.

La fe es la apertura del espíritu humano ante la presencia de D'os. Aprendemos del patriarca Abraham que existen caminos para llegar a la fe, y éstos se hallan al alcance del hombre y de su pensamiento. Los caminos aceptados por la tradición judía y la forma relevante de llegar a la fe en nuestra época son la observación de la naturaleza y la historia. Mediante la observación del desarrollo de la historia judía es posible percibir la existencia de una fuerza orientadora que la guía. La existencia del Pueblo de Israel no es común ni natural. Un pueblo que vive sin territorio ni gobierno a través de miles de años. Un pueblo cuyos enemigos y perseguidores tratan constantemente de destruirlo y borrarlo de la faz de la tierra. No existe otra explicación para su existencia física y espiritual que la existencia de una fuerza sobrenatural.

¿Qué es pues ser judío? Rabi Hayim Halevy Donin[46] lo explica así: el Pueblo de Israel inició su existencia como una familia cuyos orígenes se remontan a Abraham el Hebreo, que vivió hace aproximadamente 3.600 años. La fe monoteísta firmemente sostenida por Abraham y el «pacto con D'os», establecido por él y ratificado por sus descendientes, identificó a esta familia como adeptos a una fe singular. Cuando esta familia y aquellos que se unieron a su fe se extendió, aceptaron la Torá como su ley divina, tomaron posesión de la Tierra que el Señor del Universo les prometió; en ese momento asumieron las características de una nación, con una lengua común, que vive en un territorio determinado, compartiendo un pasado y un destino comunes y ejerciendo los tributos de soberanía nacional. Conforme a su origen, los judíos siempre se consideraron por doquier como integrantes de una familia, a menudo dispersa, pero a pesar de todo una familia. La pertenencia a esa familia queda determinada por vía materna. El hijo de toda mujer judía es considerado un miembro de la misma. Pero esta pertenencia no ha estado nunca limitada por el nacimiento. En todo momento estuvo abierta para

46. *Véase* Rabi Hayim Halevy Donin, *Guía para la observancia del judaísmo en la vida contemporánea*, publicado por la Organización sionista Mundial, Departamento de educación y Cultura Religiosa para la Diáspora, Jerusalem, 1978.

todos aquellos que aceptaron compartir su fe. Así, el convertido al judaísmo, no sólo se asocia con los hijos de Israel en la práctica religiosa, sino que a través de ella el prosélito se convierte en un hijo de Israel, pleno partícipe de su legado y sus privilegios, asumiendo también sus cargas y tribulaciones. Al aceptar su fe judía, el prosélito se incorpora al pueblo o a la nación judía. Al cumplir con los preceptos religiosos del presente y al asumir la misión espiritual del futuro, se une al pasado colectivo.

Este pueblo incluye a personas con distintas tonalidades de piel y con una vasta gama de pluralidad cultural. A pesar de sus facetas múltiples y de los diversos lenguajes que hablan, los judíos se consideran emparentados entre sí: verdaderos hermanos procedentes de una familia semítica común. El sentimiento de parentesco es muy fuerte. El sentimiento de pertenencia que se manifiesta en el pueblo judío es más una experiencia «mística» que un fenómeno racional. Los judíos no constituyen una raza, porque «raza» es un concepto biológico. Tampoco son únicamente una religión o una nación, aun cuando lo sean de acuerdo a las definiciones comunes de los términos «religión» o «nación». De ahí que el término generalmente utilizado es «pueblo». El judaísmo es una forma de vida; que es acción, no solamente un culto.

Seymour Siegal lo expresa muy bien: «No seguimos siendo judíos sólo porque seamos miembros de una sociedad filosófica con elevados principios, seguimos siendo judíos porque somos parte de la comunidad de Israel, que ha aceptado vivir su vida como una comunidad separada, por siempre, obedeciendo a D'os.

En Deuteronomio 6, 4 está escrito:

> «Escucha, Israel. El Señor es nuestro D'os, el Señor es Uno...»

Estas palabras expresan la creencia de Israel en la existencia de un D'os único e indivisible, que creó el mundo y todo lo que existe en él. Separándose radicalmente del politeísmo y de la idolatría,

Abraham, el Hebreo, fue el primero en dar expresión efectiva a esta religión monoteísta, convirtiéndose de este modo en el primer patriarca de los hebreos, o como fueron conocidos por las generaciones posteriores, israelitas o judíos.

El concepto judío de D'os es el de un D'os moral que exige a la humanidad una vida ética y justa. Es un D'os universal cuya soberanía se extiende sobre todo el mundo. La expresión «D'os de Israel» significa solamente la afirmación de la relación especial que Israel considera que tiene con el D'os Universal en virtud del Pacto establecido con Abraham y ratificado posteriormente en diversas ocasiones a lo largo de la odisea espiritual del pueblo judío. Decir «D'os de Israel» es solamente reafirmar nuestro pacto con el D'os Universal. Un D'os que asuma forma humana es considerado incompatible con el espíritu religioso judío, y la representación de D'os en imágenes es prohibida a los judíos. Así lo dice el segundo de los Diez Mandamientos: «No te harás esculturas ni imágenes... no te postrarás ante ellas ni les rendirás culto».

Maimónides define al judaísmo con los 13 principios (1. D'os existe. 2. D'os es único. 3. D'os es incorpóreo. 4. D'os es el primero y nada lo antecede. 5. D'os es el único digno de rezar. 6. Las palabras de los profetas son ciertas. 7. Moshé es el más grande de los profetas. 8. La Torah fue entregada por D'os. 9. La Torah jamás será cambiada. 10. D'os conoce los actos de los seres humanos. 11. D'os recompensa y castiga. 12. El Mesías llegará. 13. Los muertos resucitarán), que son las ideas y conceptos básicos de la fe judía con respecto a D'os, a la Torá. El que los conoce y cree en ellos está dentro del judaísmo. El que no cree en ellos se autoexcluye de la fe judía. A veces, algunos nos hemos preguntado: ¿puede uno dudar de la existencia de D'os y ser un buen judío? La respuesta es Sí, porque nuestras dudas sobre la existencia de D'os no deben ser obstáculos para llegar a ser, o seguir siendo, un buen judío, en tanto se cumplan las leyes judías; pero a la inversa no es cierto, porque quien cree en D'os pero abandona la ley judía no puede ser considerado un buen judío. Así lo describen Dennos Prager y Joseph Telushkin en *Ocho preguntas sobre judaísmo.*

La Torá es la concretización de la fe judía, comprende los términos de su Pacto con D'os. Es lo que hace que un judío sea judío. Y la *halajá* es el término general para la ley judía. Está basada primordial y fundamentalmente en las ordenanzas bíblicas y en los mandamientos de la Torá escrita y oral, como también en la legislación y disposiciones rabínicas. La *halajá* es práctica y se ocupa de la aplicación adecuada de los preceptos (*mitzvot)* en toda situación y circunstancia. La *halajá* exige un compromiso en la conducta, trata de las obligaciones éticas y deberes religiosos y cubre todos los aspectos y relaciones de vida, tanto entre el hombre y sus semejantes como entre el hombre y D'os. La *halajá* es el camino judío para asegurar y perpetuar la forma de vida judía. Si se abandona o se rechaza la *halajá* desaparece también lentamente esa forma de vida, y con esa desaparición se desvanecen los valores característicos y apreciados por el judaísmo. Esto no ocurre de inmediato, lleva de una a dos generaciones, pero ocurre; es el proceso conocido como «asimilación». Comienza cuando los judíos rechazan el judaísmo. Esto es un hecho histórico que, por desgracia, se repite una y otra vez en muchas condiciones y circunstancias diferentes. Donde las observancias distintivas del judaísmo desaparecían, sólo una amenazante crisis de antisemitismo constituía el único factor que retardaba la total asimilación física del pueblo judío.

Por tanto, una vez seamos conscientes de lo que significa formar parte del Pueblo de Israel se inicia este proceso de retorno a la fe de nuestros antepasados. Es conveniente iniciarse realizando pequeños pasos; de hecho un *anus* viene a ser como un bebé que tiene que ir madurando, formándose, aprendiendo, practicando y creciendo día a día, absorbiendo poco a poco las enseñanzas, sin prisas pero con continuidad, comprometiéndose con ese cambio, hasta que deje de ser un cambio por haberse convertido en un hábito. Respecto a esto, Aaron Barth nos dice: no basta solamente con el hábito, que no proporciona más que una educación mecánica. En cambio, el estudio del sentido del hábito, junto con su práctica, constituye el método pedagógico aceptado por la tradición Ésta es la doble senda escogida por la Torá.

El objetivo al que debe aspirar el pueblo judío fue señalado claramente en el acontecimiento al pie del Monte Sinaí: «Y vosotros me seréis un reino de sacerdotes y una nación santa». (Éxodo 19, 6). Ésta es la categoría más excelsa y elevada a la que puede llegar un pueblo. Es evidente que ésta es una misión para todas las generaciones. Un pueblo que estuvo cientos de años sometido a la servidumbre, una generación que apenas dos meses antes había sido liberada de la esclavitud no podía estar en condiciones de alcanzar esta categoría. Esto exigía una revolución espiritual. No era posible elevar el pueblo al nivel requerido solamente mediante una proclamación de principios o por medio de requerimientos abstractos. D'os quiso que este pueblo le prometiera: *«Naasé Ve Nishmá» (cumpliremos y obedeceremos)* (Éxodo 24, 7), elevándose así el nivel de un «reino de sacerdotes y una nación santa»; por lo tanto tuvo que fijarle los instrumentos educativos adecuados que a lo largo de las generaciones modifiquen el carácter, tanto del individuo como de la sociedad.

¿Cómo nos dirigimos hacia una vida plena de sentido? Para el rabino Menajem Mendel Schneerson, la relación entre conocimiento y acción es como la relación entre el alma y el cuerpo. Sin el alma, el cuerpo carecería de vida, y sin el cuerpo, el alma sería incapaz de realizar ni siquiera sus mejores intenciones. Pero, juntos, el cuerpo y el alma forman una unidad saludable. De modo similar, un alumno debe aprender un sistema de valores racional que influya sobre su conducta, pero también debe aprender cierta disciplina de conducta. No existe la educación neutra: un niño asume buenos hábitos o malos hábitos. Una vez que su capacidad cognitiva se desarrolla, se le puede enseñar la racionalidad detrás del sistema de valores que aprendió. El conocimiento y la acción, aun cuando son lados diferentes de una misma realidad, no son adversarios. De hecho son el perfecto complemento el uno del otro. El conocimiento dirige la acción enseñando exactamente qué hacer, mostrando qué instrumentos usar e imbuyendo a nuestras acciones de entusiasmo e importancia personal. La acción contribuye al conocimiento, proveyendo una piedra de toque, la medida por la que juzgamos la verdad de una idea. De modo que el conocimiento es más fuerte cuando se lo traduce en acción, y la acción es más fuerte cuando está imbuida de conocimiento. Sólo podemos lograr esa integración reconociendo que fuimos creados por un único Dos con un único propósito: esta armonía entre pensamiento y acción, entre cuerpo y alma.

Así pues, en este camino de retorno hay dilemas, problemas, crisis, sueños, esfuerzos, sorpresas, caídas, esperanzas, pero todo eso ayuda a hacerse fuertes y a estar seguros del camino que se ha querido escoger. A veces se padece soledad, la soledad de la búsqueda de la propia identidad, y a veces también la incomprensión de la familia. Pero el problema no son las dificultades que uno encuentra en el camino; el verdadero problema está en nosotros. Cuando descubrimos qué es lo que queremos ser, dejamos de pensar en las dificultades, para pasar a la acción y resolver estas dificultades, y así iniciamos el camino hacia donde queremos ir. No podemos obviar que la transmisión de los valores judíos ha perdurado y perdura, así como la fuerza tanto espiritual como humana de las familias, que de generación en generación ha hecho y hace posible la permanencia a lo largo del tiempo del alma judía, el milagro de sobrevivir.

Aunque la voluntad es el origen de una acción, no existe ninguna acción realizada en el vacío; cada acción proviene de una fuente que la precedió. ¿De dónde proviene el deseo de obrar de una manera y no de otra? La repuesta es que la fuente de la voluntad es nuestra *neshamá*, «la representante Divina» que se encuentra en el interior de cada uno de nosotros, y es la fuente y la raíz de la voluntad.

Hay una enseñanza en el *Talmud* que es muy importante para los *Anusim,* y dice*:* Todos los judíos, quienes han vivido o vivirán alguna vez, estuvieron presentes en el momento de la entrega de la Torá, en el Monte Sinaí, si no en cuerpo, en espíritu, y por más generaciones que lleve, esas almas volverán al camino del judaísmo.

También dicen nuestros *sabios* que el proceso de la conversión es como un proceso de recambio de la esencia del alma de cada persona. En el proceso de retorno y conversión se realiza un acto de renovación, al igual que el árbol que pasado el invierno se renueva. El pueblo de Israel también se renueva, florece, tras haber vivido períodos invernales, duros y sombríos, lo cambia todo por permanecer él mismo. Así también lo hacen los *Anusim* en su retorno. Este pueblo que en el plano de su existencia natural se parece al árbol, está vinculado, sobre el plano de su vida espiritual, histórica, a la *Torá*, que también es comparada a un árbol, pues ella es *«el árbol de la vida para los que están unidos a ella»*.

Lo que nos hace judíos es la pertenencia a un pueblo que vive en alianza con D'os. Para participar de él es necesario entrar en esa alianza, que es la *Torá* y adoptarla como forma de vida. Y de ese modo quien retorna y se convierte es considerado igual que quien nació judío.

Nuestros *sabios* lo explican de la siguiente manera: un converso auténtico es una persona que, aunque haya nacido de un vientre no judío, nació con una *Neshamá*, un alma judía. Es esa *Neshamá* la que le empuja a retornar, a «convertirse». O sea, en cierta manera, podemos decir que nació (destinado o con una predisposición a convertirse) «*converso*». Por ese motivo se le compara con un «bebé recién nacido». Un bebé recién nacido hace nueve meses que existe. La diferencia entre el momento antes de nacer y después de nacer es que antes de nacer no es un ser independiente. Del mismo modo, un *anus* que retorna al Pueblo de Israel o un «*converso*», antes de pasar por el proceso de conversión, puede ser considerado un judío en estado «embrionario», y no tiene las responsabilidades de un judío. Una vez que hace *Teshuvá*, se transforma en un judío pleno y forma parte del Pueblo de Israel, en donde cada judío está presente en cada uno de los otros judíos, pues el alma del pueblo judío se refleja en el alma de cada judío y las almas de todos los judíos se reflejan en el alma del pueblo judío.

Nuestra supervivencia

> La pasión del conocimiento en sí, el amor de la justicia hasta el fanatismo y el afán por la independencia personal expresan las tradiciones del pueblo judío. Por eso considero el ser judío como un regalo del destino.
>
> Albert Einstein

El judaísmo nos recuerda en todo momento quiénes somos, de dónde venimos y hacia dónde nos dirigimos. Shimón Bar Iojai decía a sus discípulos: «Desgraciado el hombre que sólo ve en la interpretación de la ley la recitación de una simple narración, relatada en palabras de uso común. Las palabras que nosotros leemos en la *Torá* son tan sólo la túnica exterior. Cada una de ellas contiene un significado más alto del que nos es aparente. Cada una contiene un misterio sublime que nosotros debemos persistentemente tratar de penetrar. Los que toman el vestido exterior no hallarán mucha felicidad, los que tan sólo juzgan al hombre por su indumentaria exterior están llamados a ser desilusionados, pues son el cuerpo y el espíritu los que hacen al hombre. Debajo de la indumentaria de la *Torá*, que son las palabras, y debajo del cuerpo de la *Torá*, que son los mandamientos, está el alma, que es el misterio oculto. Es el misterio oculto el que hace a la ley dada por D'os superior a todas las leyes hechas por el hombre. Hay un alma dentro de un alma, que se alienta con la ley. Uno de las principales enseñanzas que nos legó Rabí Shimón Bar Iojai es que los judíos somos individualmente responsables por nuestro prójimo, y como ejemplo relató el siguiente caso: «Cierta vez, uno de los pasajeros de un barco tomó un pico y comenzó a hacer un orificio debajo de su asiento. Los restantes pasajeros comenzaron enseguida a reprenderlo, a lo que él les respondió: «¿Qué les importa a ustedes lo que yo hago debajo de mi asiento? ¡He pagado por él!» «¡Tonto! –replicaron los pasajeros– ¡Tú has pagado por el viaje, pero no tienes derecho a perforar el barco, ni siquiera debajo de tu asiento, porque nos hundiremos todos!» Lo mismo ocurre con el Pueblo Judío, el comportamiento de cada uno influye sobre los demás».

Cada uno recorre a lo largo de la vida un camino individual y/o colectivo de encuentro y reencuentro con nosotros mismos, con nuestro pueblo, el Pueblo de Israel y con el judaísmo. Desde cualquier parte de Sefarad, en Castilla, en Cataluña, en las Islas Baleares, en Andalucía, en Galicia, en Asturias, en Valencia, en Murcia, en Aragón, en Portugal, ya sea en el norte, en el sur, en el este o en el oeste de la Península y mas allá de Sefarad, los *Anusim,* chuetas, *chuetons o* marranos forman una gran familia, tenemos en común el sentido de pertenencia al Pueblo de Israel. Nos unen por tanto unas raíces, nos une nuestro amor al Pueblo de Israel, nos une una historia, un pasado y nos une el deseo de supervivencia. Los *Anusim* son parte del Pueblo de Israel, parte del Pueblo de nuestros antepasados y los vínculos están con el Pueblo y la Tierra de Israel a la cual nos sentimos unidos.

Hay un bello salmo grabado en hebreo que se encontró en la muralla de la Vila, en Eivissa, en la pared de la plataforma del baluarte de Sant Jaume, que parece ser obra de un converso del siglo XVII o XVIII.

El salmo tiene un gran sentido para los *Anusim,* y dice así:

> El enemigo te puede sacar de la Humanidad, deja este camino y anda a través de la roca como antes con alegría. ¿Qué es lo que ha pasado que estás dormido? ¡Levántate y llama a D'os!

No olvidemos que nuestra alma judía ha permanecido a lo largo del tiempo y esta travesía iniciada por los *Anusim* lleva hacia la libertad, hacia el retorno, hacia nuestra tierra, la Tierra de Sion y Jerusalem, tan maravillosamente expresado en este hermoso fragmento de la Hatikva, Himno Nacional de Israel.

Mientras palpite el corazón de un alma judía
y rumbo a Oriente dirija la mirada
no estará aún perdida nuestra esperanza,
esta esperanza de dos mil años,
de ser un pueblo libre en nuestra tierra,
la Tierra de Sión y Jerusalem.

Ser judío o judía, por tanto, es formar parte de un pasado, una alianza con D'os, cuyos términos se encuentran expresados en la *Torá.* Se trata de un compromiso vital que abarca todos los aspectos de la existencia humana. La existencia y el destino de nuestro pueblo dependen menos de factores externos que de conservar la fidelidad a nuestra tradición moral, que durante siglos nos mantuvieron vivos pese a las tremendas tempestades que desataron sobre nosotros.

El caso más reciente de tempestad en los *Anusim* tuvo lugar en Portugal y fue contra el capitán Barros Bastos. El Capitán Carlos Barros Bastos nació en un pueblecito de Oporto, en 1881. Era descendente de *Anusim,* y como muchos de los *Anusim* de su tiempo, creció en una familia donde la memoria de la fe judía se mantenía, aunque fuese a escondidas. Sus abuelos encendían las velas la noche del viernes y observaban algunas de las tradiciones judías. Pero fue en 1916, según el historiador Howard M. Shacer, cuando Barros, que luchaba en el frente europeo en Flandes, vivió una experiencia que marcaría un punto de inflexión en su vida. Una noche de viernes entró en la tienda de un oficial que era judío, vio como éste encendía las velas y le preguntó qué significaba. El oficial francés le explicó que era una tradición judía de *Shabat*. Para Barros Bastos la memoria borrosa de los rituales de sus abuelos pasó de golpe a ocupar el centro de atención. Después de un tiempo, tomó la determinación de hacer una conversión formal al judaísmo, superando numerosos obstáculos hasta llegar a Marruecos, donde logró retornar a la fe de sus ancestros, tomando el nombre de Abraham Ben Rosh. Él tuvo el coraje de aceptar abiertamente sus raíces judías después de más de cuatro siglos del paso y huella de la Inquisición en Portugal. De regreso a Oporto se casó con una judía. A partir de entonces dedicó parte de su vida para que sus hermanos criptojudíos pudiesen salir de la clandestinidad y retornar al Pueblo Judío. Viajó de pueblo en pueblo para asegurar a sus gentes temerosas que por fin era seguro practicar el judaísmo abiertamente. Así lo cuenta la escritora Rufina Bernardetti Silva Mausenbaum, descendente de *Anusim* portugueses.

El centro neurálgico del movimiento de Barros Bastos para retornar los *Anusim* al Pueblo Judío fue la sinagoga Mekor Haim de Oporto, construida en 1920. Comprendiendo lo importante que era la educación, Barros creó en la misma sinagoga una *Yeshivà* (centro de estudios rabínicos), que funcionó durante nueve años, con alrededor de 90 alumnos. La sinagoga fue el centro de un resurgimiento de vida judía, pero desgraciadamente duró poco. Hoy, cuando visitamos esta extraordinaria, bonita y majestuosa sinagoga de Mekor Haim, que significa «Fuente de Vida», no podemos dejar de pensar que allí donde hoy estamos nosotros estuvieron muchos de nuestros antepasados. La sinagoga Mekor Jaim, hogar de un pasado histórico, simboliza hoy la esperanza del renacimiento del judaísmo en Portugal.

Pero todas estas actividades de Barros Bastos no pasaron desapercibidas para la Iglesia católica, que no veía con buenos ojos el retorno de muchas personas al judaísmo. Fue en 1935 cuando un capellán de Oporto llamado Tomaz Correia da Luz Almeida fabricó una trama contra Carlos Barros Bastos, acusándolo de homosexual y de actos indecentes, como chupar la sangre de los recién nacidos durante la circuncisión. Acusaciones que fueron apoyadas por la jerarquía de la Iglesia católica. Para frenar el flujo de conversos que volvían al judaísmo, el capellán Almeida presentó a la policía los cargos inventados contra Barros. El fiscal de Oporto los admitió, consiguiendo que la Armada Portuguesa iniciase un proceso militar contra Barros. Después de más de dos años de un interminable proceso, en 1937 el caso fue finalmente desestimado por falta de evidencias. Pero el mal ya estaba hecho. Estos hechos dieron lugar a la desintegración del movimiento de retorno al judaísmo que Barros había iniciado. Los miles de *Anusim* comprendieron de forma rápida el mensaje: aún no era seguro retornar al judaísmo. Así pues se esfumaba el movimiento *Anusim*, en espera de tiempos mejores.

Finalmente, en 1943, el ministro de Defensa de Portugal expulsó del Ejército al capitán Carlos Barros Bastos, humillándolo y poniendo fin a los esfuerzos que había dedicado a los *Anusim* portugueses. Barros murió en 1961, desolado y sin ser nunca rehabilitado por la justicia.

Llevamos mucho tiempo esperando que el gobierno de Portugal rehabilite al capitán Barros, por justicia y dignidad, y que le sea devuelto el prestigio que se merece. Es un deber y una obligación histórica con él, con sus descendentes, con los *Anusim* de Portugal y con el pueblo judío.

La valentía y coherencia del capitán Barros, no renegando de sus raíces, volviendo al judaísmo y defendiendo al pueblo judío hasta el último aliento, puede servir de ejemplo para otros *Anusim*. Hoy tenemos el orgullo y la dignidad de poder ver la comunidad actual de *Anusim* de Oporto, estudiosa de la fe de sus antepasados, que siguiendo los pasos del capitán Barros, vuelve a casa, retorna al Pueblo de Israel.

¿Que dificultades tiene hoy el Pueblo de Israel para su supervivencia? El Pueblo Judío tiene en la actualidad tres dificultades. La primera es primordial: la permanente puesta en cuestión de la existencia del Estado de Israel por sus vecinos árabes, apoyados por el silencio de algunos gobiernos europeos que no son capaces de mover un dedo para defender al Estado de Israel. La segunda es la asimilación y la tercera, la judeofobia. Pero de todo lo que le sucede al Pueblo de Israel ya nos habla la Torá.

1. *El cuestionamiento de la existencia del Estado de Israel*

La Torá cuenta que D'os promete a Abraham que la Tierra de Israel sería patrimonio entero de su simiente:

> Por cuanto toda la tierra que puedes ver te la daré a ti y a tu simiente para siempre (Génesis 13, 15)

No obstante, D'os puso condiciones a Israel para que pudieran permanecer en su tierra. En la Torá, D'os advierte a Israel que si no cumplen los preceptos ordenados serían exiliados de Erez Israel y la tierra permanecería desolada. Pero una vez que los judíos fueran exiliados de su tierra, ¿qué nación llegaría a conquistarla?, ¿qué pueblo lograría asentarse en ella? La Torá también habló sobre este punto:

«Y desolaré la tierra [de Israel], y vuestros enemigos que habiten la tierra estarán desolados en ella. Y a vosotros os esparciré entre los pueblos... y estará vuestra tierra desolada y vuestras ciudades serán ruinas». (Levítico 26, 32, 33).

¿Quién hubiera predicho que, así como el pueblo judío tendría una historia tan especial, también su territorio tendría una historia tan singular?

La historia del pueblo de Israel comenzó hace unos 4.000 años (aprox. siglo XVII antes de la era común) con los patriarcas Abraham, su hijo Isaac y su nieto Jacob. Israel se transformó en nación hace más de tres mil años. Desde que los israelitas se establecieron por primera vez en la tierra de Canaan, hace 3.500 años (aprox. 1.500 antes de la era común), nunca dejaron de vivir judíos allí, aunque a veces llegaron a ser minoría en su propio país. La mayoría tuvo que huir o fue expulsada, pero nunca la abandonaron por completo. Un gran número de judíos fueron exiliados a Babilonia. Los babilonios conquistaron el territorio y desterraron a la mayoría del pueblo, pero en el año 515 antes de la era común, después de que Babilonia fuese conquistada por los persas, los judíos volvieron a reconstruir y restablecer el Segundo Reino, simbolizado por la reconstrucción del Segundo Templo. Alrededor de quinientos años después, en el año 70 de la era común, la destrucción del Segundo Templo, por los romanos y la caída del Segundo Reino, produjeron un golpe muy fuerte para el pueblo judío.

Durante casi dos mil años, este pueblo se desparramó de un confín al otro de la Tierra, desprovisto de una patria, sin una organización nacional unificada o fuerza política que mantuviera el contacto entre las comunidades dispersas por todo el planeta. Un período largo de persecuciones, sufrimientos y exilios durante el cual naciones enteras desaparecieron de la faz de la Tierra, pero el Pueblo Judío sigue existiendo.

No ha habido casi ninguna generación en la que no se nos haya enfrentado algún enemigo para destruirnos físicamente, o para intentar impedirnos el estudio y observancia del judaísmo. De entre todos los pueblos de la Antigüedad, el Pueblo Judío sobrevive hasta el día de hoy, con su carácter nacional y su propósito intacto; y todo esto a pesar del exilio y a pesar de haber perdido su soberanía –durante la mayor parte de su existencia– de la tierra de Israel.

Mark Twain escribió:

> Todos son mortales, salvo el judío. Todas las fuerzas perecen, mas él permanece. ¿Cuál es el secreto de su eternidad?

También el filósofo francés Jean Paul Sartre escribió sobre el tema:

> No puedo juzgar al Pueblo judío según las reglas normales de la historia de la humanidad. El pueblo judío es algo que está por encima del tiempo, y por tanto no puedo juzgar sobre el problema de relaciones Israelo-árabes sin tener en cuenta este punto. ¿El secreto de su eternidad? ¡La promesa de la Torá!

Esto que sucede al pueblo de Israel lo encontramos escrito en la Torá:

> Y el Eterno te dispersará entre todos los pueblos desde un extremo al otro de la Tierra». (Deuteronomio 28, 64). «Y entre aquellos pueblos no encontrarás tranquilidad y no habrá descanso para la planta de tus pies».

La mayoría del pueblo se dispersó por todos los países, soñando volver algún día, restablecer su independencia y restaurar su existencia nacional. A lo largo de los siglos, el país fue invadido y dominado por una serie de ejércitos invasores y conquistadores: romanos, bizantinos, árabes, croatas, turcos y finalmente por los británicos durante la Primera Guerra Mundial.

Pero sólo al final del siglo XIX comienza a organizarse un retorno, que tenía como objetivo el establecimiento de un Estado judío independiente y soberano. Sionismo es el nombre de este movimiento organizado. El sionismo fue y es la lucha por la liberación nacional y por la cristalización de una identidad nacional, la de un pueblo que durante siglos fue obligado a ir de país en país.

Theodor Herzl,[47] en su libro titulado *Der JudenStaat (El Estado judío),* avoca por el retorno político de los judíos a su Tierra, y dice:

> «Somos un pueblo a quien no se nos ha permitido vivir entre los otros pueblos. Sólo nos queda una solución: una reunión de los judíos del mundo reintegrados en su país».

Esta tierra, Eretz Israel, que se encuentra en el cruce de tres Continentes (Asia, Europa y África), durante cerca de dos mil años de exilio del pueblo judío se ha negado a albergar a las naciones que llegaron a conquistarla y quisieron establecerse en ella. El fracaso de los pueblos en su intento por establecerse en Eretz Israel ha sido notorio, valga el ejemplo del dominio turco. Durante los primeros cincuenta años, los esfuerzos de los turcos por hacer revivir Palestina fructificaron y la población llegó a los trescientos mil habitantes. Pero la Divina Providencia envió una serie de desastres «naturales» y tragedias humanas que diezmaron a la población. La tierra sufrió varios terremotos, las langostas destruyeron los cultivos y trajeron hambre a los habitantes, y se registraron plagas que mataron a miles de personas. Una y otra vez, las tropas invasoras la atravesaron en todas direcciones, y todo el progreso de cincuenta años terminó por esfumarse. En un lapso muy breve todo volvió a la desolación, la ruina habida antes de la invasión turca continuó durante los años del exilio. Ninguna otra nación logró volver a cultivar la tierra y cosechar sus ricos productos.

Cuando hace aproximadamente dos siglos llegaron las primeras colonias judías, hallaron la tierra desolada y vacía, con una población de apenas varias decenas de miles de habitantes, pero con la llegada de inmigración judía a gran escala, la tierra comenzó a dar sus frutos librándose de su desolación. Nuestra

47. Theodor Herzl, *El Estado Judío*, Editorial Riopiedras, Barcelona, 2004.

generación es testigo de este extraordinario fenómeno: con nuestros propios ojos vimos que la Tierra de Israel aguardó fielmente el retorno de su pueblo para volver a producir sus frutos; donde todo era árido se convirtió en un vergel.

¿Qué sucedió a partir de este momento? En 1947 las Naciones Unidas decidieron la partición del territorio en dos Estados, uno árabe y uno judío. Los judíos aceptaron la propuesta, pero los Estados árabes vecinos la rechazaron y decidieron invadirles. Siete ejércitos árabes se lanzaron sobre el naciente Estado de Israel. En contra de todas las predicciones, Israel los venció.

¿Qué ha pasado desde entonces?

Israel continua prácticamente sola. Entre el mundo árabe que la rodea y que quiere su desaparición, y Europa que calla, se encuentra este pequeño país que ha estado siempre en el punto de mira del terrorismo. Desde su fundación en 1948, el Estado de Israel ha soportado el acoso del mundo árabe, que nunca ha aceptado su derecho a existir. Israel constituye sólo la séptima parte del 1% de lo que conocemos como «mundo árabe». La Liga Árabe representa más de 650 veces la superficie del territorio israelí. Existen 21 países árabes en el Próximo Oriente y un solo estado judío, Israel, que también es la única democracia en la región. Las agresiones de los estados árabes se han traducido en dos guerras –la de «los seis días», en 1967, y la del *Yom Kippur,* en 1973–, y actualmente en el golpe continuo del terrorismo, con proclamas llamando al mundo árabe a «borrar de la faz de la tierra a Israel», y afirmando que hay arsenal nuclear y proyectiles apuntando a Israel.

Uno de los puntos clave en el desarrollo de las sociedades es la educación; de la educación depende la supervivencia, y es la base de la convivencia y del futuro de los pueblos. Desgraciadamente, en países totalitarios y dictatoriales, la educación y los valores que se transmiten son dictados por los que mandan, hay una falta de libertad y de crítica en el mismo sistema, porque ésta no está permitida, y también se da en ciertos casos una cultura del odio. Lo peor que puede pasar es que un pueblo eduque en el odio, ya que en tal caso la convivencia y la paz se hacen difíciles.

En estos momentos, el peligro de la supervivencia del Estado de Israel no está en Europa, aunque haya judeofobia; el gran peligro está en el islam fundamentalista, pero no sólo para los judíos, sino también para Europa.

A pesar de los peligros que nos acechan hoy, debemos recordar que, a lo largo de la historia, el Pueblo de Israel ha permanecido. Si hemos de creer en las estadísticas, los judíos representan solamente el uno por ciento de la población mundial, lo que equivale a un minúsculo grano de polvo en la Vía Láctea. Sería natural, por ende, que escucháramos sobre ellos de tanto en tanto. Sin embargo, permanentemente escuchamos sobre ellos, sentimos la presencia del Pueblo Judío en el mundo, en no menor medida que las demás naciones. En todas las épocas llevó a cabo su lucha, y salió de ella siempre triunfante, a pesar de que muchas veces la lucha fuera desigual. Los egipcios, los persas y los babilonios surgieron y llenaron la tierra de sus voces poderosas, y luego empalidecieron, para apagarse después, convertidos en meros reflejos de lo que fueron. Luego vinieron los griegos y los romanos, fundaron grandes imperios, que a su vez cayeron y desaparecieron. Otros pueblos despertaron de pronto, se convirtieron en grandes soles durante un cierto tiempo, pero luego se apagaron y hoy en día se hallan en la hora del crepúsculo, o han desaparecido por completo. Pueblos valientes desaparecieron, y sólo permanece el pueblo judío. El judío los vio a todos ellos, los venció a todos, y hoy sigue siendo lo que fue. No está en decadencia, no tiene dolencias de ancianidad, ni se han debilitado sus miembros, ni ha perdido la fuerza. Su alma está despierta y sigue siendo activa y llena de vigor. Así lo explica Mark Twain en *Sobre el milagro de la existencia judía.*

Pero es en el *Zohar* (El libro del esplendor) de la literatura cabalística, escrito en el dialecto arameo peculiar de la literatura mística, dado a conocer a fines del siglo XIII por el erudito cabalista Moisés de León, y atribuido a Shimón Bar Iojai, donde se hacen estas cuatro predicciones:

1. Los árabes dominarían la Tierra de Israel durante el periodo del exilio.
2. En el tiempo de su dominio, la Tierra estará desolada.
3. De manos de los árabes (y no de otros) la Tierra volverá a los judíos.
4. «*Ellos impedirán a los hijos de Israel retornar a su lugar...*»

Estas palabras del *Zohar* se han cumplido. Los árabes han dominado la Tierra de Israel durante casi 1.300 años, pero durante su dominio el país estuvo siempre desierto y desolado. Y cuando al fin los judíos comienzan a retornar a su patria, surge el problema palestino, que dificulta el asentamiento judío en Tierra Santa. Una vez más observamos la similitud impresionante entre lo acontecido en la historia y lo que figura en las diversas fuentes del judaísmo.

2. La asimilación

A pesar de la Inquisición, los pogromos, el Holocausto, las guerras promovidas por los árabes contra el recién creado Estado de Israel y las que han seguido, el Pueblo de Israel ha permanecido, aunque lamentablemente se han perdido más judíos por la asimilación en esta época que en toda la historia.

Mientras la ola de antisemitismo que se expande por gran parte del mundo, y en particular por los países árabes y Europa, existe hoy una fuerza mucho más destructiva, que nos hace poner en alerta sobre la existencia del judaísmo europeo. Son los achaques de la asimilación, golpes más duraderos y dolorosos, ya que son mucho más difíciles de reparar.

El hecho es que, salvo excepciones, la comunidad judía de Europa está disminuyendo gradualmente, contrayéndose cuantitativamente como resultado del declive de nacimientos, el envejecimiento de la población y el número creciente de gente joven que contrae matrimonio fuera del Pueblo. Según datos del profesor Sergio Pergola de la Universidad Hebrea, había algo más de un millón de judíos viviendo en Europa occidental al principio del 2002. De estos, cerca del 80 por ciento se encontraban en Francia y en el Reino Unido, el hogar más grande y fuerte para la población judía europea. Sin embargo, a pesar de la riqueza de las instituciones comunitarias y la abundancia de organizaciones judías, el judaísmo, tanto en Francia como en Gran Bretaña, ha sufrido un declive constante. Un estudio realizado en diciembre de 2002 por el Instituto de la Agencia Judía para la Política de Planificación para el Pueblo Judío reveló que el número de judíos en Francia había disminuido de 535.000, en 1980, a unos 500.000. Una pérdida del más del 6 por ciento en tan sólo dos décadas. Para el judaísmo británico fue incluso peor. Según la Comisión de Diputados, el número de judíos en el Reino Unido era de 430.000 en 1951, pero sólo de 283.000 en 1986, y en los noventa, había decrecido hasta quedar reducido a la tercera parte de los que había en los años cincuenta. Y esta tendencia parece acelerarse, mientras que los factores negativos tras la crisis demográfica se consolidan. De hecho, tanto en Inglaterra como en Francia, el número anual de fallecimientos en la comunidad judía ya supera el número de nacimientos. Por lo tanto no es de sorprender que en un largo artículo publicado en la edición de 2002 del *American Jewish Year Book*, el Profesor Della Pergola estime que «el judaísmo francés sufrirá un lento pero constante declive de 520.000 en 2000, a 480.000 en 2020, a 380.000 en 2050 y a 300.000 en 2080. Esto significa que en tan sólo 75 años aproximadamente el número de judíos en Francia se verá reducido a casi la mitad. Incluso en países donde los números se han mantenido bastante estables, como España o Italia, o en los que han aumentado, como Alemania, es debido al flujo de inmigrantes de la antigua Unión Soviética, y últimamente de Argentina, y no por una vitalidad inherente a la propia comunidad local.

Esta situación preocupante debería hacer sonar campanas de alarma en el mundo judío. El judaísmo europeo está desapareciendo lenta pero decididamente ante nuestros ojos, desdibujándose, debido a la asimilación. No cabe duda de que existe un peligro creciente, aparte del antisemitismo, y es el de la extinción. Tanto uno como el otro son de vital importancia para la supervivencia, pero evidentemente la amenaza de la asimilación es más preocupante, por lo tanto es necesario empezar a tomar conciencia y poner remedio para que los judíos aprecien más su judaísmo, si se quiere existir. Sólo reconociendo el alcance del problema y tomando medidas podrá el judaísmo en Europa, en particular, y el mundo judío e israelí, en general, salvar la situación. Cuando hay judíos que están abandonando sus raíces, Israel tiene hoy la oportunidad de recuperar a los *Anusim* después de tanto tiempo de estar perdidos y puede ayudar a aquellos descendientes de los conversos que quieran retornar al Pueblo Judío. En España, Portugal, Latinoamérica, hasta el sudoeste de Estados Unidos y en cualquier rincón del mundo donde haya *Anusim*, es hora de darles la bienvenida de vuelta a casa. Por tanto, viendo la situación actual del mundo que nos rodea, que no difiere de otras épocas, todo judío es vital y necesario para su pueblo, y de cada uno de nosotros y de todos nosotros depende nuestra supervivencia física y espiritual y la supervivencia del Pueblo de Israel.

3. La judeofobia

Los casos de persecución de judíos son numerosos. Ni las amenazas, ni la promesa de recompensas en las pilas bautismales pudieron vencer la determinación de los judíos, perseguidos, expulsados, castigados y sometidos a leyes infames y humillantes, excluidos de innumerables oficios, cercados en barrios, acusados de envenenar los pozos de agua y de hacer el pan con la sangre de los niños cristianos. Ni todo eso, ni los nazis, que querían la exterminación total del Pueblo Judío, han podido eliminarlo ni tampoco lo conseguirán los que hoy quieren eliminar al Estado de Israel.

El antisemitismo, la judeofobia, ha existido en todas las generaciones y en todas las épocas. En algunos países, el motivo de este odio era porque se separaban de la sociedad, mientras que en otros era porque querían apoderarse de los mejores puestos. A veces se los menospreciaba porque eran pobres y portaban gérmenes. En otras ocasiones porque se apoderaban del capital del país. ¿Cómo es posible que existan factores tan diversos y hasta contradictorios para generar antisemitismo? No obstante, la Torá vaticinó hace más de tres milenios:

> «Y serás motivo de escarnio *(Lishniná)* y ejemplo de desolación en todos los pueblos en que D'os te conducirá». (Deuteronomio 28, 37).

Rashí explica que la palabra hebrea «Lishniná» debe entenderse así: «Hablarán de ti». Es decir, que la Torá predice que las naciones hablarán del judío y será tema de conversación. Hay naciones de las que casi no se escucha hablar; en cambio, de los judíos, sin nación o con ella, siempre se ha hablado de forma desmesurada. Hoy en día, en la prensa, en la televisión, en las reuniones de la ONU, etc., el tema de Israel y de su tierra es constantemente tema de actualidad. ¿Hay alguien en el mundo que no haya oído hablar sobre los judíos?

Los emplazamientos judíos en el mundo fueron totalmente pacíficos. No existe un solo ejemplo de intento de sedición política de los judíos en los países donde se establecieron. Mientras los cristianos hicieron guerras santas para expandirse por toda la geografía y obligar a todo hombre o mujer a convertirse a su fe, al igual que los musulmanes, los judíos lo único que han querido a lo largo de su historia es vivir en su tierra, la Tierra de Israel. No han hecho guerras santas, ni han querido ocupar tierras a lo largo de la geografía, ni han obligado a hombres o mujeres a convertirse, pues está prohibido en el judaísmo. Lo único que han deseado es vivir en la tierra que les pertenece, Israel. De generación en generación han tenido que recorrer un largo camino para poder mantenerse en su Tierra. Aun hoy vemos cómo se sigue atacando a Israel y amenazándolo con arsenal nuclear y proyectiles. Ante estas pruebas, ¿cómo puede nadie dudar de que Israel tiene el derecho y el deber de defenderse?

¿Cómo puede ser que un país tan minúsculo (es más pequeño que Cataluña y cabe cinco veces dentro de los territorios árabes) genere tanto odio? La historia de la judeofobia se remonta a tiempos muy lejanos y ha perdurado y perdura hasta el día de hoy. A lo largo de la historia se ha culpabilizado a la población judía de los males de la humanidad, y ahora también se culpa a Israel por el conflicto del Próximo Oriente.

Podrían pensar algunos que siempre ha habido odio entre grupos, pero el odio a los judíos es permanente y único, es el odio más antiguo y obsesivo. Como dice el profesor Gustavo Perednik,[48] «la singularidad de la judeofobia radica en que es antigua, generalizada, permanente, profunda, obsesiva, peligrosa y quimérica». No ha habido ningún pueblo que haya acumulado a lo largo de la historia tanto odio, un odio tan profundo que ha llevado a cometer atrocidades como la Inquisición, los

48. Gustavo Daniel Perednik, *La judeofobia*, Editorial Flor del Viento, 2001.

pogromos, el Holocausto, etc. Aún hoy, hay sectores antijudíos que llegan a negar la existencia del Holocausto en un intento de reescribir la historia reciente.

La judeofobia es una enfermedad social que consiste en el odio hacia los judíos, una actitud intrínsecamente irracional. Shmuel Etinger nos explica que «es un fenómeno que se prolongó ininterrumpidamente, en lo fundamental, desde la época helénica hasta nuestros días, aunque asume características distintas en el curso de la historia». Precisamente su continuidad histórica es un factor decisivo en su intensidad y en su capacidad de adaptarse a las cambiantes condiciones contemporáneas.

Vemos pues cómo la judeofobia ha permanecido en las diferentes etapas de la historia. Desde la Antigüedad, pasando por la Edad Media, hasta la modernidad, ha ido adoptando formas diversas: judeofobia religiosa, política, económica, cultural, etc. Hoy podemos decir que el antisionismo es la forma más persistente de la judeofobia contemporánea.

La gran mayoría de europeos se encuentran hoy inmersos en una cultura de demonización de Israel. La desigualdad y la injusticia del tratamiento hacia Israel se hacen aún más obvias en comparación con el tratamiento de las violaciones de derechos humanos en cualquier parte del mundo por parte de la ONU.

A pesar de estas tres dificultades que tiene Israel: el cuestionamiento de la existencia del Estado de Israel, la asimilación y la judeofobia, existe la fe y la esperanza de que el Pueblo Judío jamás será eliminado, aunque haya sido y es numéricamente insignificante, «la menos numerosa de las naciones». Israel, uno de los 100 países más pequeños del mundo, con menos del 1/1000 % de la población mundial, es líder en el mundo en número de científicos y técnicos, y puntero en descubrimientos e inventos. Ha obtenido un índice extraordinario de logros no sólo para su Pueblo sino también para la Humanidad.

Israel, un país con tanta historia para tan poca geografía, tan sólo 22.145 km^2, es el centro del mundo desde el punto de vista de las raíces judías que tiene la cultura occidental; del judaísmo nació la religión cristiana. Desde el punto de vista mediático, evidentemente Israel es el centro del mundo. ¿Cómo se explica, si no, que un país tan minúsculo, similar a Galicia, la mitad de Holanda o Suiza, tenga 1.500 periodistas de todo el mundo y más de 3.000 enviados especiales llegados de todo el planeta? Podríamos decir que se debe al conflicto palestino-israelí; pero ¿por qué no se da en otros países, como Etiopía, Sudán, Argelia, Darfur, etc., donde hay conflictos mucho más crueles y sangrientos? Hay motivos que vienen de muy lejos y que están arraigados en la sociedad europea, en general, y en la española, en particular, y es la judeofobia.

En Israel encontramos un país moderno y vibrante, hospitalario y entrañable, un mosaico de diferentes religiones, culturas y tradiciones sociales. Importantes son sus aportaciones en el campo de la ciencia, la literatura y la cultura. Es el país más pequeño con más premios Nobel acumulados. También es el único país del mundo que ha entrado al siglo XXI con un aumento neto en número de árboles, hecho tanto más extraordinario cuanto que se ha conseguido en un área considerada principalmente como desierto.

Israel ha estado presente en la escena de la historia mundial, ha sobrevivido a intentos de asimilación y de exterminio. Todo esto implica que «algo más» que sus propias facultades está en juego. ¿De cuántas naciones del mundo se puede decir hoy que conserven su lengua, su cultura, su identidad, sus tradiciones, y ayuden a mejorar el bienestar de su Pueblo y de la Humanidad (investigación y ciencia) como lo ha hecho Israel?

Por ser nuestra tierra, la tierra de nuestros antepasados, por nuestra historia, es por lo que el pueblo judío está tan unido emocionalmente a Israel, porque todos formamos parte de una Familia, estemos donde estemos, pero nuestra tierra, la del Pueblo Judío es y seguirá siendo Israel. Cada año, generación tras generación, desde la Antigüedad hasta nuestros días, repetimos en *Pésaj: «el próximo año en Jerusalem»*.

Nurit G. Vidal
19 de marzo del 2008
12 adar II 5768

Bibliografía

Aguinis, M., *La gesta del marrano*, Editorial Planeta, Buenos Aires, 2003.

Aguinis, Marcos, Albiac, Gabriel, Culla, Mate, Pessarrodona Róala, Vilatoro i altres, *En defensa de Israel*, Editorial Certeza, Zaragoza, 2004.

Alpert, M., *Criptojudaísmo e inquisición en los siglos* XVII *y* XVIII, Editorial Ariel Historia, Barcelona, 2001.

Arendt, H., *La condición humana,* Editorial Paidós, Barcelona, 2006.

Attali, Jacques, *Los judíos, el mundo y el dinero. Historia económica del Pueblo Judío*. Buenos Aires, Editorial Fondo de Cultura Económica, 2005.

Attias, J., y Bembaza, E., *Israel. La tierra y lo sagrado,* Editorial Riopiedras, Barcelona, 2001.

Bahat, D., *Israel, pasado y presente*. Italia, Editorial Visión.

Bar Lev, I., *El canto del alma*. Introducción a la Cábala, Ediciones Obelisco, Barcelona, 2003.

Barylko, J., *El libro de Dios. La Torá,* Editorial Kier, Buenos Aires, 1999.

_____, *La sabiduría del Talmud, Editorial* Sigal, Buenos Aires, 1998.

Beinart, H., *Los conversos ante el Tribunal de la Inquisición*, Editorial Riopiedras, Barcelona, 1983.

Bel Bravo, M. A., *Sefarad. Los judíos de España*, Editorial Sílex, Madrid, 2007.

Ben-Ami, Shlomo, *¿Cuál es el futuro de Israel?*, Editorial Punto de lectura, Madrid, 2002.

Benamozegh, Élie, *Israel y la humanidad,* Editorial Riopiedras, Barcelona, 2003.

Ben-Avraham, N., *Els Anussim. El problema dels xuetons segons la legislació rabínica*, Editorial Miquel Font, Palma de Mallorca, 2002.

Ben-Itto, Hadassa, *La mentira que no ha querido morir. Cien años de los Protocolos de los Sabios de Sión*. Barcelona, Editorial Riopiedras, Barcelona, 2005.

Biblia. Hebreo-español. Versión castellana conforme a la tradición judía por Moisés Katznelson. Tomo I y II, Editorial Sian, Tel-Aviv, Israel.

Birnbaum, E., *La Torá no está en el cielo. Una ventana al interior del judaísmo*, Editorial Amishav.

______ , *¿Qué es la FE?* El desafió de la fe judía en el mundo moderno, Editorial Amishav.

Bittón, Iosef, rabí., *Después de la vida. Guía para el duelo judío,* Editorial Jerusalén.

Bonnín, P., *Sangre judía. Españoles de ascendencia hebrea y antisemitismo cristiano.* Editorial Flor del Viento, Barcelona, 1998.

Bonnin, B., J. B. Cuya, V. Martí, J. E: Mira, M. Pessarrodona, P. Róala, C. Semprún, V. Vilatoro i altres, *Antisemitisme després d'Auschwitz. Contra la nova judeofobia,* Editorial 3 i 4, Valencia, 2004.

Braunstein, Baruch, *Els xuetes de Mallorca*, Editorial Curial, Barcelona, 1996.

Breslov, N., *Anatomía del Alma*, Editorial Breslov Research Institut. Jerusalem/New Cork)

_____ , *Sabiduría y enseñanzas del rabí Najman de Breslov*, Editorial Breslov Research Institute. Jerusalem/New Cork.

Cahill, Thomas, *El legado de los judíos*, Editorial Debate, Madrid, 2006.

Casanova, E., *Els jueus amagats. Supervivents de la Inquisició a la Sefarad del segle XXI.* Famílies que han mantingut en secret els rituals del Judaisme, Editorial Columna, Barcelona, 2005.

Chalier, C., *La religión de la razón desde las fuentes del judaísmo*, Editorial Anthropos, Rubí, 2004.

Chocron, S., *Yo Creo… Los trece principios de fe judía de Maimónides comentados en términos de nuestra época,* Editorial Jerusalem de Mexico, 2001.
Chillida, Á., *El antisemitismo en España*, Marcial Pons Historia Ediciones, Madrid, 2002.
Cohen, Albert, *El libro de mi madre*, Editorial Anagrama, Barcelona, 1999.
Cohn, H., *Los derechos humanos en la Biblia y en el Talmud,* Editorial Riopiedras, Barcelona, 1997.
Culla, Joan B., *Israel, el somni i la tragedia. Del sionismo al conflicto de Palestina.* Editorial La Campana, Barcelona, 2004.
Cymerman, E., *Voces desde el centro del mundo*, Madrid, Ediciones Temas de Hoy, 2005.
Díaz-Mas, P., *Los sefardíes. Historia, lengua y cultura*, Editorial Riopiedra, Barcelona, 1996.
Einstein, A., *Mis ideas y opiniones*, Editorial Bon Ton, Barcelona, 2000.
Fallaci, O., *La fuerza de la razón,* Editorial La esfera de los libros. 2004.
Feuchtwanger, Lion., *La judía de Toledo*, Editorial Edaf, Madrid, 2000.
Feuer A., *Maimónides, Mosé Ben., Una carta para las generaciones,* Editorial Yehuda. Buenos Aires.
Finkielkraut, A., *En el nombre del Otro*. Reflexiones sobre el antisemitismo que viene. Barcelona, Editorial Seix Barral, 2005.
Flannerv, E., *Veintitrés siglos de antisemitismo,* Editorial Paidós, Buenos Aires, 1964.
Fleg, E., *Por qué soy judío*, Editorial Riopiedras, Barcelona, 2000.
Frankl, V., *Ante el vacío existencial,* Editorial Herder, Barcelona, 2000.
______ , *Búsqueda de Dios y sentido de la vida*, Editorial Herder, Barcelona, 2000.
______ , *La presencia ignorada de Dios. Psicoterapia y religión,* Editorial Herder, Barcelona, 2006.
Garau F., *Inquisición en Mallorca. La Fe Triunfante. Los grandes Autos de Fe celebrados en Mallorca en 1691*, Editorial Miquel Font, Palma de Mallorca, 1998.

García F., *La judía más hermosa,* Editorial Algaida histórica, Sevilla, 2006.

Giniewski, P., *Simone Weil y el judaísmo,* Editorial Riopiedras, Barcelona, 2000.

Gonzalo Maeso, David, *El legado del judaísmo Español*, Editorial Trotta, Madrid, 2001.

Grosman, D., *Presencias ausentes. Conversaciones con palestinos en Israel*, Editorial Tusquets, Barcelona, 2004.

Guarch, G. H., *Tierra Prometida*. Barcelona, Editorial El Cobre, Barcelona, 2003.

Ha-Bahir, Sefer, *El libro de la Claridad* (3ª edición), Ediciones Obelisco, Barcelona, 2004.

Hakohen, I., *Parábolas de sabiduría*, Vol. 1 y 2, Ediciones Obelisco, Barcelona, 2002.

Halevy, H., *El ser judío,* Editorial Sección de publicaciones del Departamento de Educación y Cultura Religiosa para la Diáspora de la Organización Sionista Mundial.

Herzl, Theodor, *El Estado judío*, Editorial Riopiedras, Barcelona, 2004.

Isaacs, A. L., *Els jueus de Mallorca*, Editorial Miquel Font, Palma de Mallorca, 2006.

Jamkélévitch, V., *La muerte,* Editorial Pre-textos, Valencia, 2002.

Jungreis, Rebetxzin E., *Vivir comprometido,* Editorial Jerusalem de México.

Kaplan, A., *Si tú fueras Dios. La inmortalidad y el alma. Un mundo de misericordia,* Editorial Enrique Medrez, Buenos Aires, 1986.

Keller, Werner, *Historia del Pueblo Judío,* Barcelona, Editorial Omega, 1994.

Kochav, Sarah, *Israel*, Editorial Folio, Barcelona, 2005.

Küng, Ka, *El judaísmo,* Editorial Trotta, Madrid, 1993.

Lange, N., *El judaísmo,* Editorial Cambridge University Press, 2000.

Lange de, Nicholas, *El pueblo judío en la actualidad*, Barcelona, Editorial Folio, 2000.

Leibowitz, Nejama, *Reflexiones sobre la Parasha*, Jerusalem.

Lévinas, E., *De Dios que viene a la idea*, Editorial Caparrós, Madrid, 2005.

Luzzatto, M., *La senda de los justos*, Jerusalem, 2002.

Luzzatto, R. M., *La sabiduría del alma,* Ediciones Obelisco, Barcelona, 2002.

Macías, U. y Romero, E., *Los judíos de Europa*, Alianza editorial.

Marcó, L., *Els jueus i nosaltres*, Editorial Pòrtic, Barcelona, 1997.

Martínez de Lezea, T., *La calle de la judería,* Editorial Maeva, Madrid, 2007.

Menasse, Robert, *La expulsión del infierno,* Editorial Alianza Literaria, Madrid, 2004.

Messadié, G., *Historia del antisemitismo*, Javier Vergara, editor, Buenos Aires, 2001.

Metz, J. B., *Por una cultura de la memoria*, Editorial Anthropos, Rubí, 1999.

Nieto, M. Á., *El último sefardí.* El legado oral de los judíos expulsados de España en 1492, Editorial Calamar, Madrid, 2003.

Orián, Meir, *Maimónides. Vida, pensamiento y obra*, Editorial Riopiedras, Barcelona, 2004.

Oz, Amós, *Una historia de amor y oscuridad*, Editorial Siruela, Madrid, 2007.

Perednik, G. D., *La Judeofobia*, Editorial Flor del Viento, Barcelona, 2001.

Picazo, A., *Els xuetes de Mallorca. Grups de poder i criptojudaisme al segle XVII,* Editorial El Tall, Palma de Mallorca, 2006.

Porcel, B., *Els xuetes mallorquins*. Quinze segles de racisme, Editorial 62, Barcelona, 2002.

Porqueres, E., *L'endogàmia dels xuetes de Mallorca*. Identitat i matrimoni en una comunitat de conversos (1435-1750), Editorial Lleonard Muntaner, Palma de Mallorca, 2001.

Renner, Abraham, *Las preguntas de Abarbanel. Selección de comentarios sobre la Torá,* Editorial Amishav, 2004.

Rich A., *La comunitat jueva de Barcelona entre 1348 i 1391 a través de la documentació notarial*, Fundació Noguera, Ed. Pagès, Lleida, 1999.

Riera, C., *En el último azul*, Editorial Punto de lectura, Madrid, 2007

Riera, M., *Lluites antixuetes en el segle XVIII*, Editorial Moll, Palma de Mallorca, 1973.

Riera, M., *Els xuetes, des de la intolerancia a la llibertat. Segles (XVIII-XX)*, Editorial Lleonard Muntaner, Palma de Mallorca, 2003.

Rosselló, R., Murillo, A., *Els jueus dins la societat menorquina del segle XIV*, Editorial Institut Menorquí d'Estudis, Maó, 1990.

Rosenberg, S., *El bien y el mal en el pensamiento judío*, Editorial Riopiedras, Barcelona, 1996.

Salvatierra, A y Ruiz M., *La mujer en el Talmud. Una antología de textos rabínicos,* Editorial Riopiedras, Barcelona, 2005.

Saban, M., *La matriz intelectual del judaísmo y la génesis de Europa*, Tomo I, Editorial Artes Gráficas Andi.

Scholem, G., *Conceptos básicos del judaísmo,* Editorial Trotta, Madrid, 1998.

Soloveitchik, Y., *Filosofía de la existencia judía,* Editorial Eliner.

Soto, R., López F. J., Mound G. y altres, *Sobre jueus i conversos de les Balears*, Editorial Leonard Muntaner, Palma de Mallorca, 1999.

Tabachnik, D., *Kohélet, Introducción al existencialismo judío*, Editorial Fundación Moisés Vainer-Shimshon Fedman.

Torah con Rashi. *Éxodo,* Editorial Jerusalem de México, 2002.

Torah. Traducción, supervisión, M. Edery, Editorial Sinai, Tel-Aviv, Israel, 1994

Villatoro, V., *Els jueus i Catalunya*, Editorial Barcanova, Barcelona, 2006.

Weil, S., *A la espera de Dios,* Editorial Trotta. Madrid, 1996.

Wouk, H., *Éste es mi Dios. El estilo de vida judío,* Editorial Riopiedras, Barcelona, 2001.

Yerushalmi, H., *Zajor. La historia judía y la memoria judía,* Editorial Anthropos, Rubí, 2002.

Yoja, S., *El Zohar*. Vol. 1-5, Editorial Sigal, Buenos Aires.

Bienvenidos fueron (Significado y origen de un apellido histórico: Benveniste)

Isaac Levy Benbeniste
Con la colaboración de Varda Fiszbein Brandemburg

Benveniste procede de la conjunción de los vocablos de origen romance *Bene* y *viniste* que significan literalmente *bienvenido.* Éste fue el apellido de una ilustre familia sefardí y las primeras menciones escritas sobre miembros de la misma aparecen en documentos datados en Catalunya, durante la segunda mitad del siglo XI.

Sin embargo, además de en los reinos medievales de Aragón y Catalunya, es posible hallar ramas de esta familia o de otras que lo portaron, en Castilla, así como también en la Provenza francesa por la misma época y posteriormente.

Benveniste se utilizó indistintamente como apellido o primer nombre masculino.

Los Benveniste más destacados

Diversos documentos, así como una extensa obra escrita por varios de los que se apellidaron ***Benveniste***, han dejado huellas en la historia y la cultura judeo-españolas. Ellos fueron: estudiosos del Talmud y la Torá, miembros activos en la administración de las aljamas, poetas, mecenas de estudiantes, artistas o científicos y, además, algunos ocuparon cargos importantes en los reinos cristianos de la España medieval.

Haciendo un breve recorrido histórico y cronológico merecen mencionarse los que integran la siguiente relación, que no pretende ser exhaustiva, dado el gran número de figuras importantes de este apellido que fueron relevantes antes y después de la expulsión de1492, por lo que sería imposible relacionarlas todas en estas breves páginas.

Joseph ben Benveniste, notable estudioso y nieto del sabio Zejaria Gerundí y abuelo de Aarón ben Joseph ha- Levy, Montpellier (circa 1190).

Isaac Benveniste, hijo de Joseph y padre de Sheshet Benveniste. Médico del rey de Aragón a principios del siglo XIII, residente en Barcelona.

Considerado un sabio maestro en materia de estudios religiosos, alcanzó asimismo mucho prestigio social en la corte de su tiempo y también entre sus correligionarios que lo honraron con el título de Nasí (príncipe). En el año 1215 integró una delegación que participó en la convención que celebraron todas las comunidades judías del sur de Francia, convocada por Rabi Levy ben Moses de Narbona. El propósito del encuentro era constituir una delegación que llevara a Roma una voz única de todas las congregaciones allí reunidas, con el fin de modificar o suavizar los planes que el Papa Inocencio III, tenía para el próximo Concilio de Letrán, que estaba convocado para pocos meses después.

Sin embargo, el intento de la delegación fue infructuoso y en el Concilio se decidió, entre otras medidas restrictivas y humillantes, que los judíos debían vestir ropas que los distinguieran del resto de la población o un distintivo adherido a las mismas que los identificaran como tales.

Precisamente, merced a los esfuerzos de Isaac Benveniste, esta medida no se aplicó estrictamente en el reino de Aragón. Más tarde, por recomendación de Jaime I y con el consentimiento del obispo, el Papa Honorato III –que sucedió al mencionado Inocencio– envió un diploma a Benveniste, en el que reconocía sus servicios a la corte. Además, lo distinguía con el título de «*catholicorum studiosus*» y lo eximía de toda indignidad. A raíz de esta consideración se estipuló que los judíos de Aragón no tuviesen que usar la insignia que debía diferenciarlos del resto de la población del reino.

Joseph ben Ephaim ha- Levy Benveniste, nació en Écija a finales de la décimo tercera centuria y murió en Toledo, el año 1337. Cautivó con sus habilidades, su elegancia y su talento musical al infante Don Felipe que lo recomendó a su nieto, Alfonso XI. Éste lo nombró ministro de finanzas (almojarife) en la corte de Castilla. Además, Joseph se convirtió en su consejero privado. Sin embargo, la encumbrada posición económica y social de Benveniste, le granjeó no pocos enemigos.

En cierta ocasión, el rey Alfonso lo envió a Valladolid en busca de su hermana, Doña Leonor para que la escoltara hasta Toledo, lo que ocurrió en el año 1328. Al llegar a la ciudad, el enviado sufrió un intento de asesinato y salvó su vida por intervención de la propia princesa que negoció un aplazamiento con los implicados en la conjura, solicitando que permitieran que Benveniste la acompañara hasta el Alcázar, donde lo entregaría. Pero una vez allí, hizo cerrar las puertas de la fortaleza y se negó a cumplir lo prometido. Alfonso, enterado de estos sucesos marchó contra Valladolid, a la que asaltó, arrasando bienes y vidas e incendiando edificios y la hubiera destruido por entero, de no haber sido por algunos moderados de entre sus consejeros, que consiguieron disuadirlo del intento.

No obstante, las intrigas continuaron y se presentaron repetidas quejas sobre la forma de administración de Valladolid, que únicamente perseguían que se apartara al judío de su cargo de almojarife.

El fin de Benveniste, por insólito que parezca, fue propiciado por él mismo y tuvieron en este suceso un papel relevante un correligionario y un antiguo colaborador protegido suyo. Al médico del rey, Samuel ibn Vakar, que gozaba del favor del monarca, éste le confió la concesión de la importación de bienes del reino de Granada. Joseph, celoso de Samuel, ofreció pagar una suma mayor de impuestos a la corona, a cambio de la gestión de dichas importaciones. En respuesta, el médico persuadió a Alfonso de la conveniencia de romper el tratado suscrito con el reino musulmán, por el que se garantizaban las exportaciones en cuestión. Esto fue motivo de una guerra con el reino de Granada que dejó exhausto el tesoro real. En esta situación, Gonzalo Martínez, hasta entonces, colaborador de Benveniste y que llegó a ser influyente precisamente por su recomendación, además de adinerado, le propuso al rey comprarle a diez judíos principales. Esto en modo alguno era extraño, ya que debe recordarse que en varios reinos medievales españoles, los hebreos eran propiedad de la corona, por más que ocuparan puestos importantes. Martínez ofreció pagar por cada uno de ellos 800 libras de plata. El rey, atrapado por la necesidad, aceptó la propuesta. Lo primero que hizo el otrora subalterno fue encerrar a su benefactor Joseph Benveniste en la cárcel, donde murió poco después.

Samuel Benveniste, cuya ciudad natal fue Tarragona, donde vio la luz en 1322, vivió también en Barcelona a partir de 1356, de modo que fue contemporáneo de los eminentes Maestro León Médico y Maestro Mosé Médico así como también del conocido como Maestro Yuçef Avengadot, cuyo nombre hebreo era Joseph Ha-rofé (médico).

Samuel residió en la corte del rey Pedro de Aragón como médico personal de Don Manuel, el hermano del monarca. Algunos historiadores opinan que fue el traductor al hebreo de una obra muy difundida entre los estudiosos católicos del medioevo, titulada «*De Consolatione Philosophiae*», pero esto no se sabe a ciencia cierta, por no haberse conservado el manuscrito. En cambio, está fehacientemente documentado que tradujo, del latín al hebreo, el tratado que sobre el asma escribió Maimónides.

Sheshet ben Isaac ben Joseph Benveniste nació en el año 1131, probablemente en Narbona, ciudad donde realizó sus estudios de medicina y humanidades. Más tarde, residió en Barcelona y en Zaragoza, donde murió en 1209. Como Isaac, a quien se considera su padre, fue distinguido con el título de Nasí.

También conocido como Perfect de Pratis, se distinguió como banquero y médico de los condes de Barcelona y de los reyes Alfonso II y Pedro II de Aragón. Ocupó el cargo de baile (ministro superior del Real Tesoro), lo que le permitió alcanzar una situación social privilegiada.

Su fama como médico (alfaquín) se extendió por toda Europa y a su consulta acudían encumbradas personalidades de la época, aunque tuvieran que desplazarse desde puntos lejanos. Destacó también como autor de una obra científica, de cuyo manuscrito se conservan copias en Oxford y en Munich. Asimismo, escribió un tratado de ginecología que alcanzó mucha reputación entonces y en años posteriores.

Los expertos opinan que dominaba muy bien la lengua árabe. Mantuvo correspondencia con varios sabios de su tiempo, residentes en diversas partes del mundo. Entre otras de sus muchas cartas memorables, merece mencionarse la dirigida a la comunidad judía de Lunel, en la que expresó la valía de *Yad Jazaká*, obra de Maimónides, y en la que respondía a una carta sobre el tema, enviada anteriormente por Abulafia.

Poeta inspirado, asimismo, compuso varios cantos litúrgicos.

Salomón Benveniste, conocido como **«el viejo»** residió en Narbona hacia la mitad siglo XII. Fue discípulo destacado de su contemporáneo de Meyr ben Joseph, considerado un sabio eminente de la época.

Abraham Benbeniste nació en Soria en 1406 y su muerte se cifra en torno al 1454. En opinión de algunos historiadores fue el mas eminente de cuantos judíos llevaron este apellido. Es muy posible, ya que aparece en la crónica del reinado de Juan II, mencionado como la persona a cargo de la administración del reino, en colaboración con el cristiano Álvaro de Luna.

Además de su actuación como hombre de estado, tenía mucho prestigio entre los miembros de la comunidad hebrea castellana ya que, con frecuencia, se ocupó de contener y evitar la persecución a los judíos.

Un ejemplo de ello fue su actuación durante la divulgación en una pequeña ciudad cercana a Écija, del infundio que acusaba a los hebreos de asesinato ritual. Abraham, junto con Joseph Ha-Nasí, jefe de los recaudadores de impuestos y Abraham ben Shushan, asimismo alto cargo de la administración, se ocuparon de deshacer tal falsedad, previniendo peligros posteriores para sus correligionarios.

A petición de las congregaciones judías, fue nombrado por el rey, Rabi de la Corte, siendo el segundo rabino de Castilla con este nombre y designado también, juez de las aljamas.

Ese mismo año, 1432, convocó y presidió en Valladolid la asamblea de los procuradores de las comunidades hebreas, para cuyo ordenamiento y legislación sus ideas fueron decisivas. Se lo considera autor del documento que emanó de dicha reunión, titulado *Tehaná* (estatuto) que, en cinco secciones, discurre acerca del servicio divino, el estudio de la Ley de Moisés, la labor que deben desarrollar funcionarios y responsables de los distritos y barrios judíos, impuestos y obligaciones, así como también contiene un apartado sobre la manera de procurar el bienestar de las aljamas y otras materias. Dicho ordenamiento rigió la vida comunitaria castellana durante unos diez años. En 1869 fue traducido y editado en alemán y, en 1886, también se publicó en Madrid.

Abraham contribuyó notablemente a la difusión e intensificación de los estudios de la Torá, incentivando a sabios, maestros y estudiantes para que se dedicaran a ellos.

Abraham Benveniste* (2)**, contemporáneo del anterior, al hacerse mayor fue apodado **«el viejo»**, para diferenciarlo de un nieto suyo del mismo nombre. También natural de Soria, nació en 1433 y, al igual que su hermano mayor ***Vidal, fue un reconocido estudioso de la Torá y mecenas de jóvenes estudiantes de escasos medios económicos.

Joseph Benveniste, hijo del antes reseñado rabino de Castilla, Abraham Benveniste. También él tuvo este cargo hacia 1450. Era hombre adinerado, que destinó su fortuna a realizar obras filantrópicas a favor de los estudios bíblicos, las artes y las ciencias.

Vidal ben Benveniste de Porta, cuya familia procedía de Vilafranca del Penedés, provincia de Barcelona, fue ministro de finanzas (baile) durante el reinado de Jaime I, en la década de 1250.

Vidal ben Benveniste, natural de Zaragoza, no se sabe con certeza en qué fecha nació a finales del siglo XIV. Figura sobresaliente en su época, fue elegido por los notables de la comunidad judía de Aragón por su sabiduría y su conocimiento del latín, como uno de sus representantes (los calls nombraron a diez representantes, nueve de los cuales eran rabinos) en el evento que se conoce históricamente como «Disputa de Tortosa». Ésta fue promovida por el papa Benedicto XIII , por consejo del que era médico personal suyo, durante sus frecuentes visitas a Aragón: Jerónimo de Santa Fe, nombre cristiano adoptado por el judío converso Joshua Halorki. La disputa se prolongó –con interrupciones y aplazamientos varios– durante veinte meses abarcando parte de los años 1413 y 1414. Pese a haberse llegado a un punto muerto entre las delegaciones de judíos y cristianos, finalmente, el Papa expidió una bula que condenaba (aunque no prohibía) el Talmud, por sus «odiosas y blasfemas» difamaciones de la cristiandad y proclamaba que la disputa había concluido con el triunfo de la verdadera fe.

Vidal escribió una refutación acerca de la condición mesiánica de Jesús, titulada *Jodesh Ha-jodashim* (El mes de los meses), cuyo manuscrito se conserva.

Vidal Benveniste **(1)** llamado **Don Ferrer** y nacido en Girona, ha sido confundido con el anterior por algunos autores, aunque estudios fehacientes han demostrado que no fueron la misma persona, sino que llevaron el mismo nombre y apellido; (debe recordarse que Vidal se usó indistintamente al igual que Benveniste de ambas maneras). Otros autores también confunden a Vidal ben Benveniste de Zaragoza con **Vidal Levi de la Caballería**, lo que también es erróneo.

Vidal Benveniste **(2)** posiblemente hermano del rabino de la corte de Aragón durante la primera parte del siglo XV, Rabi Abraham Benveniste, lo que permite datar aproximadamente el periodo de su vida, ya que no hay datos fehacientes sobre los años de su nacimiento y muerte. Fue autor de un extenso poema profano y alegórico sobre el placer, publicado junto a varios de sus *Midrashim* (parábolas), divertimentos escritos para ser representados durante la festividad judía de Purim. (Editados en Constantinopla, en el año 1516 y, posteriormente, en Rímini en 1525).

Vidal Benveniste **(3)** hijo mayor de Joseph Benveniste y nieto de Rabi Abraham de igual apellido, de Castilla. No se sabe con certeza las fechas de su nacimiento y deceso. Promovió los estudios científicos y religiosos, al igual que otros familiares suyos.

El obligado adiós

A raíz del edicto de expulsión promulgado por los Reyes Católicos –Isabel de Castilla y Fernando de Aragón– en 1492, varios

Benveniste, al igual que muchos otros judíos sefardíes, abandonaron España y se dirigieron hacia otras tierras más acogedoras.

Los Benveniste que se destacaron en esta etapa se trasladaron, sobre todo, a Grecia y Turquía, e incluso es posible rastrear a sus descendientes en el Oriente cercano.

Entre ellos puede mencionarse a:

Yehuda Benveniste, hijo de Abraham Benveniste «el viejo» (antes reseñado) y nieto del rabino de la corte de igual nombre, emigró a Salónica con otros expulsados de España con quienes fundó la comunidad sefardita de la ciudad. Conservó el ya extenso patrimonio familiar de libros y lo incrementó, atesorando una importante biblioteca que puso a disposición de cuantos estudiosos quisieran consultarla y que estaba en su propia casa. Se dice también que allí, él mismo se dedicaba a copiar la Mishná y el Talmud, así como otros tratados religiosos.

Jaym ben Israel Benveniste (nacido en 1603 y muerto en 1673), fue rabino de Salónica y posteriormente también de Esmirna en 1655, ambas ciudades pertenecientes al Imperio Otomano en esa época. Considerado una importante autoridad rabínica, sus responsas y estudios sobre textos sagrados se publicaron durante su vida en varias ciudades europeas y vieron multitud de reediciones más tarde. Sin embargo, su biografía registra la sombra de haber sido un seguidor del movimiento encabezado por el falso Mesías Shabtay Tsvi, de lo que luego se arrepintió profundamente.

Joshua ben Israel Benveniste, al igual que su hermano Jaym fue rabino en Constantinopla en 1660. También médico y autor de varias obras; entre ellas, la importante colección de responsas titulada *Shaar Joshua* (Portal de Joshua) que fue destruida en una hoguera durante disturbios antijudíos, así como una de fundamento científico-médico, pese a que su estilo de composición en verso recuerda los himnos del poeta malagueño, Ibn Gabirol (Málaga 1021, Valencia, 1058), que tituló *Lebush Malkut (El ropaje real*) así como el *Séder Ha- gueth* (El orden del divorcio), tratado sobre este tema, publicado en Constantinopla en 1719.

Immanuel Benveniste, fue un notable editor que, entre 1640 y 1660, publicó numerosas obras en Ámsterdam. Entre ellas, una de las ediciones del ***Shulján Aruj***. (La más importante recopilación de normas de conducta de la religión judía. Su autor, Yosef Karo, agrupó las reglas a las que el individuo judío debe ajustar sus actos. Karo nació en Toledo, en 1488 y, a raíz de la expulsión, su padre, Efraím, rabino y jurisconsulto, emigró con la familia hacia Lisboa y después a Constantinopla. Más tarde, el propio Yosef se radicó, en 1536, en *Safed*, donde fue rabino y docente. Falleció en 1575, a los 87 años.) Otra publicación de Immanuel fue el *Shney Lujot Ha- brit* (Las tablas de la Ley), así como una valiosa y completa –popular aún– versión del Talmud. Su forma de trabajar ejerció una gran influencia en la prestigiosa industria judía editorial de Ámsterdam. Sus ediciones se reconocían por el característico portal que adornaba las portadas y una ilustración que incluía una estrella, un león y un castillo.

Primera Guerra Mundial: ¡Arde Salónica!

Desde principios del dominio otomano en Salónica existen testimonios de población judía en la ciudad, donde ésta residió por lo general sin problemas ni restricciones religiosas de ningún tipo. Quizás por eso, fue uno de los destinos de miles de exiliados sefardíes a raíz de la expulsión de España, como también lo fue de migraciones posteriores de judíos europeos, aunque no tan numerosas. La vida judía de la ciudad llegó a ser floreciente, así como foco y espejo intelectual y espiritual, para otras comunidades hebreas de Europa y Oriente, generación tras generación. La población de Salónica que profesaba la fe mosaica llegó a cifrarse, a principios de la vigésima centuria, en un 80%, del total de vecinos de la ciudad. Además de sabios y estudiosos, los tesalonicenses de este origen se dedicaron a diversos tipos de oficios y profesiones, por lo cuál pertenecían a todos los niveles sociales; de modo que los había anónimos e importantes, humildes y adinerados.

En el año 1912, Salónica pasó a ser territorio griego y, en 1917, en plena Primera Guerra Mundial, se desató un incendio que prácticamente la destruyó, afectando de manera especial a los barrios de residencia de la mayor parte de la población judía. El origen del gran incendio es atribuido por algunos autores a causas fortuitas pero, en opinión de otros, fue producto de una decisión del mando aliado para detener una ofensiva de las tropas alemanas, con una política de «tierra quemada».

Esto perjudicó mucho a la comunidad judía en general (16 de las 33 sinagogas de la ciudad fueron arrasadas por el fuego) como también a muchas de sus economías particulares, en un momento en que la guerra continuaba con la implicación de varios países europeos. Hubo quiénes lo perdieron todo y se vieron obligados a emigrar nuevamente.

Segunda Guerra Mundial: el horror final

La ocupación de Grecia por parte de «el eje», como se denominó a Alemania y sus aliados en este contienda, tuvo dos periodos claramente diferenciados. En 1941, bajo administración italiana, etapa durante la cuál, la vida no fue especialmente dura con la población nativa y, una posterior ocupación nazi, que asumió las riendas, debido a la imposibilidad de los italianos de continuar allí, por los avatares políticos que afectaron directamente al poder del *Duce* Benito Mussolini.

En 1942 fue cuando comenzó la pesadilla histórica de los judíos nativos. Los nazis deportaron a sesenta y cinco mil hebreos de Salónica, el 90 % de la población judía griega.

Al igual que la inmensa mayoría de los judíos europeos, sufrieron vejaciones y torturas, padecieron hambre y enfermedades, fueron víctimas de diabólicos experimentos médicos y sirvieron como mano de obra esclava en los campos de trabajo. Y, finalmente, también, la mayor parte de ellos fue asesinada en las cámaras de gas de Auschwitz-Birkenau. Un monolito en el monumento colectivo Memorial de Auschwitz recuerda a los judíos de Grecia. Al final de la guerra sólo habían logrado sobrevivir dos mil judíos de Salónica.

Los Benveniste hoy

En la actualidad, muchas familias en Bulgaria, Serbia y en la comunidad judía de origen sefardí en Viena, llevan este apellido, al igual que en Israel.

En España, a poco más de cinco siglos de la expulsión, sólo existen seis familias cuyo primer apellido es Benveniste, residentes en Barcelona, Girona y Madrid. En el caso de otras tres, aparece como segundo apellido, es decir, por vía materna.

Breve relato de mi madre, Jeannette Benbeniste Benbanaste, sobre su familia

Mi abuelo materno, David Benbanaste y mi abuela Rebeca Yacar, nacieron en Esmirna. Más tarde se fueron a París, donde nació su hija Matilde, en 1908. Cuando mi madre tenía seis años, su familia se instaló en Barcelona y cuando contaba con quince años regresaron a París (para casarla) y allí conoció a Alberto Benbeniste, mi padre, con quien contrajo matrimonio en esa ciudad.

Por otro lado, mi padre se fue con sólo 19 años, desde Salónica a París, en busca de trabajo. Lo encontró de todas clases. Y, cuando le pareció que tenía medios suficientes, hizo venir a sus padres y hermano para que estuvieran todos juntos.

Alberto Benbeniste nació en Salónica en 1905. Sus recuerdos son muy pocos, pero por lo que sé, hubo un incendio muy importante en la ciudad. No sé, perdieron su casa y se fueron a vivir a la de su abuelo, que era un hombre muy religioso y que, según decía mi padre, siempre estaba leyendo el Zohar.

Mis abuelos paternos, Jacob Benbeniste y Luna Levy se quedaron en Salónica con su otro hijo Sam. En 1943 fueron deportados, primero a Drancy y, finalmente, a Auschwitz. Sam, el tío, estaba en esa época haciendo el servicio militar pero no sé cómo, se lo llevaron a un campo de prisioneros y cuando regresó, ya no encontró a sus padres.

Abuela materna: Rebeca Yacar hija de Isaac Yacar y Joya Pessah.

Abuelo materno: David Benbanaste hijo de Mordejai Benbanaste y de Sol Esquenazi

No conocemos detalles de los abuelos paternos, sólo que mi abuelo se llamaba Jacob Benbeniste y la abuela Luna Levy.

Judeofobia, lenguaje y apellidos

Gustavo Daniel Perednik

La judeofobia es un fenómeno único. El odio más antiguo, universal, profundo, persistente, obsesivo, quimérico y eficaz que haya existido, ha impregnado a la cultura europea en las más diversas áreas, también en el lenguaje.

Debido a la judeofobia, han ingresado al diccionario términos como *gueto*, *pogromo*, *Diáspora*, *Holocausto*, y expresiones como *Danza de la Muerte* y *Libelo de sangre*. Aun la voz *genocidio*, acuñada por el abogado judío Rafael Lemkin, cuando la Shoá llegaba a su fin, fue recogida por la Convención sobre el Genocidio de las Naciones Unidas, ligada a los Juicios de Nürnberg.

Términos como «sinagoga» o «judiada» siguen siendo glosados, aun en los más prestigiosos diccionarios, con acepciones ofensivas.

En 2002, José Manuel Laureiro Sol reunió bajo el título de *El refranero: ¿Sabiduría popular?* Una treintena de adagios españoles que trasuntan prejuicios: *Fíeme del judío y écheme al río*; *Al judío y al puerco no los metas en tu huerto*; *Ni judío pobre ni liebre lerda*; *El gato y el judío, a cuanto ven dicen mío*, etcétera.

Castrillo de Matajudíos es un pueblo de Burgos, y calles de ese nombre aún existen en localidades españolas. También el nombre del célebre Montjuïc barcelonés se suele vincular a trágicas persecuciones judeofóbicas.

Detrás de muchos apellidos españoles, se esconde historia israelita. Así, Montoya, cuyo origen pareciera ser «Monte de Jehová», fue latinizado a partir de la cristianización forzada de los judíos en España.

Apellidos como Mariano y Mariana, en muchos casos derivan del término «marrano», apelativo para quienes, a pesar de que aceptaron el bautizo impuesto, persistieron en la observancia clandestina de las costumbres judaicas. Entre los siglos XV y XVII, la voz se usaba peyorativamente para indicar la insinceridad de su conversión.

La raíz semítica de «marrano» es probablemente «*jérem*, cosa prohibida», eufemismo para designar al cerdo (cuya ingestión es prohibida por la ley judía). En 965 se documenta, en el romance peninsular, el uso del término para designar a dicho animal, y unos dos siglos después se lo registra como mofa para zaherir a los conversos, acaso porque se abstenían de comer carne porcina. Apellidos como Guarro, o sus derivados, también aluden al cerdo (en este caso el origen es onomatopéyico).

La referencia burlona a la abstinencia del consumo de esa carne aparece también en la literatura del Siglo de Oro. Un caso notable es el de Francisco de Quevedo, autor de la *Execración contra la blasfema obstinación de los judíos* (1633), en la que pide al Rey Felipe IV que «perezcan, todos y todas sus haciendas... en la total expulsión y desolación de los judíos».

Uno de los objetos del vituperio de Quevedo fue su competidor literario, Luis de Góngora: «Yo te untaré mis versos con tocino,/ porque no me los muerdas, Gongorilla,/... ¿Por qué censuras tú la lengua griega,/ siendo sólo rabí de la judía, cosa que tu nariz aún no lo niega?[49] Así, Quevedo procuraba que los judíos no lo plagiaran, aunque éstos habían sido expulsados hacía más de un siglo.

También el nombre catalán *xuete* procede probablemente de *xulla* («tocino»)[50], y se conoce como «chuetas» a los miembros

49. Francisco de Quevedo, *Obras Inmortales*, E.D.A.F., Madrid, 1969, página 1348.

50. Podría proceder de *xuetó*, forma mallorquina de *juetó*, diminutivo de jueu («judío»).

de la comunidad en las Baleares, que ha sido históricamente estigmatizada por su origen judío. Muchos de sus ancestros fueron quemados vivos por tribunales inquisitoriales, por ejemplo en 1691, cuando en la iglesia de Santo Domingo se mostraban, con los sambenitos, los apellidos de los sentenciados: Aguiló, Bonnin, Cortès, Forteza, Fuster, Martí, Miró, Picó, Pinya o Piña, Pomar, Segura, Tarongí, Valentí, Valleriola y Valls. Hasta 1813 los quince apellidos permanecieron exhibidos, y por ello, durante un siglo y medio, las familias portadoras de los mismos siguieron padeciendo la acusación de criptojudaísmo. El odio se descargaba contra su víctima, atraído por la señal del apellido.

Algunos apellidos catalanes con reminiscencias judías

Juli Peradejordi Salazar

Catalunya y el judaísmo están mucho más unidos de lo que a primera vista pudiera parecer, aunque algo se puede vislumbrar a través de los apellidos catalanes que tienen reminiscencias judías. Son muy numerosos los apellidos catalanes en los que podemos encontrar la huella de la cultura judía. Algunos de ellos son netamente de origen sefardí; otros tienen un significado en hebreo que otorga, al menos, el beneficio de la duda sobre sus posibles orígenes. A ellos hemos de añadir los apellidos de judíos conversos, voluntariamente o a la fuerza, en cuyos descendientes fluye sangre judía.

Aparte de los nombres de elementos de la naturaleza, oficios, ciudades y características físicas, suelen tener un origen judío los apellidos que significan «hijo de». En el hebreo podemos encontrar la forma *Ben*, en arameo la forma *Bar*. Así, encontramos apellidos como **Benaiges**, **Benejam**, **Bennassar** en los que aparece la primera forma o **Barnatán**, **Barrutell**, **Bartomeu** en la segunda.

Muchos de los apellidos que comienzan por **Rav** o **Rab** (rabino, maestro) también tienen un origen judío. Así **Ravell** se referirá a un rabino viejo, **Rabinat** al Rabino Natán o **Rabadá** al rabino Adán.

Como nos explica Robert Burns en su libro *Jews in the Notarial Culture: Latinate Wills in Mediterranean Spain, 1250-1350* (Berkeley, 1996), algunos apellidos catalanes como **Aaró**, **Abraham**, **Asser**, **Astruc** o **Bonastruc**, **Davi**, **Isaac**, **Jucef**, **Jahuda**, **Mossé**, **Salamó** o **Salomó**, **Samiel** o **Samuel** y **Jacob**, tienen su origen en nombres propios hebreos.

Este sucinto trabajo, que en modo alguno pretende ser exhaustivo, únicamente aspira a enumerar algunos apellidos que podrían tener un origen judío. Obviamente, muchos de ellos han pertenecido a judíos y no judíos. En aquellos que hemos señalado como «apellido sefardí documentado», el lector puede dirigirse a la lista que aparece al final del libro.

La lista siguiente no aspira a ser completa ni tampoco pretende que todos los apellidos que aparecen en ella tengan un origen judío incuestionable. Como escribía Malka González Bayo, «El hecho de poseer apellidos de origen sefardí es significativo sólo en aquellas personas que sienten cierta predisposición a este tipo de identificación y a las que de alguna manera se les ha hecho sentirse vinculadas a una mínima conciencia de identidad o pertenencia. Sin duda, en estos casos, los apellidos son una señal. En otros, sin embargo, los apellidos apenas cuentan».

Abanaxaco o **Abnaxaquo**, apellido judío documentado.
Abduch, apellido judío documentado.
Abella, apellido sefardí documentado.
Abellà, apellido procedente de elementos de la naturaleza.
Abellané, apellido procedente de elementos de la naturaleza.
Abenaarón, apellido judío mallorquín documentado.
Abenainuiz, apellido judío mallorquín documentado.
Abenainuz, apellido judío mallorquín documentado.
Abenallel, apellido judío mallorquín documentado.
Abenamar, apellido judío mallorquín documentado.
Abenambran, apellido judío mallorquín documentado.
Abenamun, apellido judío mallorquín documentado.
Abenfarmo, apellido judío mallorquín documentado.
Abeniach, apellido judío documentado.
Abenjuceff, apellido judío mallorquín documentado.
Abenzando, apellido judío mallorquín documentado.

Abinmussa, apellido judío mallorquín documentado.

Abnaçaya, apellido judío documentado.

Abnasach o **Abnaxech**, apellido judío documentado.

Abnataboch, apellido judío documentado.

Abrafim, apellido judío mallorquín documentado.

Abraham, apellido judío documentado, que también es nombre propio.

Abraym, apellido judío mallorquín documentado.

Abreu, por «hebreo», apellido sefardí documentado.

Acach o **Acaz**, apellido judío documentado.

Achalfalla, apellido judío mallorquín documentado.

Adam, apellido que también es nombre propio.

Aeli, apellido judío mallorquín documentado.

Afanell, apellido sefardí documentado.

Agramunt, apellido sefardí documentado.

Aguilar y **Aguilera**, apellidos procedentes de elementos de la naturaleza.

Aguiló, apellido judío mallorquín documentado.

Agustí, apellido judío mallorquín documentado.

Aiguadé, apellido relacionado con una profesión, era el repartidor de agua.

Alamany, apellido sefardí documentado.

Alatzar, apellido sefardí documentado.

Alay, apellido que significa «multitud» en ladino.

Alazarac, apellido judío mallorquín documentado.

Albala o **Albalá**, apellido documentado de judíos que realizaron préstamos.

Albanell, apellido sefardí documentado.

Albanet, apellido judío documentado.

Albertí, apellido judío mallorquín documentado.

Albons, apellido sefardí documentado.

Alcanet, apellido judío mallorquín documentado.

Alcastell, apellido sefardí documentado.

Alcina o **Alzina**, **Ausina**, **Olcina**, **Oncina**, **Olzina** y **Olsina**, apellidos procedentes de elementos de la naturaleza.
Alemany, apellido sefardí documentado.
Alfandeny, apellido sefardí documentado.
Alfavell, apellido documentado de judíos que realizaron préstamos.
Alleva, apellido documentado de judíos que realizaron préstamos.
Almoxnino, apellido judío documentado.
Alzinella, **Alzinellas** y **Olzinelles**, apellidos procedentes de elementos de la naturaleza.
Amadó, apellido sefardí documentado.
Amat, apellido sefardí documentado.
Ametller, apellido procedente de elementos de la naturaleza.
Amigó, apellido sefardí documentado.
Amorós, apellido sefardí documentado.
Amzalag, apellido relacionado con una profesión: «joyero».
Andalí, apellido judío documentado.
Andreu, apellido judío mallorquín documentado.
Angelet, apellido sefardí documentado.
Aninay, apellido documentado de judíos que realizaron préstamos.
Antolí, apellido sefardí documentado.
Anvocach, apellido judío documentado.
Aragall o **Aragay**, apellido sefardí documentado.
Aragonès, apellido judío mallorquín documentado.
Arbolí, apellido procedente de elementos de la naturaleza.
Ardot, apellido sefardí documentado.
Argenter, apellido sefardí documentado.
Arnau, apellido judío mallorquín documentado.
Artés, apellido sefardí documentado.
Assoc, apellido judío mallorquín documentado.
Astruc o **Astrug**, apellido judío documentado.
Asturgó, apellido sefardí documentado.
Atzarell, apellido sefardí documentado.
Atzeguendo, apellido judío mallorquín documentado.

Atzerías, apellido sefardí documentado.

Atzus, apellido judío mallorquín documentado.

Aulet, apellido procedente de elementos de la naturaleza.

Avengenà, apellido documentado de judíos que realizaron préstamos.

Avenmarich, apellido sefardí documentado.

Àvila, apellido sefardí documentado.

Avincacez, apellido judío documentado.

Avinfullo, apellido judío documentado.

Ayen, apellido sefardí documentado.

Aymeric, apellido judío mallorquín documentado.

Azdai, apellido documentado de judíos catalanes de Lleida.

Bach, apellido judío mallorquín documentado.

Badía, apellido judío mallorquín documentado.

Badoc, apellido sefardí documentado.

Badorch, apellido sefardí documentado.

Bages, apellido sefardí documentado.

Baldaura, apellido sefardí documentado.

Ballesté o **Ballester**, apellidos relacionados con una profesión, fabricante de ballestas.

Baqué, **Baquer** o **Vaqué**, apellidos relacionados con una profesión: vaquero.

Banet, **Benet**, **Beneit**, **Benaseit**, **Beneseit**, **Beneset**, **o Benaset**, apellido que también es nombre propio, corresponde al *Baruj* hebreo.

Barbé y **Barber**, apellidos referidos a una profesión, «barbero».

Barbosa, apellido sefardí documentado.

Barcela, apellido judío documentado.

Barceló, apellido judío mallorquín documentado.

Bardasi o **Bardají**, apellido judío documentado.

Barella da Costa, apellido sefardí documentado.

Bargilón o **Barchilón**, natural de Barcelona.

Barja, de *Berajah*, «bendición».
Baró, apellido judío documentado.
Barral, apellido sefardí documentado.
Bartomeu o **Bartumeu**, apellido que también es nombre propio. Probablemente «hijo de Tomé».
Bassat, apellido sefardí documentado.
Bassó, apellido judío mallorquín documentado.
Bedòs, apellido sefardí documentado.
Bel, apellido sefardí documentado.
Beltrán, apellido judío mallorquín documentado.
Bellcaire, apellido sefardí documentado.
Bellhoms, apellido sefardí documentado.
Belloch o **Bellocs**, apellidos sefardíes documentados.
Belluga, apellido sefardí documentado.
Bellbiure, apellido sefardí documentado.
Benach o **Binach**, apellido judío documentado.
Benarroch, literalmente «hijo de la cabeza» o «hijo del jefe».
Benazet, probablemente «hijo de Azet».
Benbenist, **Benbeniste**, **Benveniste**, **Benbenisti** o **Benbanaste**, «bien venido», apellido judío documentado.
Bendaamar, apellido judío mallorquín documentado.
Benet, apellido judío mallorquín documentado.
Benmaimón, apellido judío mallorquín documentado.
Bensaadon, apellido judío mallorquín documentado.
Benfara, apellido judío mallorquín documentado.
Bensalmon, apellido judío mallorquín documentado.
Bentorá o **Ventura**, significa «hijo de la Torá» o «hijo de la Ley».
Benvenguda, apellido sefardí documentado.
Berart, apellido sefardí documentado.
Bertomeu, apellido sefardí documentado.
Besalú, apellido sefardí documentado.
Bisbal, apellido sefardí documentado.
Bisbe, apellido sefardí documentado.

Blanc y **Blanch**, apellidos relacionados con colores: «blanco».

Blat, **Trego** y **Trigo**, apellidos procedentes de elementos de la naturaleza, «trigo».

Blau, apellido sefardí documentado.

Bleda, apellido sefardí documentado.

Bofill, apellido sefardí documentado.

Boget, apellido sefardí documentado.

Boix o **Boj**, apellido procedente de elementos de la naturaleza.

Boldú, apellido sefardí documentado.

Bo, apellido judío mallorquín documentado.

Bon, apellido sefardí documentado.

Bonacosa, apellido sefardí documentado.

Bonafeu, apellido sefardí documentado.

Bonafide, **Bonafè** o **Bonafed**, «buena fe».

Bonafilla, apellido sefardí documentado.

Bonastre o **Bonastruch**, literalmente «buen astro» o sea «buen destino», corresponde a la conocida expresión hebrea «Mazal Tov» y es un apellido sefardí documentado.

Bonatòs, apellido sefardí documentado.

Bonell, **Bonells**, **Bonet**, **Bonin** y **Bonnin**, relacionados con «bueno», en hebreo *Tov*.

Bonfils o **Bonfill**, «buen hijo».

Bonhome, apellido sefardí documentado.

Boniac, apellido sefardí documentado.

Bonifós, apellido sefardí documentado.

Bonjac y **Bonjach**, apellido documentado de judíos que realizaron préstamos.

Bonjorn, «buen día», es un apellido sefardí documentado.

Bonmassip, apellido documentado de judíos que realizaron préstamos.

Bonnin, apellido de converso mallorquín documentado.

Bonsenyor, apellido documentado de judíos catalanes de Tortosa.

Borràs, apellido judío mallorquín documentado.

Bové, **Bubé** y **Bover**, apellidos relacionados con una profesión, se aplicaban a aquellos que guardaban lo bueyes.
Bruc, apellido procedente de elementos de la naturaleza.
Brull, apellido judío mallorquín documentado.
Brunella, apellido sefardí documentado.

Ça Vall o **Savall**, apellido procedente de elementos de la naturaleza, «el valle».
Cabestany o **Capestang**, apellido sefardí documentado.
Cabod o **Cabot**, de ***Kavod***, «gloria», «honor».
Cabrera, apellido judío mallorquín documentado.
Cabrit, apellido documentado de judíos que realizaron préstamos.
Caçes o **Caçez**: apellido judío documentado.
Calaf, apellido sefardí documentado.
Caldes, apellido sefardí documentado.
Call,**Callol** y **Calls**, referido a un lugar, procedería de *Kahal*, «comunidad», «congregación».
Çamaral, apellido judío documentado.
Cambó, apellido sefardí documentado.
Camí, apellido sefardí documentado.
Camrodón, apellido sefardí documentado.
Canet, apellido judío mallorquín documentado
Canti, apellido judío mallorquín documentado.
Canto, apellido judío mallorquín documentado.
Canyelles, apellido judío mallorquín documentado.
Çaporta o **Saporta**: apellido judío documentado.
Carbó, apellido judío mallorquín documentado.
Cardona, apellido sefardí documentado.
Caritg, que en hebreo significa «tiburón».
Cartellà, apellido sefardí documentado.
Casellas, apellido sefardí documentado.
Cases, apellido judío mallorquín documentado.
Castanyer, apellido procedente de elementos de la naturaleza.

Castell, apellido sefardí documentado.
Castellà, apellido judío mallorquín documentado.
Castelloli, apellido sefardí documentado.
Castelló, apellido sefardí documentado.
Catalani, «natural de Catalunya», es un apellido adquirido al viajar.
Çatorre, apellido judío documentado.
Catorze, apellido judío documentado.
Cavaller y **Cavallero**, apellidos referentes a una profesión, «caballero».
Chaltiel, apellido judío documentado; también es nombre propio: Sealtiel.
Cerdà, apellido judío mallorquín documentado.
Cirer, apellido procedente de elementos de la naturaleza.
Cistaré o **Cisteré**, apellido relacionado con una profesión: «cestero».
Ciuró, apellido procedente de elementos de la naturaleza.
Claramunt, apellido sefardí documentado.
Claret, apellido sefardí documentado.
Claverol, apellido sefardí documentado.
Cosa, apellido sefardí documentado.
Clobelles, apellido sefardí documentado.
Cocher, apellido sefardí documentado.
Cofé o **Cofen**, apellido judío documentado.
Cohen, apellido relacionado con una profesión: «sacerdote».
Colom, apellido sefardí documentado.
Colomar, apellido sefardí documentado.
Coll, apellido judío mallorquín documentado.
Company, apellido sefardí documentado.
Comparat, apellido judío documentado.
Conesa, apellido sefardí documentado.
Corconi, apellido judío documentado.
Corretjer, apellido judío mallorquín documentado.
Cort, apellido sefardí documentado.
Cortés, apellido chueta y sefardí documentado.
Corvera, apellido sefardí documentado.

Crespí, apellido sefardí documentado.
Crespià, apellido sefardí documentado.
Creus, apellido sefardí documentado.
Cruylles, apellido sefardí documentado.
Cubí, apellido sefardí documentado.

Daics, apellido judío mallorquín documentado.
Dalmau, apellido judío mallorquín documentado.
Davi, apellido sefardí documentado.
Dayan, apellido relacionado con una profesión: «juez».
De Anguera, apellido sefardí documentado.
De Forn, apellido sefardí documentado.
De Gironella, apellido sefardí documentado.
De la Porta, apellido sefardí documentado.
De la Rosa, apellido sefardí documentado.
De Llampart, apellido sefardí documentado.
De Mercadell, apellido sefardí documentado.
De Mestre, apellido sefardí documentado.
De Orta, apellido sefardí documentado.
De Palafolls, apellido sefardí documentado.
De Perelada, apellido sefardí documentado.
De Quart, apellido sefardí documentado.
De Quercí, apellido judío documentado.
De Ribelles: apellido judío documentado.
De Roda, apellido sefardí documentado.
De Sant Celoni, apellido sefardí documentado.
De Solà, apellido sefardí documentado.
De Suan, apellido sefardí documentado.
De Tarragona, apellido sefardí documentado.
De Tárrega, apellido sefardí documentado.
De Tortosa, apellido sefardí documentado.
De Vic, apellido sefardí documentado.
Desbach, apellido sefardí documentado.

Desgrau, apellido judío mallorquín documentado.
Desplà, apellido sefardí documentado.
Despont, apellido judío mallorquín documentado.
Desportell, apellido judío mallorquín documentado.
Despuig, apellido judío mallorquín documentado.
Deulosal, apellido sefardí documentado.
Dolcet, apellido sefardí documentado.
Dolit Dayan, apellido judío mallorquín documentado.
Durán, apellido documentado de judíos que realizaron préstamos, así como de varios rabinos.

Elies o **Elias**, de *Eliahu*, «Elías».
Espinach, apellido sefardí documentado.
Espinàs, apellido procedente de elementos de la naturaleza.
Esplugues, apellido sefardí documentado.
Exalo, apellido judío documentado.

Fahim, apellido documentado de judíos que realizaron préstamos.
Farrcch, apellido sefardí documentado.
Febrer, apellido sefardí documentado.
Ferrusol, apellido judío mallorquín documentado.
Figa, apellido procedente de elementos de la naturaleza.
Figol, apellido sefardí documentado.
Figuera y **Figueras**, apellidos procedentes de elementos de la naturaleza.
Fiol, apellido judío mallorquín documentado.
Flor, apellido procedente de elementos de la naturaleza.
Fonat, apellido sefardí documentado.
Font o **Fonts**, apellidos procedentes de elementos de la naturaleza.
Fontcuberta, apellido judío mallorquín documentado.
Forcadell, apellido sefardí documentado.
Forné o **Forner**, apellido relaciondo con una profesión: «panadero».

Francès: apellido judío documentado.
Frigola, apellido sefardí documentado.
Fullana, apellido sefardí documentado.
Fullosa, apellido judío mallorquín documentado.
Fusté y **Fuster**, apellido relacionado con una profesión: «carpintero».

Gabay, evoca un título honorable: «oficial».
Galiana, apellido sefardí documentado.
Gallipapa, apellido documentado de judíos catalanes de Lleida.
Garí, apellido judío mallorquín documentado.
Garret, apellido judío mallorquín documentado.
Garriga, apellido sefardí documentado.
Gatenyò, apellido judío documentado.
Gattenga, apellido documentado de judíos que realizaron préstamos.
Gavarrera, apellido procedente de elementos de la naturaleza.
Gavia, apellido documentado de judíos que realizaron préstamos.
Gatzar, apellido judío mallorquín documentado
Gener, apellido judío mallorquín documentado.
Gerundi o **Gironés**, natural de Girona.
Ginard, apellido sefardí documentado.
Ginesta, apellido procedente de elementos de la naturaleza.
Gostins, apellido judío mallorquín documentado
Gostons, apellido judío mallorquín documentado.
Grau, apellido sefardí documentado.
Gregori, apellido de converso mallorquín documentado.
Gual, apellido sefardí documentado.
Guanyalons, apellido judío mallorquín documentado.
Guasch, apellido judío mallorquín documentado.

Haddad, apellido relacionado con una profesión: «herrero».
Hakim, apellido relacionado con una profesión: «medico».
Halip, apellido judío documentado.
Hazan o **Jazán**, apellido relacionado con una profesión: «cantor».

Ibn Kasdai, apellido documentado de judíos catalanes de Barcelona.
Ibn Zabara, apellido documentado de judíos catalanes de Barcelona.
Isaac, apellido documentado de judíos catalanes de Barcelona.

Jacob, apellido judío documentado, también es nombre propio.
Jacovet, apellido sefardí documentado.
Jaffia, apellido judío mallorquín documentado.
Jafia, apellido documentado de judíos que realizaron préstamos.
Janer, apellido sefardí documentado.
Jaume, apellido judío mallorquín documentado.
Jodara, apellido sefardí documentado.
Jordà, apellido sefardí documentado relacionado con un nombre bíblico: el río Jordán.
Juceff, apellido judío mallorquín documentado.
Jufa, apellido judío documentado.
Julià, apellido judío mallorquín documentado.
Juncar, apellido judío mallorquín documentado.
Junet, apellido sefardí documentado.
Juniz, apellido judío documentado.

Lagarriga, apellido sefardí documentado.
Levi, apellido judío documentado, también es nombre propio.
Limòs, apellido judío documentado.
Lobell, apellido documentado de judíos que realizaron préstamos.
Llagostera, apellido sefardí documentado.
Lledó, apellido procedente de elementos de la naturaleza.
Lleida, apellido sefardí documentado.
Lleó, apellido sefardí documentado.
Llimona, apellido procedente de elementos de la naturaleza.
Llop, apellido judío mallorquín documentado.
Llopis, apellido judío mallorquín documentado.
Llor, apellido procedente de elementos de la naturaleza.

Macaboth, apellido judío documentado.
Madramany, apellido sefardí documentado.
Magrané, apellido procedente de elementos de la naturaleza.
Maimó y **Maymó**, apellidos documentados de judíos que realizaron préstamos.
Mair, apellido documentado de judíos que realizaron préstamos.
Malet, apellido documentado de judíos catalanes de Barcelona.
Malferit, apellido sefardí documentado.
Malrich, apellido judío mallorquín documentado.
Manresa, apellido sefardí documentado.
Mantí o **Mantín**, apellido judío documentado.
Maravent, apellido sefardí documentado.
Marfá, que en hebreo significa «medicina».
Margarit, apellido sefardí documentado.
Marí, apellido judío mallorquín documentado.
Marimón, apellido sefardí documentado.
Martí, apellido sefardí documentado.
Mascaró, apellido sefardí documentado.
Massana, apellido sefardí documentado.
Massip, apellido sefardí documentado.
Massot, apellido judío mallorquín documentado.
Mata, apellido sefardí documentado.
Mataró, apellido sefardí documentado.
Melamed, apellido relacionado con una profesión: «maestro».
Melca: apellido judío documentado.
Mercar: apellido judío documentado.
Mercadé, **Mercader** o **Mercadell**, apellido judío documentado.
Merola, apellido sefardí documentado.
Mestre, apellido sefardí documentado.
Migeró, apellido documentado de judíos catalanes de Tortosa.
Milà, apellido sefardí documentado, que significa «palabra».
Miró, apellido sefardí documentado.

Mocatil, apellido judío mallorquín documentado.
Moix, apellido sefardí documentado.
Molet, apellido sefardí documentado.
Monells, apellido sefardí documentado.
Montfort, apellido sefardí documentado.
Montalt, apellido sefardí documentado.
Montañans, apellido sefardí documentado.
Montblansc, apellido sefardí documentado.
Montclús, apellido sefardí documentado.
Morató, apellido sefardí documentado.
Moré, apellido referente a una profesión, de *Moreh*, «profesor».
Moreno, apellido que evoca un título honorable: «maestro nuestro».
Morera, apellido procedente de elementos de la naturaleza.
Morro, apellido sefardí documentado.
Mosse, apellido judío documentado, también es nombre propio: «Moisés».
Moya, apellido sefardí documentado.
Mulet, apellido sefardí documentado.
Muntaner, apellido sefardí documentado.
Mur, apellido sefardí documentado.
Murta, apellido sefardí documentado.

Nabon o **Navon**, evoca un título honorable: «sabio».
Nadal, apellido sefardí documentado.
Nagar, apellido relacionado con una profesión: «carpintero».
Najar, apellido procedente de elementos de la naturaleza, del hebreo *Najar*, «río».
Natan, apellido documentado de judíos catalanes de Tárrega.
Natronai, apellido judío documentado.
Navardu, apellido judío mallorquín documentado.
Negra y **Negre**, apellidos relacionados con colores: «negro».
Nissim, apellido judío documentado.
Noguer y **Nogués**, apellidos procedentes de elementos de la naturaleza.

Nomdedeu, literalmente «Nombre de Dios».
Oliva, **Olivé** y **Oliver**, apellidos sefardíes documentados.
Oluja, apellido judío documentado.
Oms, apellido procedente de elementos de la naturaleza.
Orella, apellido judío mallorquín documentado.
Osca, apellido sefardí documentado.
Ossona, apellido sefardí documentado.

Pagès, apellido sefardí documentado.
Pagol, apellido judío documentado.
Palou, apellido sefardí documentado.
Pallàs, apellido judío mallorquín documentado.
Parerou, apellido sefardí documentado.
Parés y **Peres**, apellidos procedentes de elementos de la naturaleza.
Parets, apellido judío mallorquín documentado.
Passarell, apellido sefardí documentado.
Pau, apellido sefardí documentado.
Payà, apellido judío mallorquín documentado.
Pelegrí, apellido sefardí documentado.
Pellicer, apellido sefardí documentado.
Phayon, apellido judío mallorquín documentado.
Pomés y **Pomers**, apellidos procedentes de elementos de la naturaleza.
Pomera, apellido procedente de elementos de la naturaleza.
Pebrel, apellido documentado de judíos que realizaron préstamos.
Pellach, apellido relativo a una profesión. En hebreo significa «campesino», «labrador».
Peratallada, apellido sefardí documentado.
Perera, apellido procedente de elementos de la naturaleza.
Perelló, apellido procedente de elementos de la naturaleza.
Perfet o **Perfeit**, apellido documentado de judíos que realizaron préstamos.
Permanyer, apellido procedente de elementos de la naturaleza.

Pi, apellido procedente de elementos de la naturaleza.

Picó, apellido judío mallorquín documentado.

Piera, apellido sefardí documentado.

Pinya, apellido sefardí documentado.

Plasencia, apellido sefardí.

Plegamans, apellido judío mallorquín documentado.

Pons, apellido judío mallorquín documentado.

Pont, apellido sefardí documentado.

Pontremolí, apellido sefardí documentado.

Porsell, apellido sefardí documentado.

Portell, apellido judío mallorquín documentado.

Ptar, apellido sefardí documentado.

Pratginesta y **Pratginestós**, apellidos procedentes de elementos de la naturaleza.

Pruna y **Pruneda**, apellidos procedentes de elementos de la naturaleza.

Puig, apellido procedente de elementos de la naturaleza.

Puigcerdà, apellido sefardí documentado.

Quadras y **Quadres**, apellido sefardí documentado.

Quart, apellido sefardí documentado.

Rabadá, que fonéticamente recuerda a Rav Adán, el rabino Adán, significa en ladino «pronto», «velozmente».

Rabella y **Ravella**, probablemente derivados de «Rav Elías».

Rebassa, apellido judío mallorquín documentado.

Remoch y **Rimoch**, apellidos documentados de judíos que realizaron préstamos.

Requesens, apellido judío mallorquín documentado.

Reus, apellido sefardí documentado.

Revollart, apellido judío documentado.

Ribalta, apellido sefardí documentado.

Ribas, apellido sefardí documentado.

Ribes, apellido de converso mallorquín documentado.

Ripoll, apellido sefardí documentado.
Riu o **Rius**, apellidos procedentes de elementos de la naturaleza.
Rocamora, apellido sefardí documentado.
Roch, apellido sefardí documentado.
Romano, «natural de Roma», es un apellido adquirido al viajar.
Roda, apellido sefardí documentado.
Rodés, apellido sefardí documentado.
Romeguera, apellido procedente de elementos de la naturaleza.
Romeu, apellido sefardí documentado.
Ros o **Rosh**, «cabeza», «principal».
Rosal y **Rosas**, apellidos procedentes de elementos de la naturaleza.
Rossell, apellido documentado de judíos que realizaron préstamos.
Rosselló, apellido sefardí documentado.
Runell, apellido documentado de judíos catalanes de Barcelona

Saban, apellido relacionado con una profesión: «jabonero».
Sabarta, apellido sefardí documentado.
Sabat, de *Shabat*, «sábado».
Sabater, apellido judío documentado, está relacionado con una profesión: «zapatero».
Saccall, apellido sefardí documentado.
Sagarra, apellido sefardí documentado.
Sahula o **Saula**, apellido judío documentado.
Salamó o **Salomó**, de *Shlomo*, «Salomón».
Salandí, apellido documentado de judíos de Girona.
Salamó, apellido judío documentado.
Salomó, apellido sefardí documentado.
Salisachs, apellido sefardí documentado.
Saltell, apellido sefardí documentado.
Salvador, apellido sefardí documentado.
Samarell, apellido sefardí documentado.
Samsó, de *Shinshon*, «Sansón».
Sanoga, apellido judío documentado.

Sanagustí, apellido judío mallorquín documentado.
Santangel, apellido judío documentado.
Saporta, apellido documentado de judíos catalanes de Barcelona.
Saragoça, apellido documentado de judíos catalanes de Barcelona.
Sardí, apellido judío documentado.
Sarruc, apellido judío documentado.
Sartori, apellido judío documentado.
Sastre, apellido relacionado con una profesión: «sastre».
Savanals, apellido sefardí documentado.
Savi, apellido sefardí documentado.
Seguí, apellido sefardí documentado.
Senyor, apellido sefardí documentado.
Serra, apellido sefardí documentado.
Shalom, **Salom** o **Xalom**, de *Shalom*, «paz».
Sirvent, apellido sefardí documentado.
Sisa, apellido sefardí documentado.
Siscar, apellido judío documentado.
Sitges, apellido sefardí documentado.
Socarrats o **Sucarrats**, apellido sefardí documentado.
Soldevila, apellido sefardí documentado.
Solís, apellido sefardí documentado.
Strela, apellido judío documentado.
Sunyer, apellido sefardí documentado.
Sureda, apellido sefardí documentado.
Sutlam, apellido judío documentado.

Taberner, apellido relacionado con una profesión: «tabernero».
Talamanca, apellido sefardí documentado.
Tagamanent, apellido sefardí documentado.
Talladas, apellido sefardí documentado.
Tamborer, apellido sefardí documentado.
Tarongí, apellido judío mallorquín documentado.
Tàrrega, apellido judío mallorquín documentado.

Tayat, apellido judío mallorquín documentado.
Teixidor, apellido sefardí documentado.
Tenim, apellido sefardí documentado.
Tintorer, apellido sefardí documentado.
Todó, apellido sefardí documentado.
Tort, apellido sefardí documentado.
Toledano, «natural de Toledo», es un apellido adquirido al viajar.
Toros, apellido documentado de judíos que realizaron préstamos.
Torroella, apellido sefardí documentado.
Tresbens, apellido sefardí documentado.
Trullols, apellido sefardí documentado.
Tur, apellido sefardí documentado.

Valdaura, apellido sefardí documentado.
Valentí, apellido sefardí documentado.
Valeriola, apellido sefardí documentado.
Vallés, apellido sefardí documentado.
Valls, apellido judío mallorquín documentado.
Vert, apellido relacionado con colores, «verde».
Vicens, apellido sefardí documentado.
Vidal, apellido que también es nombre propio.
Vila, apellido sefardí documentado.
Vilafort, apellido sefardí documentado.
Vilamanya, apellido sefardí documentado.
Vilamarí, apellido sefardí documentado.
Vilanova, apellido sefardí documentado.
Vilella, apellido sefardí documentado.
Viñes, apellido judío mallorquín documentado.
Vives, apellido judío mallorquín documentado.

Xaprut, apellido sefardí documentado.
Xifré, apellido procedente de elementos de la naturaleza.
Xixò, apellido sefardí documentado.

El libro verde de Aragón

Uno de los documentos más valiosos de los que disponemos para hurgar en los apellidos judeoespañoles es el denominado *Libro Verde de Aragón*.

Este manuscrito, fechado en 1507, o sea apenas unos años después de la expulsión de 1492, nos ofrece las genealogías de varias familias aragonesas con sus antecedentes conversos. Estuvo muy difundido en el siglo XVI y la primera parte del XVII, y muy probablemente se trate sencillamente de un libelo destinado a perjudicar a los descendientes de algunos personajes que aparecen en él. Poco importa, lo importante es que nos proporciona una lista de nombres bastante extensa, lista que reproducimos a continuación.

Al comienzo del libro su autor declara: «huve clara noticia de la mayor parte de los conversos deste reyno de Aragón y allí deliberé de hazer este sumario por dar luz a los que tuvieran voluntad de no mezclar su limpieza con ellos que sepa de qué generaciones de judíos descienden los siguientes, por que la expulsión general dellos fecha en España en el año 1492 no quite de la memoria lo que fuesen sus parientes».

En 1620 el Tribunal de la Inquisición prohibió la lectura de este libro que fue quemado públicamente dos años más tarde en la plaza del mercado de Zaragoza.[1]

Existen varias ediciones más o menos completas en castellano y de entre todas ellas recomendamos la de la editorial Certeza.

---

1. Se conservan sin embargo varios manuscritos concretamente en la Biblioteca Colombina (Sevilla), el Archivo Histórico Nacional (Madrid), La Biblioteca Nacional (Madrid), el Archivo General del Reino de Valencia y en la Biblioteca del Colegio de Abogados de Zaragoza.

Fecha	Inculpado[1]	Localidad	Condena
1484	[...], Aldonza*	Teruel	Relajada
1484	Besant, Brianda*	Teruel	Relajada
1484	Besant, Donosa*	Teruel	Relajada
1484	Besant, Pablo*	Cella	Reconciliado
1484	García, Fernando	Cella	Absuelto
1484	Gonzalo Ruiz, Gil de*	Teruel	Relajado
1484	Gracia, Donosa*	Teruel	Reconciliada
1484	Marcilla, Beatriz de*	Teruel	
1484	Pomar, Pedro, mayor*	Teruel	
1484	Puigmija, Francisco de*	Teruel	Relajado
1484	Ram, Berenguer*	Teruel	
1484	Ruiz, Donosa*	Teruel	Relajada en estatua
1484	Ruiz, Gil, alias el Dentudo*	Teruel	
1484	Ruiz, Gonzalo*	Teruel	Relajado en estatua
1484	Ruiz, Gracia*	Teruel	Relajada en estatua
1484	Sánchez el Royo, Juan*	Teruel	Relajado
1484	Santángel, Alfonso*	Teruel	Relajado en estatua
1484	Santángel, Jaime de, menor*	Teruel	
1484	Santángel, Luis de*	Teruel	Relajado
1484	Santángel, Violante de*	Teruel	
1484	Toledo, Diego de*	Teruel	Relajado
1484	Ximénez, Gracia, alias Ram*	Teruel	Relajada en estatua
1484 - 1486	Salvador, Esperandeo*	Zaragoza	Relajado
1485	Abenjaca, Jaime	Zaragoza	Relajado
1485	Alfonso, Fernando, alias Salmonero*	Arcos	Absuelto
1485	Ali, Aldonza de*	Teruel	Reconciliada
1485	Gil, Joan*	Teruel	
1485	Martínez de Santángel, mayor*	Teruel	Relajado
1485	Navarro, Isabel*	Teruel	Relajada
1485	Navarro, Úrsula*	Teruel	Relajada
1485	Pelayo, Cristóbal	Zaragoza	Relajado *post mortem*
1485	Perpiñán, Constanza*	Zaragoza	Relajada en estatua
1485	Ribas, Aldonza de*		

[1] Se señala con un asterisco (*) los procesos conservados tanto en el Archivo Histórico Provincial de Zaragoza como en el Archivo Histórico Nacional.

Fecha	Inculpado	Localidad	Condena
1485 1488 - 1491	Ribas, Juan de*	Zaragoza	Penitenciado Relajado
1485	Río, María del*	Teruel	Abjuración
1485	Santa Clara, Jaime de*	Calatayud	
1485	Santángel, Brianda*	Teruel	
1485	Segovia, Álvaro de	Zaragoza	Relajado
1485 - 1486	Buisán, Guillén de*	Zaragoza	Relajado
1485 - 1486	Ribas, Bernardo de*	Zaragoza	Relajado
1485 - 1487	Montesa, Jaime*	Zaragoza	Relajado
1485 - 1487	Pérez, Antonio*	Zaragoza	Relajado en estatua
1486	[...], Esperanza*	Teruel	
1486	[...], Tolosana*	Teruel	Reconciliada
1486	[...], Violante*	Teruel	
1486	[...], Violante*	Teruel	Relajada en estatua
1486	Abadía, María de la	Zaragoza	Relajada
1486	Abella, Jaime de*	Tamarite	
1486	Adam, Blanca*	Zaragoza	Penitenciada
1486	Almazán, Aldonza de		Penitenciada
1486	Almazán, Gilabert de		Penitenciado
1486	Almazán, Manuel de		Relajado
1486	Almazán, Manuel de	Zaragoza	Relajado
1486	Almazán, Miguel de		Relajado
1486	Amigo, Pedro*	Albarracín	
1486	Andrés, Juan*	Barbastro	
1486	Bardaxí, Luis de*	Tamarite	
1486	Baro, Juan*		
1486	Belluga, Francisco	Villel	
1486	Berenguer, Galcerán	Zaragoza	Relajado en estatua
1486	Bonanat, Juan, mayor*	Monzón	
1486	Bonanat, Juan, menor*	Monzón	
1486	Calatayud, Violante de*	Calatayud	Relajada
1486	Climent, Francisco *	Zaragoza	Relajado
1486	Colom, Juana*	Zaragoza	

Fecha	Inculpado	Localidad	Condena
1486	Chinilla, Pedro de*	Zaragoza	
1486	Doz, Juan*	Barbastro	
1486	Ejea, Pedro de		Relajado
1486	Esperandeu, Juan de	Zaragoza	Relajado
1486	Francés, Vidal		Relajado
1486	Francés, Vidal, alias Durango	Zaragoza	Relajado
1486	Ginot, Dionisio	Zaragoza	Relajado
1486	Gracia, Juan de*	Tamarite	
1486	Gris, Rodrigo de	Zaragoza	Relajado
1486	Hita, Gonzalo de		Relajado en estatua
1486	Huesca, María de*	Zaragoza	
1486	Juan, Segura de	Zaragoza	Relajado
1486	Lasala, Juan*	Tamarite	
1486	León, Juan de	Zaragoza	Relajado
1486	Lobera, Juan*	Monzón	
1486	López, García	Zaragoza	Relajado en estatua
1486	Monfort, Pedro		Relajado
1486	Monfort, Pedro	Zaragoza	Relajado
1486	Moros, Felipe de		Penitenciado
1486	Moros, Pedro de*	Zaragoza	
1486	Muñoz, Pedro	Zaragoza	Relajado
1486	Navarro, Juan*	Zaragoza	
1486	Oliván, Miguel de	Zaragoza	Relajado
1486	Pérez, Guillermo*	Teruel	
1486	Pero Sánchez, Juan de	Zaragoza	Relajado en estatua
1486	Pisa, María de*	Zaragoza	
1486	Pomar, Antón de	Zaragoza	Relajado
1486	Puigmija, Francisco de, alias Francés*	Teruel	
1486	Puigmija, Manuel de*	Teruel	
1486	Puigmija, Violante de*	Teruel	
1486	Pujol, Juan*	Huesca	
1486	Pujol, Raimundo*	Monzón	
1486	Ram, Fernando*	Teruel	
1486	Ram, Jaime*	Huesca	
1486 1491	Ram, Juan*	Teruel	 Relajado
1486	Rey, Jaime del*	Huesca	

Fecha	Inculpado	Localidad	Condena
1486	Ruiz, Aldonza*	Teruel	
1486	Ruiz, Alfonsina*	Teruel	
1486	Ruiz, Antón*	Teruel	
1486	Ruiz, Galván*	Teruel	
1486	Ruiz, Gil*	Teruel	
1486	Ruiz, Gil, alias de la Cabra*	Teruel	Relajado en estatua
1486	Ruiz, Gil, menor*	Teruel	
1486	Ruiz, Gracia*	Teruel	
1486	Ruiz, Violante	Zaragoza	Relajada
1486	Salvador, Pedro*	Zaragoza	
1486	Salvador, Violante		Relajado
1486	Salvat, María*	Monzón	
1486	Sánchez Benet, Bartolomé		Penitenciado
1486	Sánchez, Isabel*	Zaragoza	
1486	Santa Cruz, Gaspar de[2]	Zaragoza	Relajado en estatua
1486	Santa Fe, Francisco de		Relajado
1486	Santángel, Gabriel de*	Barbastro	
1486	Santángel, Leonor de*	Teruel	
1486	Santángel, Luis de*	Zaragoza	
1486	Santángel, Martín de	Zaragoza	Relajado en estatua
1486	Santángel, Violante de*	Teruel	
1486	Sierra, Luis de*	Zaragoza	
1486	Suñén, Juan de	Zaragoza	Relajado
1486	Tamarit, Eulalia*	Zaragoza	
1486	Toledo, Luis de*	Teruel	
1486	Urrea, Pedro de		Relajado
1486	Velviure, Violante de		Penitenciada
1486	Zaporta, Juan de*	Monzón	
1486 - 1487	Bello, Constanza de*	Zaragoza	Relajada
1486 - 1487	Gotor, Diego	Zaragoza	Relajado
1486 - 1487	Ortigas, Leonor*	Zaragoza	Relajada
1486 - 1487	Rodríguez, Juan*	Zaragoza	Relajado
1486 - 1487	Romeo, Violante*	Zaragoza	Relajada

[2] Su hijo entrega un documento que acredita que su cadáver fue incinerado en Francia.

Fecha	Inculpado	Localidad	Condena
1486 - 1487	Santángel, Juan de	Zaragoza	Relajado
1486 - 1487	Tamarit, Valentina*	Zaragoza	Relajada
1486 - 1488	Almazán, Pedro de*	Zaragoza	Relajado
1486 - 1491	San Juan, Pedro de*	Zaragoza	Abjuración
1486 - 1497	Bonifant, Gaspar*	Zaragoza	Relajado en estatua
1486 – 1499	Santa Fe, Juan de, alias Esperandeo*	Tamarite	Relajado
1486 –1491	Cruillas, Isabel de		Penitenciada/ Relajada
1486 –1495	Sánchez, Catalina*	Zaragoza	Penitenciada/Relajada
1487	[...], Juana	Zaragoza	Relajada
1487	Abadía, Juan de la	Zaragoza	Relajado
1487	Almazán, Pedro de, mayor		Relajado
1487	Almazán, Pedro de, menor		Relajado
1487	Aquilué, Esperanza de*	Zaragoza	Abjuración
1487	Ariza, Esteban de*	Fuentes	
1487	Artigas, Juan, mayor	Zaragoza	Relajado
1487	Bardaxí, Luis de*	Huesca	
1487	Benet, Juan*	Albelda (Huesca)	
1487	Berenguer, Juan de	Zaragoza	Relajado
1487	Calahorra, Clara de*	Monzón	
1487	Clelba, Cristóbal de	Zaragoza	Relajado
1487	Cruillas, Ramon		Penitenciado
1487	Dezpalau, Blanca	Huesca	
1487	Ferrer, Juan*	Zaragoza	
1487	Francisco, Juan	Zaragoza	Relajado
1487	Jasa, Antón de, menor		Penitenciado
1487	León, Violante de		Relajada
1487	López, Leonor		Relajada
1487	Montesa, Leonor de		Relajada
1487	Moros, García de	Zaragoza	Penitenciado Relajado
1487	Pallarés, Luisa, viuda*	Barbastro	
1487	Pastor, Fresma*	Huesca	
1487	Pastor, Miguel*	Huesca	
1487	Pérez, Juan (Sevilla)	Sena	Relajado
1487	Pérez, Leonor	Zaragoza	Relajada
1487	Ram, Juan	Zaragoza	Relajado
1487	Ram, Mateo	Zaragoza	Relajado

Fecha	Inculpado	Localidad	Condena
1487	Ribas, Jaime de	Zaragoza	Penitenciado
1487	Sánchez, Aldonza		Penitenciada
1487	Sánchez, Alonso	Zaragoza	Relajado en estatua
1487	Sánchez, Angelina	Zaragoza	Relajada en estatua
1487	Santángel, Luis de	Zaragoza	Relajado
1487	Segovia, Constanza de		Relajada
1487	Tamarit, Olalla	Zaragoza	Relajada
1487	Torre, Pedro de la	Zaragoza	Relajado
1487	Traper, Juan	Zaragoza	Penitenciado
1487 - 1488	Ribera, Alonso de*	Zaragoza[3]	Relajado
1487 - 1488	Rodríguez Alonso*	Zaragoza[5]	Relajado
1488	[...], Leonor*	Calatayud	
1488	Álava, Juan de*	Burbáguena	
1488	Almaina, Miguel	Zaragoza	Relajado en estatua
1488	Berenguer, Brianda	Zaragoza	Relajada en estatua
1488	Cristián, Jaime*	Daroca	
1488	Cristián, Juan	Encinacorba	Relajado
1488	Escobar, Clara*	Calatayud	Abjuración
1488	Fajol, Galcerán*	Huesca	
1488	Ferrer, Antonia*	Zaragoza	
1488	Ferrer, Leonor	Zaragoza	Relajada
1488	Garriga, Gabriel	Zaragoza	Relajado en estatua
1488	Jiménez, María*	Daroca	
1488	Juan Sánchez, Juan de		Penitenciado
1488	Juan Sánchez, Luis de		Penitenciado
1488	Lanaja, Domingo, mayor	Pradilla	Relajado
1488	Madrid, Juan de	Zaragoza	Relajada en estatua
1488	Martínez de Rueda, Francisco, alias Tristán*	Cella	Relajado
1488	Martínez de Santángel, Jaime		Relajado
1488	Ojos Negros, Lope de	Zaragoza	Relajado
1488	Pérez de Ariza, Juan*	Calatayud	
1488	Pérez, Beatriz	Zaragoza	Relajada

[3] Originario de Córdoba.
[4] Natural de Sevilla.
[5] Oriundo de Sevilla

Fecha	Inculpado	Localidad	Condena
1488	Polo, Pedro*	Calatayud	
1488	Ramírez, Bernardo*	Daroca	
1488	Ramón, Jaime*	Calatayud	
1488	Ribas Altas, Aldonza de	Zaragoza	Penitenciada
1488	Ruesta, Catalina de*	Zaragoza	
1488	Sánchez, Antón		Penitenciado
1488	Sánchez, Antón	Zaragoza	Relajado
1488	Sánchez, Bernardo	Zaragoza	Relajado en estatua
1488	Sánchez, Brianda	Zaragoza	Relajada en estatua
1488	Santa Clara, Pedro de*	Calatayud	
1488	Santa Clara, Pedro de*	Calatayud	
1488 1492	Santa María, Gonzalo de	Zaragoza	Doblemente penitenciado (Reclusión perpetua domiciliaria)
1488	Santángel, Donosa de		Relajada
1488	Santángel, Juan Tomás		Penitenciado
1488	Santángel, Pedro		Penitenciado
1488	Santángel, Salvador, alias el Royo*	Barbastro	
1488	Torres, Francisco*	Épila	
1488	Vellera, Juan de*	Barbastro	
1488	Zaragoza, Juan de*	Zaragoza	
1488 –1499	Ram, Violante	Zaragoza	Penitenciada/Relajada
1489	Ariza, Juan de*	Calatayud	
1489	Benedit, Gracia*	Calatayud	
1489	Cabra, Jorge de la*	Calatayud	
1489	Casafranca, Jaime de		Penitenciado
1489	Castillón, Luis de		Penitenciado
1489	Climent de la Cavallería, Blanca		Penitenciada
1489	Daza, María*	Calatayud	
1489	Ejea, Juan de, menor	Alagón	Penitenciado
1489	Ejea, Martín de	Alagón	Penitenciado
1489	Fajol, Esperandeu*	Barbastro	
1489	Fajol, Isabel*	Huesca	
1489	Funes, Antonio de, menor*	Borja	
1489	Heredia, Luis de*	Villarroya	
1489	León, Gracia de*	Borja	
1489	López Coscolán, Juan*	Calatayud	

Fecha	Inculpado	Localidad	Condena
1489	Mateo, Alonso de	Zaragoza	Relajado
1489	Molinos, León de	Zaragoza	Relajado
1489	Moros, Felipe de*	Calatayud	
1489	Ortega, Diego de		Penitenciado
1489	Ortiz, Juan*	Mallén	
1489	Parexo, Diego*	Cariñena	
1489	Pasamar, Juan de*	Borja	
1489	Ramírez, Francisco*	Burbáguena	
1489	Ruiz el Sardinero, Jaime*	Borja	
1489	Salvat, Salvadora, alias Bardaxí, viuda*	Barbastro	
1489	Santa Clara, Simón de*	Calatayud	
1489	Santa Cruz, Alfonso de*	Calatayud	
1489	Santángel, Esperandeo de*		
1489	Urgel, Jaime de*	Ricla	
1489 - 1491	Santángel, Violante de*	Huesca	Penitenciada
1489 - 1492	Castro, Violante de	Alagón	Penitenciada
1489 –1501	López, María	Calatayud	Penitenciada
1490	Álava, García de*	Burbáguena	
1490	Alcalá, María de		Penitenciada
1490	Axalón, Juan de*	Ricla	
1490	Cavallería, María de la*	Zaragoza	
1490	Díez, Clara*	Sariñena	
1490	Ferriz, Luis	Zaragoza	Relajado
1490	López, Juan*	Zaragoza	Penitenciado
1490	Luna, Pedro de*	Barbastro	
1490	Palomar, Juan de*	Alagón	
1490	Ripol, Pablo de*	Albarracín	
1490	Sánchez, Luis*	Zaragoza	
1490	Santa Cruz, Pascual de*	Ejea	Penitenciado
1490	Santa Fe, Esperanza*	Sariñena	
1490	Santángel, Violante*	Zaragoza	
1490 1502	Tamarit, Beatriz de		Penitenciada Relajada
1490 1492	Tamarit, Leonor de		Penitenciada Relajada
1490 - 1495	Santángel, Isabel de	Tarazona	Relajada

Fecha	Inculpado	Localidad	Condena
1490 - 1502	Torrellas, Belenguer de*	Zaragoza	Relajado *post mortem*
1491	[...], Jaime		Penitenciado
1491	Abella, Pedro*	Barbastro	
1491	Artal, Jaime de		Penitenciado
1491	Artigas, Tomás	Zaragoza	Penitenciado
1491	Bardají, Brianda de		Penitenciada
1491	Benedit, Martín	Andorra	Relajado
1491	Cavallería, Fernando de la		Penitenciado
1491	Cavallería, Juan de la	Zaragoza	Relajado *post mortem*
1491	Cavallería, Luis de la	Zaragoza	Penitenciado
1491	Cavallería, Pedro de la		Penitenciado
1491	Cervillas, Isabel		Relajada
1491	Ejea, Martín de		Penitenciado
1491	Eli, Andrés de		Penitenciado
1491	Eli, Gaspar de		Penitenciado
1491	Eli, Leonardo de		Relajado
1491	Ezpel, Francisco de	Ejea	Penitenciado
1491	Ferrer, Pedro*	Calatayud	
1491	Funes, Catalina de*	Calatayud	
1491	García, Jaime	Zaragoza	Relajado
1491	Jamel, Leonardo de	Zaragoza	Relajado
1491	Laiza, Juana de	Zaragoza	Relajada
1491	León, Galcerán de		Penitenciado
1491	López, Pablo		Penitenciado
1491	López, Ramón		Penitenciado
1491	Lunel, Jaime	Daroca	Penitenciado
1491	Núñez, Isabel	Zaragoza	Relajada
1491	Pedro, Tomás*	Bolea	
1491	Ribas Altas, Beatriz de	Zaragoza	Penitenciada
1491	Riera, Gil de	Zaragoza	Relajado
1491	Sánchez, Juan		Penitenciado
1491 1492	Sánchez, Juan		Penitenciado Relajado
1491	Santa Cruz, Alonso de, mosen		Relajado
1491	Santa Cruz, Jaime de	Zaragoza	Penitenciado
1491	Santa Fe, Jaime	Tarazona	Relajado

Fecha	Inculpado	Localidad	Condena
1491	Santángel, Luis de		Penitenciado
1491	Tordesillas, Juan de	Zaragoza	Relajado
1492	[...], Aldonza*	Híjar	
1492	Añón, Jimeno	La Almunia	Penitenciado
1492	Artigas, Gracia de	Zaragoza	Relajada en estatua
1492	Beltrán, Beatriz		Penitenciada
1492	Bon, Beatriz	Zaragoza	Relajada
1492	Bona, María, alias Salvador	Zaragoza	Relajada
1492	Cabra, Pedro la	Zaragoza	Penitenciado
1492	Casanate, Teresa		Penitenciada
1492	Cavallería, Gaspar de la		Penitenciado
1492	Ejea, Juan de, mayor	Alagón	Penitenciado
1492	Esperandeo, Juan*	Calatayud	
1492	González, Luis	Calatayud	Penitenciado
1492	Jasa, Leonor de		Penitenciada
1492	Juan Díez, Juan*	Belchite	
1492	Júnquez, Catalina	Zaragoza	Relajada en estatua
1492	Júnquez, Violante	Zaragoza	Relajada en estatua
1492	López, Gil	Zaragoza	Relajado en estatua
1492	Macipe, Justina	Zaragoza	Relajada
1492	Marcén, Agustín	Tarazona	Penitenciado
1492	Muñoz, Juana	Zaragoza	Relajada en estatua
1492	Paternoy, Sancho de	Zaragoza	Penitenciado Cárcel perpetua
1492	Ramírez, Guillermo*	Híjar	
1492	Río, María del	Huesca	Penitenciada
1492	Ripol, Gracia		Penitenciada
1492	Romeo, Aldonza*	Alcañiz	Relajada en estatua
1492	Romeo, Antón de	Zaragoza	Relajado en estatua
1492	Rosales, Magdalena	Zaragoza	Relajada en estatua
1492	Ruysillas, Isabel de		Relajada
1492	Sánchez, Bartolomé		Penitenciado
1492	Sánchez, Isabel		Penitenciada
1492	Sánchez, María		Penitenciada
1492	Sánchez, Violante*	Zaragoza	

Fecha	Inculpado	Localidad	Condena
1492	Santa Cruz, Juan de		Penitenciado
1492 1499	Santa Fe, Mila de	Tarazona	Penitenciada Relajada
1492 1499	Santángel, Juana de		Penitenciada Relajada
1492	Santángel, Luis de	Zaragoza	Relajado en estatua
1493	[...], Bienvenida	Zaragoza	Relajada *post mortem*
1493	[...], Brianda	Zaragoza	Relajada *post mortem*
1493	Altabás, Antón de	Zaragoza	Relajado *post mortem*
1493	Bello, Manuel del	Zaragoza	Relajado *post mortem*
1493	Bon, Juan	Zaragoza	Relajado *post mortem*
1493	Coscullán, Isabel		Relajada *post mortem*
1493	Crespo, Juan *	Zaragoza	
1493	Jiménez de Rueda, Antón	Daroca	Penitenciado
1493	Lenzol, Gabriel	Zaragoza	Relajado *post mortem*
1493	Mateo, Jaime	Zaragoza	Relajado *post mortem*
1493	Ram, Pablo	Zaragoza	Relajado en estatua
1493 1497	Ram, Pablo	Zaragoza	Penitenciado Relajado *post mortem*
1493	Río, Francisco del	Huesca	Penitenciado
1493	Rossel, Aldonza	Zaragoza	Relajada
1493	Sánchez, Bartolomé, mayor		Penitenciado
1493	Santángel, Luis de	Calatayud	Penitenciado
1493	Suñén, Clara		Relajada *post mortem*
1493	Ximénez de Rueda, Antón	Daroca	Penitenciado
1494	Vallera, Antonio de la	Zaragoza	Relajado *post mortem*
1495	Arboleda, Isabel de	Zaragoza	Relajada
1495	Bardají, Juan de	Lérida	Relajado
1495	Caseda, Juan de	Zaragoza	Relajado *post mortem*
1495	Climent, Felipe	Zaragoza	Relajado en estatua
1495	Coscullán, Beatriz de	Zaragoza	Relajada
1495	Ferrández, María*	Tarazona	
1495	Manzana, Juan*	Zaragoza	
1495	Orilla, López		Penitenciado
1495	Pedrazas, Juan de	Zaragoza	Relajado
1495	Prohença, Luis de	Zaragoza	Relajado
1495	Ram, Aldonza	Zaragoza	Penitenciada
1495	Royo, Pedro el*	Tarazona	
1495	Santa Clara, Clara de	Zaragoza	Relajada *post mortem*

Fecha	Inculpado	Localidad	Condena
1495	Serrano, Juan*	Zaragoza	
1495	Ximénez de Rueda, Gracia		Penitenciada
1495	Ximénez de Rueda, Jaime, el sordo	Zaragoza	Relajado
1495	Ximénez de Rueda, María		Penitenciada
1496	[...], Isabel	Graus	Penitenciada
1496	Almazán, Violante de		Penitenciada
1496	Bardají, Arnal de	Graus	Penitenciado
1496	Calani, Conisa	Zaragoza	Relajada
1496	Cavallería, Aldonza de la		Penitenciada
1496	Daniel, Catalina		Penitenciada
1496	Loperuelo, Juan de*	Daroca	
1496	López, Violante		Penitenciada
1496	Ribas, Leonor de		Penitenciada
1496	San Juan, Antón de	Graus	Penitenciado
1496	Sancho, Juan de	Graus	Penitenciado
1496	Santa Clara, Jerónimo de		Penitenciado
1496	Santángel, Fernando	Barbastro	Penitenciado
1496	Santángel, Lucrecia de		Penitenciada
1496	Santángel, Luis de		Penitenciado
1497	Belenguer, Isabel	Zaragoza	Relajada *post mortem*
1497	Bonet, Aldonza	Zaragoza	Relajada *post mortem*
1497	Denpeci, María	Zaragoza	Relajada *post mortem*
1497	Esplugas, Luis de	Zaragoza	Relajado *post mortem*
1497	Gracia, Jaime de*	Montalbán	
1497	Gracia, María de*	Montalbán	
1497	Jasa, Antón de	Zaragoza	Relajado *post mortem*
1497	Montesa, Jaime	Zaragoza	Relajado
1497	Paternoy, Juan de	Zaragoza	Relajado *post mortem*
1497	Pertusa, Pascual de	Zaragoza	Relajado *post mortem*
1497	Picar, Juana		Relajada *post mortem*
1497	Rodríguez, Catalina	Zaragoza	Relajada *post mortem*
1497	Rodríguez, Juan	Zaragoza	Relajado *post mortem*
1497	Rossel, Luis	Zaragoza	Relajado *post mortem*
1497	Sánchez, Leonor	Zaragoza	Relajada *post mortem*
1497	Santa Fe, Martín de	Tarazona	Relajado
1497	Setiembre, Violante de	Zaragoza	Relajada *post mortem*
1497	Vidal, Juan	Zaragoza	Relajado *post mortem*
1497 –1500	[...], Dulce*	Montalbán	Relajada *post mortem*
1497 –1500	Ram, Pedro*	Montalbán	Relajado *post mortem*

Fecha	Inculpado	Localidad	Condena
1497 –1510	Bach, Juan*	Híjar	Relajado *post mortem*
1498	Casanate, Jaime de*	Zaragoza	
1498	Mateu, Violante*	Zaragoza	
1498	Ruiz, Antón, menor*	Teruel	
1498	Separa, Pedro de	Zaragoza	Relajado *post mortem*
1499	Buisán, Gil de	Zaragoza	Relajado
1499	González, Pedro*	Jaulín	
1499	Moros, Felipe de	Zaragoza	Relajado
1499	Ram, Jaime	Zaragoza	Relajado *post mortem*
1499	Redo, Jaime	Zaragoza	Relajado
1499	Ripol, Sebastián	Zaragoza	Relajado *post mortem*
1499	Rosales, Gabriel de	Zaragoza	Relajado
1499	Ruiz del Castillo, María	Zaragoza	Relajada
1499	Santa Fe, Miguel de		Relajado
1499	Santa Fe, Pedro de	Tarazona	Relajado
1499	Setiembre, Gil de	Zaragoza	Relajado
1499	Setiembre, Gracia de	Zaragoza	Relajada
1499	Traper, Jaime	Zaragoza	Relajado en estatua
1499	Vienza, Catalina de	Zaragoza	Relajada
1500	Cabra, María de la		Penitenciada
1500	Mateo, Isabel	Zaragoza	Relajada
1501	Daza, Juan	Calatayud	Penitenciado
1501	Santa Cruz, Gilabert de		Penitenciado
1501	Santa Cruz, Pedro de		Penitenciado
1501	Vidal, María		Penitenciada
1501 - 1502	Santa Cruz, Jaime de*	Zaragoza	Penitenciado
1502	Aduarte, Fernando	Zaragoza	Penitenciado
1502	Cerdán, Isabel		Penitenciada
1502	Cervellón, Blanca de	Zaragoza	Relajada *post mortem*
1502	Daza, Fernando	Calatayud (en Flandes)	Penitenciado
1502	Eli, Gaspar		Penitenciado
1502	López, García		Penitenciado

Fecha	Inculpado	Localidad	Condena
1503	Castro, Dionís de, alias de las Mulas		Penitenciado
1503	Climent, Felipe		Penitenciado
1503	García, Martín	Zaragoza	Penitenciado
1503	San Juan, Pedro de		Penitenciado
1504	[...], Esperanza*	Tamarite	
1504	Cavallería, Jaime de la		Penitenciado
1505	Romeo, Beatriz		Relajada *post mortem*
1506	Aguilar, Gonzalo de	Zaragoza	Relajado en estatua
1506	Artigas, Juan	Zaragoza	Relajado
1506	Azlor, Cebrián de	Zaragoza	Relajado en estatua
1506	Beltrán, María del	Zaragoza	Relajada *post mortem*
1506	Cruilles, Jaime*	Zaragoza	
1506	Hernández, Francisco	Zaragoza	Relajado *post mortem*
1509	Aibar, Martín de*	Tarazona[6]	
1509	Andrés, Martín*	Tarazona	
1509	Arnedo, Miguel, mosen*	Tarazona	
1509	Casado, Pedro*	Tarazona	
1509	Cortés, Juan*	Tarazona	
1509	Cubera, María*	Tarazona	
1509	Liñán, Pedro de*	Tarazona	
1509	López, Antón*	Tarazona	
1509	López, Domingo*	Tarazona	
1509	Luna, Violante de*	Tarazona	
1509	Pérez de Moros, María*	Tarazona	
1509	Pina, María de*	Tarazona	
1509	Pomar, Juan de*	Tarazona	
1509	Santa Cruz, Alonso, mosen*	Tarazona	
1509	Ximénez de Sestrica, Pedro*	Tarazona	
1510	Aragonés, Nicolás*	Alagón	
1511	Montañés, Juan*	Zaragoza	Reconciliado
1511	Montañés, María*	Zaragoza	
1511	Sánchez del Romedal, Miguel	Zaragoza	Relajado en estatua
1511	Soria, Martín de	Zaragoza	Relajado
1512	Antillón Juan de	Magallón	Relajado

[6] Tanto en su acepción de ciudad como de obispado.

Fecha	Inculpado	Localidad	Condena
1512	Cleriquet, Luis (Francia)	Zaragoza	Relajado en estatua
1514	Ariza, Constanza de*	Calatayud	
1514	Blanes, Gracia de*	Calatayud	
1515	Barca, Juan*	Zaragoza	
1515	Oliver, Juan, mosen*	Zaragoza	
1515	Pedro Escolano*	Zaragoza	
1515	Toledo, Juan de*	Zaragoza	

Lista de apellidos judeoespañoles

A

(Los números volados se corresponden con las referencias bibliográficas de las páginas 281-282).

Aabela[24]
Aabenhaim[24]
Aabuzaglo[24]
Aaro[21]
Aarón[1 y 23]
Aarons[1]
Aba[36]
Ababa[24]
Abaca[24]
Abacassis[24 y 28]
Abacen[24]
Abaco[24]
Abade[24 y 36]
Abadee[24]
Abadi[24 y 36]
Abadía[21 y 24]
Abadie[24]
Abafarna[33]
Abagir[24]
Abahav[24]
Abaif[24]
Abaiuf[24]
Abalbacham[33]
Abam[24]
Abanahi[24]
Abanaim[24]
Abandalac[24]
Abandan[24]
Abandana[24]
Abanhacar[24]
Abano[24]
Abarbanel[2 y 3]
Abarbanell[24]
Abarca[24]
Abarezque[24]
Abarim[25]
Abarrez[24]
Abas[21 y 23]
Abasi[24]
Abatbol[24]
Abato[24]
Abay[24]
Abayu[36]
Abayud[24]
Abaz[25]
Abbadi[23]
Abbady[24]
Abbas[23 y 24]
Abbasi[23 y 24]
Abbassi[24]
Abbate[24]
Abbina[24]
Abbini[24]
Abbis[23]
Abbo[33 y 24]
Abbou[24]
Abcatar[24]
Abcerraz[24]
Abdal[36]
Abdala[24]
Abdalbach[24]
Abdalla[24]
Abdaotadou[24]
Abdel[24]
Abdelas[24]
Abdelhac[24]
Abdelhak[24]
Abdeotedo[24]
Abdias[24]
Abdo[24]
Abdoun[24]
Abduhac[33]
Abdul[36]
Abdula[4]
Abeabs[24]
Abeakar[24]
Abeassis[24]
Abeatar[23]
Abecarda[33]
Abecassiz[24]
Abechdid[24]
Abecmel[33]
Abecralom[24]
Abeecal[24]

Abehsera[24]
Abejded[24]
Abejdid[24]
Abek[24]
Abekhezer[24]
Abel[21]
Abelda[21]
Abeles[23]
Abelho[21 y 24]
Abella[21]
Abem Menir[24]
Abemini[21]
Aben[23]
Aben Abibe[24]
Aben Aderet[24]
Aben Adib[24]
Aben Atabeb[24]
Aben Athar[24]
Aben Ayish[25]
Aben Beru[24]
Aben Bita[24]
Aben Crespe[24]
Aben Danan[24]
Aben Davon[24]
Aben Facen[24]
Aben Faia[24]
Aben Gadalia[24]
Aben Lavi[24]
Aben Menir[24]
Aben Menos[24]
Aben Nahmias[24]
Aben Nunez[24]
Aben Rocas[24]
Aben Saal[24]
Aben Sala[24]
Aben Sur[24]
Aben Yaes[24]
Abenaarón[35]
Abenacar[3 y 24]
Abenacaua[24]
Abenacem[33]
Abenacrency[33]
Abenadis[24]
Abenadon[24]
Abenadrut[23]
Abenady[24]
Abenaes[23]
Abenafia[23 y 33]
Abenafino[33]
Abenahar[33]
Abenaim[24]
Abenajub[33]
Abenaker[3]
Abenalazar[33]
Abenalhorayef[35]
Abenaloyo[24]
Abenalup[33]
Abenamar[24 y 35]
Abenameies[33]
Abenamen[24]
Abenamías[21]
Abenamias[33]
Abenammar[35]
Abenamor[33]
Abenarroyo[24]
Abenasaya[24]
Abenasse[24]
Abenatar Mello[24]
Abenaulers[33]
Abenavies[33]
Abenaxe[33]
Abenayefon[33]
Abenayut[28]
Abenazerim[24]
Abenaziz[35]
Abenazo[24]
Abenbaruch[33]
Abenbecrica[33]
Abenbivag[33]
Abenbruch[33]
Abencaboca[24]
Abencabra[33]
Abencal[24]
Abencarda[33]
Abencaya[33]
Abencayl[33]
Abençeyt[35]
Abencida[24]
Abencini[4]
Abencon[24]
Abenconiel[24]
Abencredi[33]
Abencresp[24]
Abencrespin[24 y 33]
Abencrey[24]
Abencubal[24]
Abendada[24]
Abendadone[1]
Abendahvit[33]
Abendalack[24]
Abendalon[24]
Abendana[4, 24 y 23]
Abendanan[23]
Abendano[21]
Abendanon[33]

Abendelac[24]
Abendin[33]
Abendini[21]
Abendis[24]
Abenefeia[23]
Abeneka[26]
Abenemorch[33]
Abenesra[24]
Abenezra[24]
Abenfacen[33]
Abenfachon[24]
Abenfandala[33]
Abenfarraig[33]
Abenforma[33]
Abengabay[24]
Abengalel[23]
Abengali[24]
Abengayub[33]
Abengelel[33]
Abengonzalez[24]
Abenhacar[24]
Abenhacen[33]
Abenhadar[24]
Abenhaiem[24]
Abenhalegua[33]
Abenhalez[33]
Abenharum[2]
Abenhayon[24]
Abenhorna[33]
Abenhuacar[24]
Abenhumaed[24]
Abenhumayt[24]
Abeni[24]
Abeniacave[24]
Abenica[24]
Abenimol[24]
Abenin[24]
Abenini[4, 24]
Abenires[21]
Abenjacar[24]
Abenjacob[33]
Abenjanah[33]
Abenjucez[33]
Abenjucop[35]
Abenlavi[33]
Abenlup[24]
Abenmacon[23, 24]
Abenmason[24]
Abenmefi[33]
Abenmenir[33]
Abenmensasse[33]
Abenmenucha[33]
Abenmuceyt[33]
Abennacara[33]
Abenncabeb[33]
Abennexayaye[33]
Abennono[35]
Abennubti[24]
Abennunez[24]
Abennuno[35]
Abenosa[24]
Abenparte[24]
Abenpesat[33]
Abenpex[24]
Abenpezat[33]
Abenquabede[24]
Abenrave[21]
Abenresch[33]
Abenrodrich[33]
Abenrubay[24]
Abensaboca[24]
Abensal[35]
Abensamon[35]
Abensanchez[24]
Abensarcan[24]
Abensaymon[35]
Abensenaa[24]
Abenshalon[24]
Abensour[23]
Abensuas[24]
Abensusan[24]
Abentamira[24, 33]
Abentaurell[21]
Abentivit[33]
Abenturiel[24]
Abenuahes[24]
Abenverga[24]
Abenvive[33]
Abenxaat[24]
Abenxabat[24]
Abenxaex[24]
Abenxequi[24]
Abenyacop[35]
Abenyaxi[24]
Abenzado[24]
Abenzadoch[24]
Abenzagel[24]
Abenzamerro[24]
Abenzemon[35]
Aberbos[24]
Aberjel[24]
Abernarrut[33]
Abernyd[24]
Aberrada[33]
Aberraynch[24]

Aberrocas[24]
Abesdid[24]
Abesser[24]
Abetan[24]
Abete[24]
Abetibol[24]
Abettan[24]
Abettane[24]
Abexuel[33]
Abez[24]
Abgradiel[24]
Abi Ezer[24]
Abi Hasira[24]
Abi Zimra[24]
Abiad[24]
Abiandea[33]
Abiatar Mello[24]
Abiathar[23]
Abibe[24]
Abicassis[24]
Abicatsar[24]
Abician[33]
Abid[24]
Abife[24]
Abifuron[24]
Abigdor[23]
Abihbout[24]
Abihsira[24]
Abikhzer[24]
Abilash[24]
Abim[24]
Abimelek[24]
Abimeti[24]
Abinafia[33]
Abinafion[33]
Abinalema[33]
Abinayar[33]
Abincaprut[33]
Abincara[33]
Abincepia[33]
Abincresp[33]
Abincunana[33]
Abindalel[33]
Abingalel[33]
Abingalell[33]
Abingavet[33]
Abinhalen[33]
Abinjucef[33]
Abinjunic[33]
Abinnaxim[33]
Abinoe[24]
Abinsapund[33]
Abinum de Lima[24]
Abinvag[33]
Abinvives[33]
Abinzabarra[33]
Abiquisis[24]
Abirmad[24]
Abisdid, Isaac[1]
Abisdris[24]
Abishous[24]
Abisroar[24]
Abisror[24]
Abit[24]
Abitam[24]
Abitur[24]
Abiunceyed[33]
Abiz[24]
Abizeror[24]
Abizmil[24]
Abizraki[24]
Abjubel[24]
Ablacren[33]
Ablacronec[33]
Ablacronet[33]
Ablaterren[33]
Ablecrenay[33]
Ablerronay[33]
Ablin[24]
Ablitas de[33]
Abmeletran[33]
Abnacahuel[33]
Abnadainan[33]
Abnaf[36]
Abnahizcach[33]
Abnaim[24]
Abnalcatan[33]
Abnalcavit[33]
Abnarrabi[32 y 33]
Abnasaya[33]
Abnav[36]
Abnaxec[21]
Abnaxech[33]
Abnayo[33]
Abnazaram[33]
Abnelfalir[33]
Abner[21]
Abnescoffar[33]
Abnizmel[33]
Abnjari[33]
Abnuba[33]
Aboa[24]
Aboa Fonseca[24]
Aboab[4, 6, 8, 9, 22 y 29]

Aboab de Fonseca[5, 6 y 7]
Aboacar[24]
Aboad[24]
Aboaf[4 y 23]
Aboaf Cardoso[24]
Aboaf Fonseca[24]
Aboarri[24]
Aboba[24]
Aboca[24]
Abocajav
Abocara[24]
Abocaya[24]
Aboccara[11, 24]
Abodaras[24]
Abof[23]
Abohaf[23]
Abokbot[24]
Abolaffio[24]
Abolafia[23]
Abolay[23]
Abolbacha[33]
Abolfdaca[21]
Abolhar[24]
Abolleeg[33]
Abonaf[24]
Aborrabe[33]
Abotbol[24]
Abou Sinai[24]
Abouab[24]
Aboucaya[24]
Aboud[24]
Aboudacha[36]
Aboudara[36]
Aboudarham[24]
Abougnah[24]
Abouhab[24]
Abouker[24]
Aboukheir[24]
Aboulafia[5]
Aboulhair[24]
Aboulker[24]
Abourachit[36]
Abourbe[24]
Abourbet[24]
Abourbih[24]
Abourgil[24]
Abourosh[24]
Aboutbol[24]
Aboutboul[24]
Aboz[24]
Abraao[24]
Abrabanel[5]
Abraffim[35]
Abrafona[33]
Abraham[21]
Abrahami[24]
Abrahams[1]
Abrahao[23]
Abrahe[21]
Abrahen[24]
Abrahim[35]
Abrahona[33]
Abraim[33]
Abramanti[24]
Abramento[24]
Abrantes[26]
Abrass[24]
Abravallo[25]
Abravanel da Veiga[24]
Abravanel[12 y 22]
Abravez[24]
Abrayn[21]
Abraz[24]
Abrekhekh[24]
Abremon[24]
Abreu Campos[24]
Abrevay[24]
Abrevaya[28 y 36]
Abrines[13]
Abrom[24]
Abroz[24]
Abrunhosa[34]
Absalom[21]
Abtibois[24]
Abtibyl[24]
Abu Jinah[14]
Abuaba[24]
Abuaqueque[24]
Abuar[24]
Abub de Fonseca[27]
Abucaassis[24]
Abucarda[33]
Abucaya[24]
Abucayre[33]
Abudaham[24]
Abudaram[23]
Abudarhan[23]
Abudente[24]
Abuderam[24]
Abudi[24]
Abudiante[24]
Abudiente[21 y 23]

Adila[24]
Adilla[24]
Adisse[24]
Adissi[24]
Adiz[24]
Adjaj[24]
Adjedj[24]
Adjemi[24]
Adjubel[36]
Adolphi[33]
Adolphus[1]
Adon[24]
Ador[3]
Adorado[24]
Adoroque[24]
Adret[35]
Adrián[21]
Adro[24]
Adrotiel[24]
Adroxi[24]
Adsalacid[24]
Adserías[21]
Adutiel[32]
Aeleon[24]
Aelión[28]
Aeres[27]
Afaruga[33]
Afea[24]
Afergan[24]
Affanell[21]
Afflelou[24]
Affonseca[34]
Affonso[34]
Affrang[33]
Afia[24]
Afif[24]
Afilhe[24]
Aflak[24]
Aflalo[1]
Afnaim[24]
Afonseca[24]
Afonso[24]
Afrigan[24]
Aftar[24]
Afti[24]
Agai[24]
Agajan[24]
Aggi[24]
Aghababa[24]
Aghion[24]
Aghmati[24]
Agmon[24]
Agon[24]
Agorian[24]
Agramunt[21]
Agranati[24]
Agreda de[33]
Aguado[21, 23 y 28]
Agudoje[24]
Aguiar[12 y 25]
Aguila[21]
Aguilar[1, 2, 23 y 28]
Aguilar Rodriguez[24]
Aguilera[28]
Aguiló[16, 20, 21 y 35]
Aguilón[21 y 35]
Aguleyax[33]
Agusta[24]
Agustí[21 y 35]
Ahamar[33]
Aharfi[24]
Aharoni[5 y 24]
Aharonov[24]
Ahilba[24]
Ahinuc[33]
Ahoua[24]
Ahtehy[24]
Ahuday[24]
Aia[24]
Aiache[24]
Aidan[24]
Aijdo[24]
Ainous[24]
Aioutz[24]
Aires[32]
Aires Bandao[24]
Aister[36]
Aizer[24]
Ajambo[24]
Ajami[36]
Ajanis[36]
Ajas[24]
Ajenblit[36]
Ajias[24]
Ajjam[36]
Ajo[24]
Ajon[24]
Ajudo[24]
Akad[24]
Akali[24]
Akam[24]
Akhsas[24]
Akiba[24]
Aklar[24]

Aknine[24]
Akoka[24]
Akoun[24]
Akrich[24]
Akrim[24]
Akris[36]
Akrou[24]
Aksoti[36]
Aksoul[24]
Akuka[36]
Al Addi[24]
Al Arbi[24]
Al Bazak[24]
Al Granadí[28]
Al Hakan[24]
Al Madari[24]
Al Taqana[24]
Alabacan[24]
Alabacas[24]
Alabalah[24]
Alabats[33]
Alabla[24]
Alacano[33]
Alacar[24]
Alacen[33]
Alachkar[24]
Aladel[33]
Alagraque[24]
Alaique[24]
Alalou[24]
Alalouf[24 y 36]
Alam[34]
Alamagna[26]
Alamalegui[33]
Alamany[21]
Alamja[24]
Alamurdim[24]
Alanati[21]
Alaneque[24]
Alani[21]
Alaniak[24]
Alaquin[21]
Alarandi[35]
Alarcon[24]
Alaskar[8 y 24]
Alaskar de Mattos[24]
Alatam[33]
Alati[24]
Alatino[21]
Alatom[24]
Alatrini[24]
Alatrinov
Alatzar[21]
Alau[24]
Alayem[24]
Alazaque[24]
Alazarac[35]
Alazaraki[24]
Alazragui[36]
Alazraki[24]
Albaala[28]
Albacar[21]
Albagal[24]
Albagli[28 y 36]
Albaili[24]
Albajari[21]
Albala[21 y 36]
Albalae[24]
Albalaj[21]
Albalak[24]
Albalancim[24]
Albalenci[24]
Albalia[23]
Alban[23 y 24]
Albanell[21 y 35]
Albarado[21]
Albaranes[24]
Albarchino[35]
Albarez de Silva[24]
Albarez Pereira[24]
Albarux[24]
Albataxar[24]
Albatel[24]
Albato[33]
Albec[33]
Albelauci[24]
Albelda[23]
Albeldas[24]
Albenda[24]
Alberga[1]
Albergue[24]
Alberque[24]
Albert[24]
Alberti[21 y 35]
Alberto[34]
Alberuji[24]
Albetax[24]
Albetux[24]
Albhar[24]
Albida[24]
Albin[33]
Albo[24]
Albó[8 y 20]
Albobache[33]

Alfaquin[23]
Alfaquiz[24]
Alfarel[33]
Alfari[21 y 24]
Alfarime[24]
Alfarin[24]
Alfaro[15 y 21]
Alfasa[28 y 33]
Alfasi[21 y 23]
Al-Fasi[5]
Alfassa[24]
Alfassi[8]
Alfasso[24]
Alfavace[24]
Alfeloeiro[24]
Alferes[24]
Alfermiz[24]
Alfiah[24]
Alfie[24 y36]
Alfiul[24]
Alfon[24]
Alfonta[24]
Alforja[21]
Alfrangi[21 y 33]
Alfual[23]
Alfue[24]
Alfur[24]
Algaba[24]
Algadis[21]
Algamis[36]
Algamiz[21]
Algana[24]
Alganati[36]
Algas[24]
Algasi[32]
Algava[24]
Algaze[28 y 36]
Algazi[5, 12 y 23]
Alge[24]
Algeheni[33]
Algeraleyax[33]
Alghozi[24]
Alghrisi[24]
Algo[21]
Algodife[24]
Algodixe[24]
Algoleyax[33]
Algraki[36]
Algranate[28]
Algranati[36]
Algrenatti[24]
Alguades[32]
Alguadix[21]
Alguadixe[24]
Alguien[33]
Alguleyag[33]
Alhacan[33]
Alhadef[36]
Alhamete[21]
Alhanat[24]
Alhanati[24]
Alhanet[24]
Alhaquim[24]
Alharar[33]
Al-Harizi[5]
Alhassir[24]
Alhayat[24]
Alhazan[33]
Alher[24]
Alhoul[24]
Alhufach[33]
Alia[24]
Alianak[24]
Aliaren[33]
Aliaya Cardona[15 y 24]
Aliescar[24]
Aligua[24]
Alihan[33]
Alilu[21]
Alinali[33]
Alincez[33]
Aliofareiro[24]
Alion[24]
Aliote[24]
Alipapa[33]
Alirchim[33]
Alischandra[24]
Aliviaylexex[33]
Aljaba[24]
Aljadef[36]
Aljadeff[24 y 36]
Aljaen[21]
Aljamin[21]
Aljanati[24 y 36]
Aljanis[36]
Aljaral[36]
Aljayani[24]
Aljaza[36]
Alkabes[24]
Alkaim[24]
Alkalai[5, 21 y 23]
Alkalaj[24]
Alkallay[24]
Alkalombre[36]
Alkana[24]

Alkbetz[5]
Alkharsat[24]
Alkhorsani[24]
Alkolombre[24]
Allakou[24]
Allal[24]
Allalou[24]
Allalouf[24]
Allame[36]
Allami[24]
Allatani[11]
Allateffi[33]
Allatini[12, 29]
Allec[33]
Allecphi[33]
Allerzouz[8, 24]
Alleva[33]
Alliel[24]
Alliolh[24]
Allon[24]
Alloro[24]
Allouch[24]
Allouche[24]
Alloun[24]
Allul[24]
Allun[24]
Allush[24]
Almaca[33]
Almacel[33]
Almadanel[24]
Almagia[24]
Almahdiwi[24]
Almahia[24]
Almale[24]
Almaleck[24]
Almaleh[28]
Almalekh[24]
Almanca[24]
Almansa[24]
Almansi[24]
Almapes[24]
Almarcheva[24]
Almari[33]
Almascaram[33]
Almatarii[24]
Almateri[21 y 33]
Almazán[21]
Almeida[21 y 23]
Almeida Bernal[24]
Almeida Campos[24]
Almeida de Castro[24]
Almeida de Sa[24]
Almeida Henriques[24]
Almeida Negrao[24]
Almelech[24]
Almenara[21]
Almeredi[33]
Almeridi[33]
Almeridy[24]
Almetre[24]
Almeyda[1 y 15]
Almiliby[24]
Almocaci[33]
Almocacil[33]
Almocali[24]
Almodroz[24]
Almogroz[24]
Almohalla[24]
Almonacer[24]
Almonte[21]
Almorcat[33]
Almoslino[1, 23 y 24]
Almozni[33]
Almshaly[24]
Almugusell[33]
Almuli[23, 33]
Almulin[33]
Almuzuino[33]
Alnajeri[24]
Alnakawa[24]
Alnaqua[8 y 23]
Alo[24]
Alolayaiaig[33]
Alondi[33]
Alonso[15 y 21]
Alore[24]
Aloro[8, 24]
Alorqui[24 y 33]
Aloum[24]
Alpalhao[24]
Alpao[24]
Alpatal[24]
Alpeffan[33]
Alpestane[24]
Alphahnel[33]
Alphandary[24]
Alphanderi[24]
Alphanet[33]
Alpharin[24]
Alphoina[24]
Alporto[18]
Alpraerri[33]
Alquilan[33]

Alsaid[24]
Alscech[24]
Alsejemassi[24]
Alsheh[24]
Alsheikh[24]
Alsiquilli[33]
Alsoel[24]
Altabe[24]
Altaber[24]
Altabet Altamirano[15]
Altamiro[24]
Altarac[24]
Altarass[24]
Altavas[21]
Altchas[36]
Alter[36]
Alterras[24]
Altina[24]
Altit[24]
Alucedaque[24]
Alufe[24]
Alufo[24]
Aluso[24]
Alustres[24]
Alva de[24]
Alva, Manuel[15]
Alvade[24 y 34]
Alvangil[24]
Alvarado[34]
Alvardo[27]
Alvarenga[1 y 34]
Alvares[4 y 23]
Alvares Barselai[24]
Alvares Barzilai[24]
Alvares Cardoso[24]
Alvares Correa[24]
Alvares Crespo[24]
Alvares da Silva[24]
Alvares de Carvalho[24]
Alvares de Crasto[24]
Alvares de León[24]
Alvares de Miranda[24]
Alvares de Montarroyo[24]
Alvares de Oliveira[24]
Alvares de Veiga[24]
Alvares Ferreira[24]
Alvares Matias[24]
Alvares Montarroio[24]
Alvares Montearoio[24]
Alvares Penso[24]
Alvarez Corcho[24]
Alvarez de Arellano[15]
Alvarez de Carvalho[24]
Alvarez de Espinosa[24]
Alvarez Gato[24]
Alvarez Pliego[15]
Alvarez y Muns[13]
Alvarez, Aarón[3]
Alvarez, Jorge[15]
Alvarezes[10]
Alvarinho[24]
Alvarres[39]
Alvedana[21]
Alvelia[21]
Alvelos[34]
Alveres[34]
Alvergil[24]
Alves[34]
Alves de Miranda[24]
Alves Fereira[1]
Alves Fernandes[1]
Alves Ferreira[24]
Alves Franco[24]
Alves Lotas[24]
Alves Nunes[24]
Alves Rabello[24]
Alvim Vas[24]
Alvim[34]
Alvo[28 y 36]
Alvorada[34]
Alvorado[24]
Alvres[34]
Alwadiche[24]
Alwan[24]
Alyanak[24]
Alzaraqui[24]
Alzey[23]
Alzia[24]
Alzira[8 y 24]
Amaddio[24]
Amadeus[24]
Amadio[24]
Amadios[24]
Amado[21]
Amagroz[24]

Amallag El Moghrabi[24]
Amaluf[24]
Aman[24]
Amanan[24]
Amar[21 y 28]
Amaraben[36]
Amaradji[24]
Amaragi[29]
Amaraiglio[24]
Amaral[34]
Amardel[24]
Amarilho[24]
Amarillo[21]
Amat[21 y 35]
Amato[36]
Amatu[21]
Ameleger[33]
Amembruch[33]
Ameriglio[24]
Ames[23]
Amías[21]
Amigo[8 y 21]
Amir[5]
Amismel[33]
Amivas[36]
Amiz[21]
Amm[24]
Amnaxech[33]
Amnelger[33]
Amnon[24]
Amocacil[33]
Amoinaben[36]
Amole[24]
Amom[24]
Amor[24]
Amorim[24]
Amorós[13, 20 y 35]
Amós[24]
Amouraben[36]
Amroun[24]
Amroussi[24]
Amsatat[24]
Amsel[36]
Amselak[24]
Amsetat[24]
Amsili[24]
Amusco[21]
Amzalack[24]
Amzalag[24]
Amzallag[24]
Anacaz[24]
Anachua[24]
Anaf[24]
Anafaz[24]
Anahory[21 y 26]
Anakach[1]
Anakas[24]
Analares[21]
Anan[24]
Anani[24]
Ananías[21]
Ananou[24]
Anascherón[23]
Anau[24]
Anavi[21]
Anavy[24]
Anaw[24]
Anbrón[32]
Anchieta[21]
Ancona Oheb[24]
Ancri[24]
Andeli[21]
Andgel[36]
Andgell[36]
Andosilla[21]
Andrada[15, 23 y 34]
Andrade[23]
Andrade Calvo[24]
Andrade Guadalupe[24]
Andrade Velozinos[24]
Andres[24]
Andreu[20 y 35]
Andújar[21]
Anes[24]
Anfawi[24]
Anfroy[24]
Ángel[21 y 36]
Angela[24]
Angelet[21]
Angeli[23 y 36]
Angelini[15]
Angeliniv[24]
Angelis[24]
Angell[23]
Angelo[24]
Angulo[24]
Anidjad[21]
Anidjar[24]
Anijar[24]
Anijas[24]
Anim[24]
Aninay[24]

Ankia[36]
Ankri[24]
Ankrie[24]
Annabi[24]
Annahory[24]
Annes[24]
Anno Bueno[24]
Anobian[24]
Anobueno[24]
Anquie[24]
Ansa[21]
Ansallem[24]
Ansón[21]
Anta[34]
Antebi[24]
Antebi Saca[24]
Antequeira[24]
Antero[21]
Antibi[24]
Anticoni[24]
Antoio[32]
Antolí[21]
Antunes[34]
Antúnez[15]
Antunyes[23]
Anulcac[33]
Anzarout[24]
Anzarut[24]
Anzhel[24]
Anzubel[24]
Aouat[24]
Aouate[24]
Aouizerate[24]
Apatoshu[17]
Apera[21]
Apiara[33]
Aqiqal[24]
Aqo[24]
Aqoqa[24]
Aquizerate[24]
Arabón[21 y 24]
Aragall[21]
Aragay[21]
Aragel[24]
Aragón[21]
Aragonés[35]
Aragonez[24]
Arajel[24]
Arajil[24]
Arakanji[24]
Arama[8, 20 y 23]
Aramanh[32]
Arame[24]
Arana[15 y 28]
Aranda[21 y 24]
Arangel[24]
Arango[24]
Aranjo[24]
Aranz[24]
Araujo[21]
Arav[24]
Arayno[21]
Arazi[24 y 36]
Arba[21]
Arbas[21]
Arbell[24]
Arbib[23]
Arbidou[24]
Árbol[24]
Arbolaez[24]
Arboleda[21]
Arbon[8]
Arbona[13 y 35]
Arbustante[21]
Arcche[24]
Archivolti[24]
Arditi[28]
Arditti[12, 36]
Ardity[24]
Arduel[24]
Arduh[24]
Arellanos[21]
Arenós[21]
Arenus[24]
Ares[21]
Arévalos[21]
Arezzo[24]
Argamiti[36]
Arganati[36]
Argelazi[24]
Argenter[21]
Argi[24]
Argy[24]
Arha[24]
Ariani[24]
Arias[21 y 23]
Arias Brandao[24]
Ariccia[24]
Arie[29]
Arieh[24]
Ariel[36]
Ariembau[21]
Arieno[32]
Ariesto[24]
Arieti[24]

Ariette[24]
Ariga[3]
Arikas[24]
Arino[21]
Arippol[24]
Aris[21 y 35]
Ariz[21]
Arizmendi[24]
Arkalji[24]
Arki[24]
Arles[24]
Armana[24]
Armandel[24]
Armani[24]
Armoles[24]
Armoza[36]
Arnaldes[36]
Arnaldez[24]
Arnao[15]
Arnau[16, 21 y 35]
Arnedo[21]
Arnela[24]
Arneti[24]
Arnoldi[24]
Aro[21]
Arochas[36]
Arodim[24]
Aroiio[24]
Arollia[23]
Arón[21]
Aron[35]
Arós[21]
Aroti[24]
Aroto[24]
Arouch[24]
Arougheti[24]
Arouguete[24]
Arouh[24]
Arous[11, 24]
Aroute[24]
Aroyo[23]
Arqueiro[24]
Arrabi[33]
Arrafaz[24]
Arragel[12, 21 y 23]
Arraiolos de[24]
Arrajel[24]
Arraona[21]
Arrar[24]
Arrari[24]
Arrauciles[24]
Arravalhe[24]
Arrebol[33]
Arrellano[15]
Arret[33]
Arrocha[21]
Arroja[34]
Arrojas[21]
Arrori[24]
Arrouas[24]
Arrovas[24]
Arroyal[21]
Arroyo[23]
Arruca[21]
Arruet[33]
Arrueti[21]
Arruias[24]
Arrut[33]
Arruti[24]
Artal[21]
Artés[21]
Artes[35]
Aruguete[24 y 36]
Aruj[36]
Aruque[24]
Arusi[24]
Arute[24]
Arutiel[32]
Arwas[24]
Arye[24]
Aryeno[32]
Asa[29]
Asaban[24]
Asaday[33]
Asaia[24]
Asamel[21]
Asana[24]
Asar[24]
Asaya[24]
Asayol[24]
Asayuel[21]
Asca[24]
Ascantini[33]
Ascarel[21]
Ascarelli[24]
Ascarello[24]
Asch[17, 29 y 36]
Ascher[24]
Asda[24]
Aseco[24]
Aseno[21]
Aser[21]
Aseraf[24]
Aserrat[24]
Asfur[24]

Ashabett[24]
Ashbili[24]
Ashenheim[1]
Asher[1]
Asherides[23]
Ashkar[24]
Ashkenazi[11 y 28]
Askenasi[24]
Askinazi[24]
Aslán[21]
Asmel[33]
Asoror[24]
Aspalhao[34]
Aspe[24]
Asra[24]
Assa[9 y 21]
Assabti[24]
Assafar[24]
Assaias[24]
Assain[24]
Assal[24]
Assam[24]
Assanou[24]
Assar[24]
Assarraf[24]
Assayag[11 y 24]
Assayas[24]
Assco[29]
Assedo[24]
Asseh[24]
Assewr[21]
Assfar[24]
Assias[36]
Assine[24]
Assolen[24]
Asson[24]
Assot[24]
Assouied[24]
Assous[24]
Assuied[11 y 24]
Assumpcao[24]
Assuvaya[36]
Astor, [19]
Astorga[27]
Astorgano[21]
Astrik[24]
Astroga[21]
Astrologo[11 y 24]
Astruc[21 y 23]
Astrug[35]
Astruk[20]
Asturgó[21]
Asulin[24]
Atab[24]
Atahuni[24]
Ataide[34]
Atal[24]
Atalef[24]
Atatora[23]
Atazi[24]
Atazouriv[24]
Atejas[24]
Athias[1]
Athon[24]
Atia[24]
Atias[1 y 21]
Atlan[24]
Atlas[24]
Atoun[24]
Atrutel[24]
Atsarell[21]
Atserías[21]
Attar[24]
Attas[11]
Attawil[24]
Attia[11 y 23]
Attias[11]
Attie[36]
Attieh[24]
Attila[24]
Attiyeh[24]
Atton[24]
Atuati[24]
Aturjman[24]
Aubi[24]
Augodixe[24]
Aullamin[33]
Auram[36]
Auray[24]
Autec[21]
Autnik[36]
Auzib[24]
Avadia[21]
Availar Cardoso[24]
Avalos[24]
Avato[21]
Avayu[36]
Avditti[8]
Avegatan[33]
Aveiro[24]
Avelan[24]
Avelho[24]
Avenacfora[33]
Avenbruc[33]
Avenca[24]

Avencabarro[33]
Avencalema[33]
Avencaoga[33]
Avencarruch[33]
Avencrespin[33]
Avencurel[33]
Avendavit[33]
Avendayan[33]
Avendihut[5]
Avendin[33]
Avenfalaud[33]
Avenfalaut[33]
Avenfuba[33]
Avengabay[33]
Avengallel[33]
Avengatan[33]
Avengena[21]
Avenhalaut[33]
Avenjacob[33]
Avenjafia[33]
Avenjucaff[33]
Avenjucet[33]
Avenlahu[33]
Avenmalit[33]
Avenmarich[33]
Avenpesat[33]
Avenpuyn[33]
Avenreyma[33]
Avenrodric[33]
Avenrodrich[33]
Avenrogat[33]
Avenros[33]
Avenrros[33]
Avenrubi[33]
Avenseca[21]
Avensenyor[33]
Avensora[33]
Aventforma[33]
Aventurel[33]
Avenyafia[33]
Avenyonaz[33]
Averbui[21]
Avescoe[33]
Avevazo[24]
Aviad[24]
Avida[24]
Avidor[24]
Avigdor[17 y 29]
Ávila[3 y 23]
Avila Henriques[24]
Avilar de[24]
Avilés[21]
Avimelek[24]
Avimpela[21]
Avinadayan[33]
Avinai[21]
Avinalacat[33]
Avinax[33]
Avincabra[33]
Avincaces[33]
Avincacres[33]
Avincal[33]
Avincanut[33]
Avincaprut[33]
Avincay[33]
Avincayat[33]
Avinceit[33]
Avincema[33]
Avinceyt[33]
Avincoro[33]
Avindehuit[33]
Avindino[33]
Avinecarc[33]
Avinemet[33]
Avinfamit[33]
Avinforno[33]
Avingavaire[21]
Avingellit[33]
Avingena[33]
Avingimil[33]
Avinlacemi[33]
Avinlacen[33]
Avinmelcha[33]
Avinpecat[33]
Avintaces[33]
Avintendut[33]
Avinxaprut[33]
Avinyepruch[33]
Avinzabarra[33]
Avinzaluna[33]
Avinzeyt[33]
Avis[34]
Avisar[24]
Avishai[24]
Avishay[24]
Avnaim[24]
Avón[21]
Avtalion[24]
Avutarda[33]
Avzaradel[36]
Axages[24]
Axahat[24]
Axahuja[24]
Axarquin[33]
Axon[21]

Ayash[24]
Aydan[11]
Ayen[24]
Ayerbe[21]
Ayiman[1 y 2]
Aylion[21]
Aymeric[35]
Aynsa[21]
Ayrane[1]
Ayuda[21]
Ayuso[24]
Azafar[21]
Azagon[33]
Azair[21]
Azamel[21]
Azamia[33]
Azanc[21]
Azar[36]
Azari[36]
Azay[21]
Azcarel[33]
Azcarell[33]
Azcazibar[15]
Azday[21]
Azdrell[33]
Azeda[34]
Azeitado[34]
Azelemi[33]
Azely[21]
Azeredo[34]
Azevedo[21]
Azieri[36]
Azmia[33]
Azon[21]
Azor[21 y 36]
Azoulay[11]
Azubel[36]
Azuelos[8]
Azulai de Livorno[8]
Azulay[21]
Azzan[36]

B

Baalam[3]
Babe[36]
Babor[36]
Babour[36]
Bac[21]
Baca de Lederma[13]
Bacelar[34]
Bach[35]
Bacher[36]
Bachoeyer[36]
Bacri[8]
Baddouch[36]
Badia[35]
Badoc[5]
Badoerini[4]
Badorch[21]
Baena[23]
Baes[4]
Baez[15, 16, 23 y 28]
Baez de la Torre[27]
Baez Sevilla[15]
Baeza[21 y 28]
Bagdavi[36]
Bager[21]
Bages[13 y 35]
Bahya[23]
Baimeluj[36]
Baissa[23]
Bajarlia[36]
Bajdilia[36]
Balais[23]
Balan[36]
Balao[34]
Balboa[34]
Baldaura[21]
Balgardel[21]
Balieyro[34]
Ballas[5]
Ballester[21]
Balmes[21]
Balsero[21]
Balteiro[34]
Bambali[36]
Banadida[36]
Bandes[34]
Bandjouya[36]
Bangardel[27]
Bannares[21]
Banolas[21]
Baptista[15 34]
Bar Hiya[5]
Bar Nathan[5]
Bar Sheshet[5]
Barahja[36]
Barahon[21]
Barahona[15]
Barak[2]
Baranatán[21]
Barassa[23]
Barata[34]
Baratosa[21]
Barba[21]
Bárbala[34]
Barbamplo[21]
Barbosa[15 y 34]
Barbatán[36]
Barbosch[36]
Barbouth[36]
Barboza[34]
Barcelay[21]
Barceló[20 y 35]
Barcelona[21]
Barchele[35]
Barchilón[21]
Barcón[21]
Bardají[21]
Bardavid[36]
Bardaxi[21]
Bareda[34]
Baredes[36]
Barera[26]
Barfat[8]
Bargas[23]
Barham[1]

Bar Jacob[26]
Barijel[36]
Barios[39]
Barlia[36]
Barmaimón[36]
Barnata[36]
Barnatán[36]
Barnaza[21]
Baró[21 y 35]
Barón[11]
Baroni[35]
Barqui[36]
Barquín[21 y 28]
Barrachina[21]
Barragán[21 y 28]
Barrajas[34]
Barral[21]
Barrassa[15]
Barrera[15]
Barreira[34]
Barreta[34]
Barreto[34]
Barri[21]
Barrientos[15 y 21]
Barrionuevo[21]
Barrios[21 y 28]
Barrocas[23 y 28]
Barros[34]
Barrosa[21]
Barrow[1 y 3]
Barrozo[34]
Barsimson[7]
Bartomeu[35]
Bartzelay[35]
Baruc[21]
Baruch[11, 21 y 36]
Barugel[36]
Baruh[28 y 36]
Barzellay[21]
Barzilay[21 y 28]
Barzilia[29]
Bas[36]
Basan[1 y 23]
Bases[27]
Baskila[11]
Bassano[4]
Bassaro[4]
Bass[36]
Bassan[28]
Bassat[21]
Bassify[36]
Bassó[35]
Bastos[34]
Basurto[23]
Batán[21]
Batista[4]
Battal[36]
Battat[36]
Battista[4]
Bautita[15]
Baza[21]
Bazán[15]
Bazo[21]
Bazurro[21]
Becar[36]
Becerra[15]
Bedarsi[21]
Bedjarano[23]
Befor[21]
Begas[36]
Behaim[23]
Behar[36]
Beilin[36]
Beirao[34]
Bejar[36]
Béjar[21]
Bejarano[21]
Bejor Carmona[12]
Bekhor[14]
Bel[21]
Belasco[3, 21 y 23]
Belenguer[21]
Belgrado[4]
Belias[21]
Belihos[23]
Belinfante[1 y 23]
Belilla[23]
Belilo[21]
Belisario[1 y 21]
Bellinger[1]
Bellocs[13]
Belmes-Benara[8]
Beltraco[10]
Bella[36]
Bellcaire[21]
Bellida[21]
Bellido[21]
Bellis[23]
Bello[34]
Belloch[35]
Bellocs[21]
Bellot[21]
Bellshoms[21]
Belluga[21]
Bellviure[21]

Belmonte[21 y 30]
Beltrán[35]
Bembaron[11]
Bembassat[36]
Ben[36]
Ben Akrish[24]
Ben Al Adi[24]
Ben Amran[24]
Ben Anidjar[24]
Ben Aqnin[24]
Ben Aqoqa[24]
Ben Aroloyo[23]
Ben Arous[11]
Ben Arrajel[24]
Ben Arruwah[24]
Ben Astruch[39]
Ben-Atar[12]
Ben Baron[11]
Ben Berachia[8]
Ben dal Israel[4]
Ben Divan[8]
Ben Elhanan[8]
Ben Enoch[10]
Ben Gershon[3 y 14]
Ben Guiat[11]
Ben Hanoch[5]
Ben Hizqizayahu[14]
Ben Hophni[8]
Ben Israel[5 y 14]
Ben Israel Alnaqua[8]
Ben Jacob Alfassi[8]
Ben Jehiel[10]
Ben Labrat[8]
Ben Maimon[10]
Ben Makhir[14]
Ben Meir Zmiro[8]
Ben Meshal[8]
Ben Nachman[10]
Ben Nachmias[4]
Ben Nathan Ibn Ata[8]
Ben Nissim[5]
Ben Nissim Ben Josias[8]
Ben Ragasa[8]
Ben Samoun[11]
Ben Saruk[10]
Ben Sheshet
Ben Sidun[8]
Ben Simon [11]
Ben Soussan[11]
Ben Verga[12]
Ben Yaiche[11]
Ben Zakkai[17]
Ben Zemach Duran[8]
Benabi[21]
Benacha[36]
Benadiva[21]
Benaquen[8]
Benaim[21]
Benamar[35]
Benamor[21]
Benarogios[4]
Benaroch[28]
Benaroya[29]
Benarroya[21 y 28]
Benarroyo[8]
Benarus[21]
Benary[23]
Benasayag[36]
Benastruc[21]
Benatar[21 y 36]
Benateüll[35]
Benathan[36]
Benattar[23]
Benavente[36]
Benavergch[36]
Benavon[21]
Benay[21]
Benayoch[21]
Benbasat[21]
Benbassat[36]
Benbenaste[21]
Benbiara[21]
Benbico[8]
Bencave[21]
Bencemero[23]
Benchimol[12 y 36]
Benchetrit[28]
Benchuga[36]
Bencida[21]
Bendahan[12, 21 y 36]
Bendavit[21]
Bendic[21]
Bendicho[21]
Bendjo[8]
Bendjuia[36]
Bendo[35]
Bendona[21]
Benedetto[4]
Beneish[36]
Benesdra[36]
Benet[21 y 35]
Benete[21]
Benevist[21]

Benevisti[21]
Benevon[21]
Beney[35]
Benezsa[36]
Benfadado[21 y 28]
Benfarroch[35]
Benfulo[21]
Bengalil[23]
Benicha[8]
Benghiat[36]
Benhabib[36]
Benider[12]
Benisag[21]
Benisidel[21]
Ben Israel[25]
Benítez[15 y 27]
Benito[21]
Benjamín[21]
Benmaor[36]
Benmayor[21]
Benmillara[21]
Bennassar[35]
Benolías[21]
Ben-Nahman[5 y 12]
Bennassar[13 y 20]
Benoudiz[8]
Ben-Rubi[12]
Bensabat[21]
Bensalon[21]
Bensaquen[21]
Bensasón[36]
Bensaude[21 y 23]
Bensavat[21]
Benseñor[36]
Bensignor[36]
Bensimol[21]
Bensenior[8]
Bensinyor[36]
Bensua[36]
Bentata[21]
Bentito[8]
Benvenguda[13]
Benveniste[5, 12 y 36]
Benta[8]
Bentes[34]
Benvafido[36]
Benvenaste[36]
Benviara[21]
Benvisti[21]
Benviste[20]
Benyacar[36]
Benyuia[36]
Benzamaira[23]
Benzaquen[21]
Berab[5 y 8]
Beraja[36]
Berard[21 y 35]
Berarde[13 y 21]
Berart[13]
Berarte[21]
Berav[29]
Berbardes[34]
Berdugo[8]
Berengard[36]
Beresi[36]
Bérgamo[21]
Berganza[21]
Bergom[21]
Berisson[36]
Berlanguez[35]
Berlengues[35]
Bermeguero[21]
Bernal[5, 7 y 34]
Bernat[21]
Berarde[13]
Berart[13]
Berro[36]
Berros[8]
Bersión[36]
Berson[36]
Bertomeu[21]
Bertoni[23]
Beruyan[36]
Besalú[21]
Beso[28]
Bessa[28]
Bete[21]
Betesh[36]
Betrán[21]
Bexzerra[34]
Bez[36]
Biabrera[35]
Bibas[5, 8, 12 y 21]
Bibaz[23]
Bicha[21]
Bidales[21]
Biebera[36]
Bienveniste[21]
Bijaoui[11]
Bing[1]
Biona[21]
Bisbal[21]
Bismuth[11]
Bispo[34]
Bisu[36]

Bita[21]
Bitas[21]
Biziz[11]
Blanca[8]
Blanch[20 y 21]
Bitler[36]
Biton[28 y 36]
Bitram[36]
Bitran[36]
Bitton[36]
Bivar[34]
Bizberge[36]
Blach[35]
Blaga[36]
Blanca[36]
Blanco[15 y 21]
Blandon[15 y 21]
Blau[36]
Bleda[21]
Blum[21]
Blumer[17]
Bned[34]
Bo[21 y 35]
Bobadilla[21]
Bobek[36]
Bocara[23]
Bocarro[30 y 34]
Boccara[11]
Bofer[21]
Boccara[36]
Bocian[36]
Bofill[21]
Boga[13 y 35]
Boget[21 y 35]
Bolaffey[23]
Bolafi[23]
Bolafio[23]
Bolaix[23]
Boldú[21]
Bolfarax[35]
Bolfarx[35]
Bolomo[36]
Bombarda[21 y 35]
Bon[4 y 21]
Bonacosa[21]
Bonafeu[21]
Bonafiulla[21]
Bonafós[21 y 35]
Bonagua[21]
Bonan[1 y 11]
Bonanat[21]
Bonastre[21]
Bonaventura[4 y 24]
Bonavia[21]
Bonet[13 y 20]
Boneti[21]
Bondavid[36]
Bonder[36]
Bondie[35]
Bonfed[24]
Bonfil[21 y 36]
Bongua[21]
Bonhome[21]
Boniach[21 y 35]
Bonida[24]
Bonifant[21]
Bonifos[5]
Bonino[24]
Bonirac[24]
Bonisti[21]
Bonitto[1]
Bonjorn[21]
Bonjuda[35]
Bonjuha[21]
Bonnin[13 y 20]
Bonito[1]
Bonnín[35]
Bono[21]
Bonomo[21 y 36]
Bonsenyor[21]
Bonsua[36]
Bonsucesso[34]
Bonus[30]
Borbolla[35]
Borges[34]
Boria[21]
Borjes[21]
Boros[8]
Borrabe[35]
Borralho[34]
Borrás[21]
Borràs[35]
Borullo[15]
Bosch[20 y 21]
Bosque[21 y 27]
Botello[15 y 21]
Botibol[24]
Botón[21]
Bottoni[4]
Boublil[11]
Bouiz[11]
Bouja[8]
Boulkher[24]
Bovera[35]
Braga[35]

C

Casas[21]
Casella[21]
Casellas[13]
Cases[21 y 35]
Casorla[21]
Caspe[28]
Caspi[36]
Casqueiro[34]
Cassafranca[21]
Cassini[35]
Cassuto[11 y 32]
Castanheda[34]
Castanho[34]
Castano[21]
Castelar[21]
Castell[20, 21 y 35]
Castella[35]
Castellanos[21 y 26]
Castellar[21]
Castelló[13, 21 y 35]
Castelloli[21]
Castellón[21 y 26]
Castelo[34]
Castelvetio[4]
Castiel[8 y 30]
Castilblanco[21]
Castillo[21, 24 y 34]
Castineira[21]
Castineiro[21]
Castro[8 y 21]
Castros[3]
Cataife[36]
Catalán[21]
Catalano[21]
Catalant[28]
Catan[35 y 36]
Catano[21]
Catatayud[21]
Cattan[11 y 36]
Cauti[21]
Cauto[13 y 39]
Cava[21]
Cavagos[21]
Cavalería[21]
Cavalier[15]
Cavallé[21]
Cavaller[21]
Cavilleres[35]
Cavixorta[31]
Caxtalan[8]
Cayat[21]
Cazales[34]
Cazes[12 y 36]
Cazón[21]
Cazorla[21]
Cedillo[21]
Cejas[21]
Celdrán[21]
Cemedo[21]
Cemez[21]
Centeno[21]
Cento[21]
Centollo[21]
Cepa[21]
Ceper[36]
Cerbellón[21]
Cercado[15]
Cerdá[20, 21 y 35]
Cerdán[21]
Cerdó[20 y 35]
Cerero[21]
Cereso[21]
Cereto[21]
Cerru[21]
Cesana[11]
Céspedes[21]
Cespedez[1]
Cessa[21 y 35]
Ceteli, Leonardo[4]
Cetio[21]
Cevita[36]
Ceya[34]
Chab[36]
Chacla[34]
Chacón[21 y 28]
Chajón[21 y 36]
Chalem[17]
Chalom[36]
Chalon[36]
Chaluh[36]
Chama[36]
Chamaa[36]
Chame[36]
Chami[36]
Chammah[36]
Chamorro[21]
Chanchel[21]
Chanfan[36]
Chanuci[21]
Chao[21]
Chapí[21]
Chapit[21]
Chara[36]
Charec[36]
Charón[21]

D

d'Acosta[2]
d'Acosta Alvarenga[2]
d'Aguilar[5]
d'Aix[33]
d'Almeidas[10]
d'Anduse[33]
d'Costa[1]
d'en Abician[33]
d'en Adret[33]
d'en Bondieta[33]
d'en Estrayna[33]
d'en Juceff[33]
d'en Mercadal[28]
d'en Mercadel[33]
d'en Salries[33]
d'en Vidal[33]
d'en Vides[33]
d'en Zarch[33]
d'Menasseh Pereira[1]
d'Souza[11]
da Caglione[4]
da Coronel[30]
da Costa[1, 4 y 5]
da Costa Alvarenga[1 y 3]
da Costa Athias[3]
da Costa Villa Real[3]
da Costas[3]
da Cuna, Joseph[1]
da Cunha[1]
da Fano[4]
da Gama[1]
da Mesquita[3]
da Muggia[4]
da Naar[1]
da Pesaro[4]
da Piera[32]
da Roma[4]
da Silva[1]
da Silva Fonseca[2]
da Sylva[1]
da Veiga[3]
Dabbah[36]
Dacosta[1, 28]
Dadoun[8]
Dagan[17]
Daian[36]
Daiksel[36]
Dalbin[33]
Damas[34]
Dameto[35]
Dana[36]
Dandrada[17]
Daniels[36]
Danón[36]
Danul[36]
Daray[33]
Dardero[4]
Dardour[11]
Darmon[11]
Darmún[36]
Daroca[28]
David[36]
Davila[28]
Day[15]
Dayan[36]
Daye[36]
Dazevedo[1]
de Abarracin[33]
de Abeña[15]
de Ablitas[33]
de Abrego[15]
de Acevedo[15]
de Acosta[15]
de Acuña[15]
de Agreda[33]
de Aguilar[15]
de Aguilera[15]
de Agurto[15]
de Alarcón[15]
de Alba[15]
de Albalaez[15]
de Albalez[15]
de Albuquerque[15]
de Alcazar[15]

de Alexander[15]
de Alfar[15]
de Alfaro[15]
de Allón[15]
de Almanza[3]
de Almeda[4]
de Almeida[1 y 15]
de Almeyda[15]
de Almonacer[15]
de Almonacir[15]
de Alva[15]
de Alvarado[15]
de Amezquita[15]
de Andrada[15]
de Anguera[13]
de Apiara[33]
de Apiaria[33]
de Aplaria[33]
de Aranz[15]
de Araujo[15]
de Arbues[10]
de Ares da Fonseca[4]
de Arizmendi[15]
de Arnedo[13]
de Arrellano[15]
de Astarga[15]
de Astorga[13]
de Avila y Salcedo[13]
de Avincoyll[33]
de Ayllon[15]
de Baeza[15]
de Barrios[9, 15 y 30]
de Basia[33]
de Bassini[4]
de Beaucaire[33]
de Beja[10]
de Beleayre[33]
de Belmonte[2, 16 y 20]
de Blocares[33]
de Bonavida[33]
de Botón[32]
de Botton[12]
de Briones Martinez[15]
de Burgos[15, 16 y 20]
de Cabrera[15 y 16]
de Cáceres[15]
de Camondo[29]
de Campo[15]
de Campos[15]
de Carbajal[15]
de Carballo[30]
de Cárdenas[15]
de Carrión[9 y 15]
de Cartagena[30]
de Carvajal[15]
de Carvajal Marrano[15]
de Caseres[2, 3 y 30]
de Castaño[15]
de Castellanos[15]
de Castro[1, 3, 10 y 15]
de Castro Mattos[1]
de Castros[3]
de Caudia[15]
de Cavallería[10]
de Cázeres[15]
de Cienfuegos[13]
de Cisnero[15]
de Coloma[32]
de Córdova[1, 2 y 16]
de Coronel[30]
de Cota[20]
de Cresci[4]
de Datolis[4]
de David Gabay[2]
de Dega[14]
de Deza[5]
de Escobar[13]
de Escola[33]
de España[15]
de Espejo[15]
de Espinol[15]
de Espinola[15]
de Espinosa[15 y 16]
de Espinoso[15]
de Espinoza[10]
de Ezquivel[13]
de Faro[3, 30 y 31]
de Fedeli[4]
de Fernandes[5]
de Fierro[33]
de Forn[33]
de Freschi Olivi[4]
de Figueroa[15]
de Figueroa Ponce
de Fondevilla[5]
de Fonseca[1, 3, 7 y 15]
de Fonseca Castellanos[15]
de Francis[15]
de Funes[16]
de Gama[1 y 15]
de Gerona[28]

E

F

Fabib[21]
Fabricante[36]
Faden[21]
Faena[21]
Fajardo[15]
Fajoles[21]
Falaquero[21]
Falcó[36]
Falcón[12]
Faquel[36]
Faquin[33]
Farache[28]
Farar[30]
Faras[21]
Faria[34]
Farisol[32]
Farji[36]
Farmo[35]
Faros[21]
Farruch[21]
Farto[34]
Fatas[21]
Fats[21]
Faur[36]
Favilla[21]
Fayat[21]
Fayeno[32]
Fayon[8]
Fazbuena[21]
Febos[21 y 34]
Febrer[13]
Feder[11 y 36]
Feelias[8]
Fefer[17]
Feliba[36]
Fellous[11]
Fermosa[21]
Fernandes[1, 2, 3 y 4]
Fernandez[12,15, 16 y 36]
Fernandez de Castro[15]
Fernandez de León[15]
Fernandez Legaria[13]
Ferrando[20 y 35]
Ferrante[4]
Ferrara[4]
Ferraro[36]
Ferrar[21]
Ferreira[15 y 21]
Ferrer[5, 20 y 35]
Ferreiro[21]
Ferrero[28]
Ferriz[21]
Ferro[1]
Ferrusol[35]
Feurtado[1]
Filipa[4]
Filipi[4]
Finzi[11]
Fidel[36]
Figol[21]
Figueyro[34]
Finguerut[36]
Fiol[35]
Fiorentino[11]
Fioussi[11]
Flamenco[15]
Flogotomo of Famagosta[4]
Flor[21 y 35]
Flores[15]
Flores Ballinas[15]
Florio[4]
Fialho[34]
Finsi[38]
Fonat[13 y 35]
Fonquinra[21]
Fonseca[3]
Fontán[21]
Fontanarossa[7]
Fontcuberta[35]
Fonte[21]

Forcadell[21]
Fornari[21 y 35]
Forteza[13 y 20]
Forti[11 y 35]
Frache[38]
Fragi Shuar[8]
Fragozo[34]
Francese[32]
Franch[20 y 35]
Francis[28]
Franco[2, 11, 14, 28 y 36]
Francolin[21]
Francoso[4]
Franson[39]
Frayme[21]
Fredes[39]
Freire[34]
Freixo[21]
Fresco[5, 12 y 36]
Frigola[21 y 35]
Frois[1]
Fromista[21]
Fucairón[21]
Fucayron[21]
Fuentes[13, 15 y 36]
Fuertes[36]
Fullana[21]
Fullosa[35]
Funaro[11]
Fundam[21]
Funes[36]
Funez[28]
Furtado[1 y 2]
Furtano[4]
Fuster[13, 20 y 35]

G

Gabay[1, 12 y 36]
Gabirol[12 y 21]
Gabison[8]
Gabizon[38]
Gad Francos[12]
Gadjie[1]
Gagnine[36]
Galante[5 y 36]
Galafiel[21]
Galanti[36]
Galeno[34]
Galiana[13 y 35]
Galimide[28]
Galimidi[36]
Galindo[4]
Gandus[1]
Gallo[21 y 34]
Gallur[33]
Galuf[33]
Galves[21]
Gama[34]
Gamero[21]
Gancoso[34]
Ganges[21]
Ganon[36]
Gaon [8]
Garau[20]
García[1, 5, 15 y 16]
García Cabezuelo[15]
Garcia de Herrera[16]
García de Morón[15]
García de Santa Ana[15]
García del Brocel[15]
García Gonzalez Bermegero[15]
García Hernandez[15]
García-Lepe[16]
García Ramos[16]
Garfán[21]
Garí[35]
Garrer[35]
Garret[21 y 35]
Garriga[13 y 20]
Garsía[1]
Garro[21]
Garson[32]
Garza[21]
Garzés[35]
Garzez[12]
Garzón[21]
Gasto[34]
Gataleda[35]
Gateño[36]
Gattegno[36]
Gatzar[13]
Gatzas[35]
Gavison[21 y 33]
Gayán[15]
Gayat[21]
Gazón[21]
Gelván[36]
Gener[20 y 35]
Genestar[35]
Gerlloy[36]
Gerona[21]
Gerundi Nissim[8]
Giber[36]
Gibre[21]
Gideon[3]
Gideon de Seigneville[3]
Gierra[15]
Giger[35]
Gikatila[8]
Gikatilla[32]
Gil[15]
Gil de la Guardia[15]
Gil Navarro[13]
Gil Rodríguez[15]
Gil Taboada[15]

H

Ha Levi[5 y 10]
Habel[21]
Habez[33]
Habib[36]
Habibi[4]
HaCohen[11 y 14]
Habif[36]
Habillo[21]
Habilo[21]
Habinahagaren[33]
Hachuel[21]
Hachuelo[21]
Hacimón[21]
HaCohen Ibn Shoshan[8]
Hadara[36]
Hadaut[21]
Hadid[36]
Hadida[21 y 36]
Hadjes[36]
Hagiz[28 y 29]
Hagr[29]
Haguel[21]
Haim[36]
Haim Carigal[2]
Hain[21]
Hakoune[11]
Halac[36]
Halaim[33]
Halaym[33]
Halbau[33]
Haleva[33]
Halevi[5 y 12]
Halevi Alkabez[8]
Halevy[8 y 11]
Halfon[28 y 36]
Halife[36]
Halio[36]
Hallevy[33]
Hallón[28]
Halorqui[21]
Haluey[30]
Halzer[36]
Haman[21]
Hamatari[33]
Hambra[36]
Hamic[33]
Hamin[21]
Hamon[5]
Hamu[36]
Hamui[36]
Hana[36]
Ha-Nagid[31]
Hanania[36]
Handali[28]
Handalo[33]
Handaly[29]
Hanina[36]
Hanine[36]
Hanna[36]
Hapaz[21]
Hapenini[21]
Hara[36]
Harabon[21]
Haranon[21]
Harari[36]
Hardea[21]
Hare[14]
Haredes[39]
Harel[17]
Haron[35]
Hase[21]
Hasid[21]
Hason[12]
Haspel[36]
Hassan[11 y 21]
Hasse[36]
Hasson[36]
Hatchuel[38]
Hatteret[35]
Haulli[36]
Hayat[21]
Haym[21]

I

Iael[36]
Iair[36]
Ibanez[21]
Ibañez y Zarate[13]
Ibn Abi[5]
Ibn Abitui Santos[10]
Ibn Adret[5]
Ibn David[5 y 10]
Ibn Ezra[5, 10 y 14]
Ibn Faradj[4]
Ibn Gabriol[5 y 10]
Ibn Gebirot[10]
Ibn Ghiyyat[5]
Ibn Hasdai[31]
Ibn Jachia[10]
Ibn Janah[10]
Ibn Labrai[31]
Ibn Labrat[10]
Ibn Manasé[31]
Ibn Megash[28]
Ibn Migash[5]
Ibn Motor[28]
Ibn Nagdala[10]
Ibn Nagrela[5]
Ibn Pakuda[5]
Ibn Sahula[31]
Ibn Shaprut[5 y 10]
Ibn Shem Tov[28]
Ibn Shoshan[31]
Ibn Shushan[5]
Ibn Sid[5 y 10]
Ibn Tibbon[5]
Ibn Turiel[31]
Ibn Verga[5]
Ibn Wakar[31]
Ibn Yahia[31]
Ibn Yaish[32]
Ibn Zabara[31]
Ibn Zaddik de Córdoba[5]
Ibn Zadok[5 y 31]
Ibn Zur[5]
Içach[35]
Icra[28]
Idana[1]
Idel[21]
Iflah[11]
Ijar[21]
Illán
Illescas[21]
Inesta[21]
Ini[36]
Iniel[21]
Insani[36]
Isaac[21]
Isaacs[1]
Isac[21]
Isach[21]
Isarch[21]
Islaqui[36]
Islas[21]
Israel[4, 11 y 36]
Israeli[8]
Isurón[36]
Itach[36]
Itrand[36]
Ixar[21]
Izón[36]
Izquierdo[21]

J

K

Kabilyo[36]
Kahan[17]
Kalepin[36]
Kalifa[8]
Kalika[36]
Kallas[8]
Kalmi[2]
Kamelhar[36]
Kamhi[36]
Kanetti[21]
Karic[36]
Karmes[8]
Karo[8]
Karsenty[8]
Kataife[36]
Katche[36]
Kazreaz[36]
Khalfon[14]
Khamu[36]
Khayat[11]
Khilfa[11]
Khuli[9]
Kimchi[10]
Kitchie[36]
Koen[36]
Kohan[21]
Kohen[5]
Kouinio[36]
Kovo[21]
Krispín[21]
Kultka[36]
Kunio[36]

L

La Bolta[15]
Labaton[36]
Labrador[21]
Labrat[21]
Lacalle[21]
Lacayo[21]
Laflor[21]
Lafont[21]
Lagarriga[21]
Lagarto[39]
Lagortera[21]
Laguna[21]
Laham[36]
Lainex[5]
Lama[21]
Lamata[21]
Lambert[36]
Lambros[4]
Lanail[36]
Lambrador[21]
Lamego[21]
Lamera[21]
Lamo[21]
Lana[35]
Lanado[21]
Lanca[21]
Lanery[21]
Laniado[36]
Lapaco[36]
Lapapa[29]
Laparda[21]
Laparra[21]
Lapavia[21]
Laponte[15]
Laporta[21]
Laquef[21]
Laquesa[21]
Laquesi[21]
Lara[1]
Larach[21]
Laraedi[21]
Larat[8]
Laredo
Larroy y Lasala[13]
Laredo[8, 21 y 28]
Larraga[21]
Larrán[21]
Larrea[36]
Lasry[21]
Lassa[34]
Latif[20]
Laureano de Burgos[15]
Lazar[36]
Lazarus[1]
Latín[36]
Latman[36]
Latone[21]
Lauces[21]
Laynez[21]
Lazraque[21]
Lazraro[21]
Lea Andraca[13]
Lecuri[21]
Legan[15]
Legrain[21]
Lencano[21]
Lencor[21]
León[11 y 36]
Ler[21]
Leradi[21]
Lerín[21]
Lerma[21]
Lesar[21]
Lescano[15]
Levi[4 y 5]
Levi de Barrios[5]
Leviem[2]
Levien[1]
Levis[36]
Levit[21]
Levita[21]
Levy[1, 3 y 12]
Levy Abulafia[10]

LL

M

Macadar[36]
Macana[21 y 33]
Macanac[33]
Macanaz[21]
Macaren[21]
Macarice[21]
Macchioro[4]
Macedo[34]
Macha[36]
Machado[15]
Machedán[33]
Macho[21]
Machorro[15]
Machta[21]
Machuca[15]
Macia[21]
Maciel[39]
Macip[21 y 35]
Madramany y Calatayud[13]
Maestro[4]
Magalotti[4]
Magalluf[21]
Magaluf[21]
Magnus[1]
Magriso[29]
Magula[12]
Mahani[35]
Maheger de[33]
Mahegeron[28]
Mahir[21 y 28]
Maia[34]
Mailloart[28]
Maimonides[5]
Maioral[34]
Maj[34]
Makhir[31]
Mala Espina[15]
Malalel[36]
Malaqui[28]
Malat[21]
Malchi[29]
Maldonado[15, 28 y 34]
Malec[21]
Maleh[36]
Malet[21 y 33]
Malferit[13 y 35]
Malka[11]
Malki[36]
Mallorca[21 y 28]
Mallorcas[28]
Malmeca[21]
Malón[21]
Malrich[21 y 35]
Maluenda[21]
Maman[21 y 36]
Man[36]
Manafem[21]
Manaphem[33]
Manas[36]
Mandil[21, 28 y 36]
Maneger[33]
Manem[34]
Manganer[33]
Manhanes[34]
Manin[21]
Manresa[21 y 35]
Manrique[16]
Mansano[8]
Mantel[36]
Mantenu[21]
Mantino[21]
Manuel[21]
Manulis[36]
Manzana[21]
Manzaneque[2]
Manzona[34]
Mapu[29]
Maquir[21]
Marainon[21]
Maranz[36]
Maratgi[1]
Maravent[28]
Marcel[21]

Mena[21]
Menace[36]
Menache[36]
Menahen[21]
Menairon[21]
Menase[12]
Menayed[36]
Menda[21]
Mendes[1, 2, 3, 4, 5 y 20]
Mendes Belisario[2]
Mendes d'Acosta[2 y 3]
Mendes de Sola[2]
Mendes Feurtado[1]
Mendes Monsanto[1]
Mendes Ossona[11]
Mendes Sollas[1]
Méndez [8 y 16]
Méndez de Miranda[15]
Méndez de Silva[15]
Méndez Guitierrez[2]
Méndez Marino[15]
Mendo[21]
Mendoza[11, 15, 17 y 36]
Mendoza de Silva[15]
Mendozo[8]
Menefem[21]
Mener[15]
Menezes[34]
Meniane[8]
Menir[21]
Menolilla[21]
Mercader[21 y 28]
Mercado[15]
Merdjan[36]
Merio[21]
Merola[13]
Meseri[36]
Mesilva[21]
Mesquida[21]
Mesquita[1]
Mesquitta[1]
Mesquitto[1]
Messeri[36]
Messica[11]
Mester[36]
Mestre[21]
Mesulam[36]
Meta[36]
Metoledo[21]
Metoudi[11]
Mezán[21]
Mezas[34]
Mezquita Sarmiento[15]
Mezuarde[21]
Miara[8]
Micas, Juan[12]
Micha[36]
Michanie[36]
Miel[21]
Migash[31]
Migero[33]
Migueres[36]
Migues[21 y 32]
Milcha[36]
Miles[36]
Mili[21 y 35]
Milla[21]
Millán[15 y 21]
Millano[33]
Millares[21]
Mimó[28]
Mimun[14]
Minaker[36]
Minal[33]
Minalh[33]
Minhos[8]
Minon[21]
Miquel[21]
Miques Mendes[4]
Mir[21]
Mira[21]
Miranda[28 y 34]
Miras[21]
Miró[13 y 35]
Misael[21]
Misistrano[36]
Misquitta[1]
Miterari[21]
Mitjavila[21]
Mitrani[28 y 36]
Mizdrahi[36]
Mizdro[21]
Mizrahi[36]
Mizraji[36]
Moatti[8]
Mocacil[33]
Mocatil[33]
Mocha[21 y 36]
Mocot[21]
Modeano[28]
Modena[4]

Modiano[29]
Modigliani[11]
Moforte[21]
Mogo[34]
Mohadeb[36]
Mohadis[36]
Moheb[21]
Mohedano[28]
Mohen[21]
Mohendin[33]
Mohlo[29 y 36]
Moia[21]
Moiset[21]
Moix[21]
Molco[11]
Moler[21]
Molero[21]
Molet[21]
Molina[8, 21 y 28]
Molino[15]
Molinos[21]
Molkho[32]
Molnicot[21]
Molson[8]
Mombrado[21]
Monacal[21]
Monar[20, 21, 35 y 36]
Moncayo[21]
Moncen[33]
Mondejar[21]
Mondonon[21]
Monells[21 y 33]
Monforte[21]
Monis[4, 7 y 19]
Monreal[21]
Monsanto[1]
Monso[21]
Monsoria[21]
Montaner[21]
Montanos[21]
Montañans[13]
Montarago[35]
Montblanch[33]
Montclús[33]
Montearryo[34]
Montefiore[5, 8, 10 y 11]
Monteflor[28]
Monteiro[34]
Montemayor[21]
Montenegro[17]
Montero[15]
Montes[15 y 34]
Montesinos[28]
Monteverde[15]
Montfort Morais[1]
Montforte Morais[1]
Montias[28]
Montiel[28 y 36]
Montoya[15]
Montpao[21]
Montros[21]
Monzón[21 y 39]
Monzones[21]
Moracho[21]
Morachón[21]
Moraes[34]
Moraga[21]
Morais[1 y 5]
Morales[1]
Morali[8]
Moratán[21]
Morató[34]
Moray[21]
Morbides[33]
Morcat[35]
Morchat[21]
Morcillo[21]
Mordecai[21]
Mordechai[5]
Mordo[36]
Mordoi[36]
Mordugo[29]
Moreira[34]
Morel[21]
Moreno[8, 11 y 15]
Morera[15 y 21]
Morescos[4]
Moretto[4]
Morhaim[17]
Moro[13 y 15]
Morón[15]
Moroscona[36]
Morpurgo[29]
Morro[13 y 35]
Mortaya[35]
Moscón[21]
Mosconi[31]
Moses[19]
Mosquera[15 y 21]
Mosquitta[1]
Mota[21]
Motros[21]
Mounis[11]

N

Naar[21]
Naber[21]
Nabes[21 y 35]
Nabesa[35]
Nacach[36]
Nacarel[21]
Nachajón[36]
Nada[21]
Nadal[21 y 35]
Nadborny[36]
Nadel[36]
Nafuci[21]
Nagara[21]
Nagari[21]
Nagarri[21]
Nagera[21]
Nageri[21 y 35]
Nagid[10]
Nagrela[20]
Nagrella[21]
Nahamías[21]
Nahmías[28, 29 y 36]
Nahum[5, 4 y 11]
Naiares[21]
Naiaso[21]
Naibe[36]
Naja[21]
Najara[12 y 21]
Najari[21]
Nájera[28]
Najmías[36]
Naka[36]
Nakache[11]
Nalaris[21]
Namer[36]
Namías[11]
Nani[4]
Naón[28]
Narbaes[21]
Narbáez[1]
Narbona[21]
Narboni[32]
Narváes[21]
Narváez[15]
Narvaez[21]
Narvais[1]
Nasci[21]
Nascro[21]
Naseco[21]
Nasi[4, 12 y 32]
Nasí[29]
Naso[4]
Nassi[20]
Nataf[11]
Natanel[21]
Nathan[1 y 3]
Nava[21]
Navardu[13]
Navarres[21]
Navarrete[21]
Navarro[13, 15, 21, 35 y 36]
Navarrón[21]
Navas[21]
Navon[21]
Navón[36]
Naya[36]
Naymark[36]
Nayon[21]
Nazan[21]
Nazir[21]
Ncolao[34]
Nechamias[32]
Neghama[21]
Negrao[34]
Negre[21]
Negrín[21 y 28]
Negro[21]
Negromonti[4]
Negrón[39]
Nehama[12]
Nehemía[29]
Nelken[21]
Nicodemi[36]
Nicolao[34]

O

Obadia[11]
Obadias[21]
Obrador[21]
Ocón[21]
Odiz[36]
Oglies[4]
Ohana[36]
Ojalvo[21]
Ojano[21]
Ojos Negros[21]
Olez[39]
Olibam[21]
Olibar[21]
Oliber[21]
Olichoa[21]
Oliva[21 y 35]
Olivar[21 y 35]
Olivares[15]
Olivé[21]
Oliver[4, 13, 21 y 35]
Olivera[21]
Oliveros[21]
Oliveyra[21 y 30]
Olivier[3]
Olivos[21]
Olles[21]
Olm[21]
Olmos[21]
Omar[21]
Ome[15]
Omella[21]
Omi[36]
Omniel[21]
Onamari[21]
Onamir[21]
Onis[21 y 35]
Onquira[21]
Oporto[15]
Orabuena[21]
Ordaz[21]
Ordona[21]
Ordones[32]
Ordóñez[15]
Orebse[21]
Orella[21]
Oret[21]
Orfali[21]
Orfila[21]
Orgaz[21]
Oriel[21]
Orobio[21]
Orocara[21]
Oroceti[21]
Orovita[21]
Orozco[15 y 21]
Orta[21]
Ortega[15 y 21]
Ortes de Velasco[15]
Orthes[21]
Ortigas[21]
Ortiz[15]
Ortona[11]
Osca[21 y 35]
Oscen[21]
Oscha[21]
Osorio[15 y 16]
Osorio Caler[16]
Ospina[21]
Ossana[21]
Ossona[8]
Ossorio[21]
Osúa[21]
Ottolengui[36]
Ovazza[36]
Ozzan[36]

P

Peixoto[21]
Peixotto[1 y 28]
Pelayo[21]
Pelegero[21]
Pelegri[13 y 21]
Pelegrin[13 y 21]
Pelier[21]
Pellicer[13, 20, 21 y 33]
Pellisser[21]
Pellizer[21]
Pena[21]
Penas[21 y 28]
Pencal[21]
Pendosa[21]
Pene[8]
Penedo[21]
Pensa[21]
Penso[1 y 3]
Peón[21]
Perahia[28 y 36]
Peratallada[21]
Perdomo[21]
Pere[21]
Pereda[21]
Peredo[21]
Peregrino[21]
Pereira[1, 3, 4 y 36]
Pereira Brandon[1]
Pereira Mendes[2]
Perera[13 y 35]
Peres[36]
Perets[21]
Pereyra[1]
Përez[5 y 15]
Përez Caldero[15]
Përez de Albuquerque[15]
Përez de Haro[13]
Përez de Munebrega[13]
Përez de Salazar[15]
Përez Ferro[15]
Përez Ha Cohen[8]
Përez Roldán[15]
Përez y Përez[4]
Perfait[33]
Perfeit[33]
Perfeyt[33]
Perlono[35]
Periti[4]
Perkal[36]
Perpente Joannes[15]
Perpimjal[36]
Perpinyà[21]
Perreira[28]
Perrello[21]
Perrera[21 y 28]
Perrute[21]
Persat[21]
Pertegas[21]
Pesaj[36]
Pesatiel[21]
Pessah[36]
Pessoa[1]
Peyto[3]
Pi[21]
Picador[21]
Picciotto[5 y 36]
Picho[8 y 31]
Pichón[21 y 36]
Picioto[28]
Picó[20]
Picudo[34]
Piera[13 y 21]
Pilo[36]
Pimentel[15, 21 y 28]
Pimienta[8]
Pinel[12]
Pina[21 y 28]
Pinedo[28]
Pineiro[21 y 28]
Pingas[36]
Pinto[1, 8 y 12]
Pinto del Sotto[3]
Pinto Pereira[4]
Pinus[36]
Pinya[21 y 35]
Piña[20]
Piperno[36]
Piquer[21 y 35]
Piris[35]
Pisani[4]
Pisante[36]
Pisanti[36]
Pisson[8]
Pita Anunciba[15]
Pius[36]
Piza[13 y 21]
Pizarra[4]
Pizzanti[21]
Placel[36]
Plam[36]
Plegamans[35]

Q

R

S

Sa Riera[21]
Sa Roca[21]
Sa Rocha[21]
Saad[36]
Sa'ada[11]
Saadia[31 y 36]
Saadoun[11]
Saaied[36]
Saal[36]
Saba[32]
Sabaday[21]
Sabadial[21]
Sabah[21 y 36]
Sabaj[36]
Sabán[28 y 36]
Sabana[21]
Sabanals[21 y 35]
Sabarra[21]
Sabarta[33]
Sabaté[20]
Sabater[21 y 33]
Sabay[36]
Sabbán[36]
Sabbatai[31]
Sabi[21 y 35]
Sabina[21]
Sablán[36]
Sabman[33]
Sabrum[21]
Sabrun[21]
Sabuj[36]
Sacca[36]
Saccall[33]
Sacerdote[36]
Sachal[21]
Saclosa[21]
Sacuto[11]
Sadias[36]
Sacyler[36]
Sadach[33]
Saddoc[33]
Sadras[36]
Sadri[4]
Saer[21]
Safari[21]
Safarti[30]
Safarty[34]
Safdie[36]
Safortesa[20, 21 y 35]
Saforteza[21]
Sagarra[13, 21 y 35]
Sagranada[21]
Sagui[21]
Sahula Ibn[31]
Sahula[31]
Saia[29]
Said[21 y 36]
Saieg[36]
Sajón[36]
Sakkai[36]
Sala[35]
Salabdor[21]
Salach[33]
Saladí[21]
Saladin[33]
Salama[21 y 36]
Salamanca[21]
Salame[33]
Salami[21]
Salamies[21]
Salamo[33]
Salamon[33]
Salamy[21]
Salaudin[33]
Salazar[11 y 28]
Salbatiel[21]
Salcedo[28]
Saldanha[4]
Saldayna[21]
Salem[21 y 34]
Salgado[15]
Salido[21 y 28]
Salina[28]
Salinas[21]

Sarria[21 y 35]
Sarriera[21]
Sarrion[21]
Sarsalon[21]
Sartal[33]
Sartor[21]
Saruco[34]
Sas[21]
Sasbón[36]
Sason[21]
Sasportas[29]
Sassatelli[4]
Sassón[4 y 36]
Sastre[20, 21, 33 y 35]
Satell[33]
Sathi[36]
Satich[33]
Satre[33]
Sauceda[21]
Saúl[36]
Saur[36]
Sauroujon[36]
Savael[36]
Savaj[36]
Saval[21]
Savall[21]
Savalls[21]
Savanals[13 y 21]
Saverdun[21]
Savi[21]
Savila[21 y 35]
Savrinas[36]
Sayas[21]
Sayat[36]
Sayol[21]
Sayuel[21]
Sazbon[36]
Sazon[21]
Scapa[33]
Sciemaria[36]
Scioti[36]
Seba[21]
Sebastián[13]
Sebouk[11]
Seco[21]
Secto[21]
Sedacca[36]
Sedillo[21]
Sefat[21]
Segalas[21]
Segarra[21]
Segobia[21]
Segovia[21 y 35]
Segoviano[21]
Segre[36]
Seguí[21]
Segura[15, 20, 28 y 36]
Seid[36]
Seixas[1 y 19]
Semaria[36]
Sena[34]
Senco[21]
Seneor[5 y 32]
Sener[21]
Senior[4 y 19]
Sento[21 y 33]
Senyor[21 y 28]
Separa[21]
Sequeira[34]
Seralvo[34]
Serca[21]
Sercos[21]
Serdo[21]
Serdó[35]
Serenet[21 y 35]
Serenet[35]
Sereno[21 y 28]
Serero[8]
Serezo[8]
Serfati[28]
Serpa[34]
Serra[13 y 20]
Serraller[21]
Serralta[35]
Serrano[15]
Serrao[32]
Serravo[15]
Serrero[21 y 28]
Serur[8]
Sesa[21]
Sesplances[21]
Sesportes[21 y 35]
Sessa[21 y 35]
Sessat[21]
Setbon[11]
Setiembre[21]
Setila[21]
Setton[36]
Sevi[28 y 36]
Sevilla[28, 35 y 36]
Sevillano[28]
Sevita[36]
Seymeon[21]
Sfez[8]
Shalom[11]

Suau[35]
Subrami[36]
Sucari[36]
Sudi[36]
Sued[36]
Suero[21]
Sueyro[1]
Suheiro[1]
Sulam[36]
Sulamia[36]
Suli[36]
Sullam[33]
Sultán[21]
Suluemas[21]
Sumbre[36]
Sunen[21]
Suner[21]
Sunyer[21 y 35]
Supran[21]
Surcan[21]
Sureda[21 y 35]
Surfrim[21]
Suri[21]
Suriano[36]
Surijón[36]
Surmani[36]
Susagna[21]
Susana[21]
Susanna[21]
Sussi[36]
Sutlam[21]
Sutton[36]
Suvijón[36]
Suyllam[33]

T

Teub[36]
Teubal[36]
Tevah[36]
Texedor[21]
Texeiro[21]
Texosa[15]
Texoso[21]
Texosso[15]
Themayo[36]
Thomas[20]
Tiano[28]
Tibbon[31]
Tibel[15]
Tiger[36]
Tilimseni[35]
Timbres[21]
Timoch[33]
Timón[21]
Timsit[11]
Tinder[35]
Tinoco[1 y 15]
Tintorer[21]
Tirado[10, 20, 21 y 30]
Tixera[39]
Tkah[36]
Tobal[36]
Tobi[21 y 36]
Tobías[21]
Tobies[21]
Todó[21]
Todosudo[21]
Todros[21 y 31]
Togores[20 y 35]
Toledano[8, 21 y 28]
Toledo[21]
Tolosa[21]
Tondidor[21]
Toral[21]
Torchas[21]
Tordera[35]
Tordesillas[21]
Torella[20]
Torelló[21]
Torino[39]
Tornay[21]
Torner[21 y 35]
Toro[21]
Toroc[21 y 33]
Torongi[21]
Torquemada[21]
Torre[28]
Torrella[21 y 35]
Torrero[21]
Torres[5, 20 y 35]
Torrijos[21]
Torroella[21 y 33]
Torroja[21]
Tort[21]
Tossen[35]
Touriel[11]
Touro[1 y 19]
Tov[9]
Tova[21]
Tovar[21]
Tovares[15]
Tovi[28]
Tragaziel[21]
Tramis[21]
Traper[21]
Trapero[33]
Tresbens[21]
Treves[1, 28 y 36]
Treviño[15]
Treviño de Sobremonte[15]
Triana[21]
Trías[21]
Triegano[21]
Trigan[8]
Trigillos[34]
Trigo[21 y 28]
Trillo[21]
Trinidad[21]
Tristán[15 y 21]
Tritany[21]
Trompero[21]
Troncoso[21]
Trotacalles[21]
Troya[21]
Truco[21]
Trujillo[21]
Trullar[21]
Trullol[35]
Trullols[21]
Truyol[13 y 20 y 35]
Tuachi[36]
Tubba[21]
Tubert[21]
Tubías[21]
Tudela[21, 28 y 35]
Tuerro[21]
Tueta[21]
Tuli[21]
Tur[13]
Turegano[21]
Turiel[28]
Tussie[36]
Tuvi[36]

U

Úbeda[21]
Uchoa[34]
Udana[1]
Ugodón[21]
Ugolón[21]
Ulhoa[21]
Umbert[20, 21 y 35]
Unis[35]
Upaziel[21]
Uranso[21]
Urella[35]
Urías[21]
Uriel[21 y 36]
Uroz[21]
Urrea[21]
Urríes[21]
Ursinos[21]
Usiello[21]
Usillo[21]
Usque[29]
Ussuf[21]
Usúa[21]
Uzduqui[21]
Uziel[12 y 28]

V

Vaamonde[21]
Vaena[21]
Váez[15]
Váez Castelo[15]
Váez de Lemus[15]
Vais[11]
Val[21]
Valansi[36]
Valdarán[4]
Valdaura[31]
Valderrama[21]
Valdés[21]
Vale[34]
Valenci[21]
Valencia[28]
Valencin[28]
Valensí[32]
Valente[34]
Valentí[8, 11 y 20]
Valenty[21]
Valera[21]
Valeriola[21 y 35]
Valero[21]
Valetta[4]
Valverde[1]
Valldaura[35]
Valle[21]
Vallejo[21]
Vallepor[21 y 33]
Vallera[21]
Valleriola[13 y 20]
Vallés[21]
Vallestero[21]
Valleter[21]
Vallón[21]
Valls[20, 21 y 35]
Vallseca[21 y 35]
Vandor[21]
Vanes[21]
Vanni[36]
Vanrell[35]
Vaquero[21]
Vara[15]
Varcelay[33]
Varga[21]
Vargas[32]
Varón[21]
Varona[21 y 28]
Varquete[21]
Vas Días[30]
Vasconcellos[34]
Vasilai[4]
Vásquez[15]
Vaz[1 y 4]
Vaz da Costa[1]
Vázquez[15]
Vecinho[5, 19 y 32]
Vega[3]
Velantí[35]
Velasco[21]
Velbiure[21]
Velho[34]
Vellez[34]
Vellida[21]
Vello[21]
Vellocino[21]
Velosino[21]
Veluer[21]
Velvivre[21]
Venavet[28]
Venayon[21]
Vendayan[33]
Venerama[33]
Venosiello[21]
Ventuba[21]
Ventubo[21]
Ventura[4, 28 y 36]
Vera[21]
Verga[21]
Verrozpe[21]
Verviesca[21]
Vezino[21]
Viabraba[21]
Viabrea[21]

X

Xaham[21]
Xaigo[33]
Xamorra[21]
Xamorro[21]
Xamós[21]
Xaprut[33]
Xaquez[21]
Xarillo[21]
Xarón[21]
Xatani[21]
Xato[21]
Xavaxorta[31]
Xecatella[33]
Xeneti[21]
Xerafí[21]
Xerez[16]
Xibili[21]
Xicatela[21 y 33]
Xiger[21]
Ximénes[1 y 3]
Ximénez[21]
Ximénez de la Cámara[15]
Ximeno[21]
Ximón[15]
Xisi[33]
Xisto[33]
Xuárez[15]
Xucran[21]
Xucrell[33]
Xué[21]
Xuen[21]
Xumai[21]
Xutrel[21]

Y

Yabes[36]
Yabo[36]
Yabra[36]
Yacar[36]
Yache[36]
Yaco[21]
Yael[36]
Yafé[36]
Yahuda[21]
Yaiche[11]
Yajia[36]
Yajni[36]
Yakov[21]
Yamus[36]
Yanes[21]
Yani[36]
Yanto[21]
Yarabel[33]
Yatay[36]
Yattah[36]
Yedid[36]
Yehiel[31]
Yernavoy[36]
Yeṣurún[36]
Yohai[36]
Yordan[21]
Ysaque[21]
Yuda[21]
Yzcaradani[21]

Z

Zabaco[21]
Zabadía[21]
Zabariqa[33]
Zabarra[21 y 33]
Zabbah[36]
Zac[36]
Zacarías[21]
Zacaride[21]
Zacuta[31]
Zacuto[5, 7, 12 y 19 y 28]
Zaddik[31]
Zaddok[31]
Zadka[17]
Zaflor[35]
Zafortesa[21]
Zaforteza[21]
Zaibi[11]
Zalama[21]
Zaldiva[15]
Zana[11]
Zapata[21]
Zapateiro[10 y 21]
Zapatón[21]
Zaporta[33]
Zaportella[21 y 35]
Zarch[33]
Zarco[21]
Zarreal[21 y 33]
Zarsal[21]
Zarza[21]
Zarzar[31]
Zarzas[21]
Zarzillo[21]
Zayas[21]
Zebarra[21 y 33]
Zegbib[11]
Zeitoun[11]
Zelana[36]
Zelasqueta[21]
Zellam[21]
Zerah[11]
Zerecedo[15]
Zerval[33]
Zetone[36]
Zimrá[21]
Zini[11]
Ziza[21]
Zonvi[36]
Zorrilla[21]
Zorzoli[36]
Zuarez[15]
Zubel[21]
Zubelli[21]
Zulemán[21]
Zúniga[21]
Zuri[21]
Zuriaga[34]

Referencias bibliográficas

1. *The Jews of Jamaica, Tombstone Inscriptions* 1663-1880, Richard D. Barnett & Philip Wright, Ben Zvi Institute, Jerusalén, 1997.
2. *The Portuguese Jews Of Jamaica*, Mordechai Arbell, Canoe Press, 2000.
3. *Sephardi Jews And The Early Years Of the Bank Of England* - J. A. Giuseppi, Paper Read To The Jewish Society Of England, 1953.
4. *The Jews of Europe and the Inquisition of Venice* 1550-1670, Brian Pullan, Barnes & Noble 1997.
5. *Separad: Los judíos de España*, María Antonia Bel Bravo, Silex Ediciones S. A., Madrid 1977.
6. *The Other 1492, Jewish Settlement In The New World,* Norman H. Finkesltein, Beech Tree Books, Nueva York 1992.
7. *Jews in American Life*, Tina Levitan, Hebrew Publishing Co. USA 1969.
8 *Between East And West. History of The Jews of North Africa,* André N. Chouraqui, Jewish Publication Society Of America, Filadelfia, 1968.
9. *The Sephardic Tradition,* Lazar Moshe, W. W. Norton & Comp. Nueva York, 1972.
10. *The Jews Of Spain & Portugal And The Inquisition,* Frederic David Mocatta, Cooper Square Publishers, Inc. 1973.
11. *Registre matrimonial de la Communauté Juive Portugaise de Tunis* 1843-1854, Robert Attal & Joseph Avivi, Ben Zvi Institute, Jerusalén, 2000.
12. *Los Sefardies. Historia, lengua y cultura*, Paloma Díaz-Más, Riopiedras Ediciones 1993.
13. *The Chuetas of Mallorca,* Baruch Braunstein, Ph.D., KTAV Publishing House, Nueva York, 1972.
14. *The Jewish Life In Muslim Libya Rivals & Relatives*, Harvey E. Goldberg, The University Of Chicago Press, 1990.
15. *A Guide To Jewish References In the Mexican Colonial Era 1521-1821,* Seymour B. Liebman, University Of Pennsylvania Press, 1964.
16. *Judeoconversos e inquisición en las Islas Canarias (1402-1605),* Luis A. Anaya Hernández, Ediciones del Cabildo insular de Gran Canaria, 1996.
17. *Mexican Jewry In The Land Of The Aztecs,* Ira T. Lerner, B. Costa-Amic, México, 1965.
18. *The Grandees, The Story of America Sephardic Elite*, Stephen Birmingham, Dell Book, Nueva York, 1971.
19. *Zion In America - The Jewish Experience From Colonial Times To The Present,* Henry L. Feingold, Hippocrene Books, Inc. 1981.
20. *Entre la cruz y la hoguera (sefarditas, converses y anusim)*, Manuel Hernández Gómez, México 2003.

21. *Sangre Judía: españoles de ascendencia hebrea y antisemitismo cristiano*, Pere Bonnin, Flor del Viento, Barcelona 1978.
22. *History of the Jews in Venice*, Cecil Roth, Schocken Books, New Cork,1975
23. *Finding Our Fathers: A Guidebook to Jewish Genealogy*, Dan Ortemberg, Random House, Nueva York, 1977.
24. Faiguenboim, G., P. Valadares & A. R. Campagnano. *Dicionário Sefardi de sobrenomes*, Faiguenboim, G., Valadares, P. & Campagnano, R., Editora Fraiha, Río de Janeiro 2003.
25. *A History of the Marranos*, Cecil Roth, The Jewish Publication Society of America, Filadelfia, 1959.
26. *Jews in Colonial Brazil*, Arnold Wiznitzer, Columbia University, Nueva York, 1960.
27. *The Jews of New Spain, Faith Flame and the Inquisition*, Seymour B. Liebman, University of Miami Press, Florida, 1970.
28. *Los sefardíes,* José M. Estrugo, Editorial Lex, La Habana, 1958.
29. *Juifs des Balkans: Espaces judeo-ibériques XIVe-XXe siècles,* Esther Benbassa & Aharon Rodrigué, Jerusalén, 2001.
30. *Hebrews of the Portuguese Nation: Conversos and Community in Early Modern Amsterdam* (The Modern Jewish Experience), Indiana University Press, Bloomington, 1999.
31. *A History of the Jews in Christian Spain*, by Yitzhak Baer, Jewish Publications Society, 1993.
32. *Crisis and Creativity in the Sephardic World:* 1391-1648, Benjamin R. Gampel, Columbia University Press, 1998.
33. *History of the Jews in Aragon*, Jean Règne, Magnes Press, Jerusalén, 1978.
34. *A Origem Judaica dos Brasileiros*, José Geraldo Rodrigues de Alckmin Filho.
35. *Sobre jueus i conversos de les Illes Balears*, Ricard Soto *et al.*, Lleonard Muntaner Editor, Palma de Mallorca, 1999.
36. *Listado de apellidos judío argentinos de http://www.jewishgenealogy.com.ar/*
37. Burns Robert, I., S. J. *Jews in the Notarial Culture: Latinate Wills in Mediterranean Spain, 1250-1350.* Berkeley, University of California Press, 1996.
38. Abecassis, José María *Genealogía Hebraica. Portugal e Gibraltar,* Lisboa, 1990.
39. Mario José Sabán, *Judíos conversos,* Editorial Sudamericana, Buenos Aires, 2007.

Los autores

VARDA FISZBEIN BRANDEMBURG

Escritora y traductora especializada en literatura judía, es autora, entre otros, de *El canto de la sirena y otras historias de Confín* (2001), *El libro de cuentos de nuestras abuelas* (2002) y *Del corazón al cielo* (2007).

MALKA GONZÁLEZ BAYO

Psicóloga y analista junguiana. Miembro de la Sociedad española de Psicología Analítica y de la IAAP de Zurich. Docente en el «Master de Psicología Analítica» (Univ. Autónoma de Barcelona). Coautora del libro *Hilando Fino* (Icaria 1997). Colaboradora en La Vanguardia, imparte conferencias, cursos y seminarios sobre Judaísmo y los Arquetipos en la Biblia.

NÚRIA GUASCH VIDAL

Profesora de Enseñanza Primaria y estudios en psicología por la Universidad de Barcelona. Coordinadora de Proyectos de Innovación Educativa en centro de Primaria. Gestión por procesos en centros educativos y dirección de centros. Directora de un centro de Educación Infantil y Primaria de Barcelona.

ISAAC LEVY BENBENISTE

Licenciado y máster en Dirección y Administración de Empresas por ESADE ha trabajado en distintas multinacionales y ha sido empresario en importación/exportación en el sector textil. Formador de coaching para la optimización del tiempo para empresarios y directivos. Dirigente de la CIB en todos sus estamentos y muy involucrado en difundir la cultura judía e Israel en ámbitos no judíos.

JULI PERADEJORDI SALAZAR

Escritor y editor, ha publicado docenas de artículos sobre simbolismo y temas tradicionales y es autor de varios libros entre los que destacan *La Cábala* (1996) y *Los refranes esotéricos del Quijote* (2005).

GUSTAVO DANIEL PEREDNIK

Fundador y director de la Fundación Hadar. Conferenciante internacional en más de cincuenta países, ha publicado doce libros entre los que destacan *La Judeofobia* (2001), traducido a varios idiomas, y *España descarrilada* (2005).

Índice